Dennis Eick
Programmplanung

W0089809

Dennis Eick
Programmplanung
Die Strategien deutscher TV-Sender

UVK Verlagsgesellschaft mbH

Praxis Film
Band 32

Herausgegeben von Béatrice Ottersbach

Bibliografische Information der Deutschen Nationalbibliothek
Die Deutsche Nationalbibliothek verzeichnet diese Publikation in der Deutschen
Nationalbibliografie; detaillierte bibliografische Daten sind im Internet über
http://dnb.d-nb.de abrufbar.

ISSN 1617-951X
ISBN 978-3-89669-676-2

© UVK Verlagsgesellschaft mbH, Konstanz 2007
Einbandgestaltung: Susanne Weiß, Konstanz
Lektorat: Maria Grohme-Eschweiler, Gräfelfing
Satz und Layout: PTP-Berlin Protago-TEX-Production GmbH, Berlin
Druck: fgb · freiburger graphische betriebe, Freiburg

UVK Verlagsgesellschaft mbH
Schützenstraße 24 · D-78462 Konstanz
Tel.: 07531-9053-0 · Fax: 07531-9053-98
www.uvk.de

Inhalt

1 Einführung

Warum ein Buch über Programmplanung im Fernsehen? Angesichts der bestehenden Programmvielfalt, des explodierenden digitalen Fernsehmarktes, des überbordenden Medienangebots, der wachsenden Bedeutung des Internets scheint der Zeitpunkt für ein Buch über die Strategien der TV-Sender, was die Entwicklung, Programmierung und Platzierung ihrer Sendungen angeht, wenig optimal gewählt. Denn schließlich scheint das „normale" Fernsehen wie wir es seit Jahren und Jahrzehnten kennen, in eine schwierige Phase zu kommen – das Publikum kann sich fast jeden Film aus dem Internet herunterladen und bald wird der Zuschauer ohnehin sein eigener Programmdirektor sein.

Das Gegenteil ist richtig. Zwar wird die Vielfalt der Angebote und die damit verbundenen Möglichkeiten Realität werden – doch das Angebot der großen existierenden TV-Sender wird immer noch Bestand haben und vor allem: prägend sein (dazu mehr im Kapitel „Digitalisierung und Fragmentierung – Gegenwart und Zukunft des TV").

Welche Rolle spielt dabei das Programm? Jeder TV-Sender hat ein bestimmtes Profil, das er pflegt und konsequent auf- und ausbaut. Das Image schafft Wiedererkennung und Orientierung in dieser sich stark differenzierenden Medienwelt und ist damit elementar für jeden Programmanbieter. Dieses Image, dieses Profil können die Sender nur über die Zusammenstellung ihrer Inhalte, also ihrer Sendungen herstellen. Mit diesen erreichen sie ihr Publikum, das sie über geeignete Strategien ans Programm zu binden versuchen, denn nur wenn ihnen das gelingt, sind sie erfolgreich. Kurz: Die TV-Sender erstellen Inhalte, kombinieren diese in einer festgelegten Reihenfolge und vermarkten sie. So weit, so einfach. Doch gerade die Zusammenstellung von Inhalten ist ein wesentlicher Bestandteil der Leistung, die TV-Sender erbringen. Zwei Ziele hat dieses Buch. Es will zum einen zeigen, wo die Bedürfnisse der Sender hinsichtlich des Programms liegen – was sie wollen, was sie erwarten – und zum anderen erklären, wie die Sender dann im Weiteren ihre Inhalte ein- und umsetzen.

Dabei werden die zentralen Unterschiede zwischen den öffentlich-rechtlichen und den privaten Sendern deutlich. Die TV-Sender generieren durch die Ausstrahlung ihres Programms Aufmerksamkeit von Zuschauern. Privatsender lassen sich diese von Werbetreibenden finanzieren. Daher ist die Reichweite bei den Privaten nicht die einzige, aber die wichtigste Priorität. Die öffentlich-rechtlichen Sender, in der Finanzierung gesichert durch die Einnahmen der GEZ, sehen ihre Maxime in der Erfüllung ihres Programmauftrags. Sie müssen Vielfalt und Ausgewogenheit in ihren Programmen beweisen. Dieser Binnenpluralismus wird durch die Mitwirkung von Vertretern gesellschaftlich relevanter Einrichtungen und Organisationen in den Aufsichtsgremien gewährleistet.

Ein Buch über Programmplanung wird daher immer wieder differenzieren müssen, um beide Blickwinkel deutlich zu machen. Zwar bestehen zwischen dem Programm der privaten und öffentlich-rechtlichen Sender deutliche Parallelen, doch die Herangehensweise beider Gruppen und der Umgang mit der Ressource Programm ist gänzlich unterschiedlich. In der Art und Weise, wie Programme geplant und gesendet werden, treten die Differenzen klar zu Tage.

„Die Programmgestaltung als Kernleistung der Sender zielt darauf ab, Zuschauer über längere Zeiträume hinweg und durch verschiedene Inhalte zu führen."[1] Dies ist die Grundfunktion einer Programmplanung für beide Sendergruppen. Doch speziell für Privatsender gilt: „The primary goal in programming is to *maximize the size of an audience targeted by advertisers.*"[2] Diese Aussage wird vieles deutlich machen, was später in diesem Buch vermittelt wird, denn sie ist der Grund dafür, warum die privaten TV-Anbieter viel häufiger und intensiver nach kurzfristigen Planungsstrategien greifen, um ihr Programm zu optimieren. Dies liegt daran, dass sie in ihren Programmschemata flexibler sind, ja, flexibler sein müssen, da der Konkurrenzdruck höher ist. Dementsprechend ist der Drang zur Programmoptimierung größer und damit Strategien wie *Blocking, Blunting* oder *Bridging* häufiger. In dem Teil „Programmplanungsstrategien" werden demnach vermehrt Beispiele von privaten, werbefinanzierten Sendern angeführt.

Dieses Buch richtet sich nicht nur an normale Fernsehkonsumenten, sondern auch an interessierte Praktiker, also an die Produzenten, die nicht innerhalb der TV-Sender für Inhalte sorgen, sondern das Geschäft der Sender „von außen" betrachten. Ihnen vielleicht manche Entscheidungen der Senderoberen plausibel zu machen, ist demnach auch beabsichtigt. Mit dieser Zielgruppe kommen die fiktionalen Formate ins Spiel, die Zuschauermagneten und damit oft auch Gegenstand von Programmplanungsstrategien sind.

Viele Programmplanungsstrategien konzentrieren sich ohnehin auf fiktionale Programme und non-fiktionale Unterhaltungsformate und weniger auf z. B. die Nachrichten. Diese sind zwar ebenfalls wichtig für fast alle TV-Sender, aber selten Gegenstand von Planspielen. Sie sorgen zu meist unverrückbaren Zeiten verlässlich für entsprechende Einschaltquoten.

Dieses Buch legt seinen Fokus auf die *Prime Time*, jedoch ohne die anderen Tageszeiten gänzlich zu vernachlässigen – also auf die Zeit im deutschen Fernsehen, in der die meisten Menschen einschalten und die damit für die TV-Sender (ausgenommen Kinderkanal und Nick) am wichtigsten ist. Aus diesem Grund

---

1 Geisler: Controlling. 2001, S. 25.
2 Eastman / Ferguson: Broadcast / Cable / Web Programming. 2002, S. 4.

konzentriert sich die Beispielwoche auf diese Tageszeit. Denn gerade hier finden die wichtigsten Programmierungsstrategien statt, die ich anhand von konkreten Beispielen darstellen werde. Für das Tagesprogramm wurde nur ein Beispieltag herausgegriffen, da sich das Programmschema dort nur wenig ändert.

Die damit verbundenen Angaben zu den Einschaltquoten werden zumeist für die Zielgruppe der 14- bis 49-Jährigen formuliert. Dies ist die Zielgruppe der meisten deutschen Sender. Die öffentlich-rechtlichen Sender sprechen *per definitionem* die Gesamtzielgruppe der Zuschauer ab drei Jahren an, die bei den für uns relevanten Beispielen natürlich ausgewiesen wird. Wichtig sind zumeist die prozentualen Marktanteile und weniger die konkreten Zuschauerzahlen in Mio., so dass auf die Angabe letzterer häufig verzichtet werden wird.

Um den Beispielen eine stärkere visuelle Form zu geben, werde ich mich stellenweise auf eine bestimmte Fernsehwoche (11/2007) beziehen, die ich exemplarisch herausgegriffen habe und die in kompakter Form im Grafikteil enthalten ist. Anhand dieses Überblicks werden nicht nur die einzelnen Programmrochaden, sondern auch die grundsätzliche Aufstellung der einzelnen Sender offenbar.

> „Die Imagebildung des Programmanbieters ergab sich durch die Kombination von Genre und Sendeplatz. Inzwischen haben sich Fernsehsender gewissermaßen zu Fachgeschäften entwickelt, in denen ein bestimmtes Warensortiment angeboten und ein besonderer Stil gepflegt wird."[3]

Die Techniken und Strukturen der TV-Sender sind über die Jahre so komplex geworden, dass man ihnen beinahe ganze Bücher widmen könnte, wollte man sie ausführlich erklären. Ich werde hier also nur in Teilen auf den Aufbau und die Funktionsweise der Sender eingehen, weil dies zum Verständnis der Programmplanungsstrategien stellenweise nötig ist. Es wird also von Controlling und Programmverkauf, von Presse und Kommunikation die Rede sein – alles Elemente, die nicht unbedingt direkt mit der Programmplanung zusammen hängen, dennoch aber wichtige Bausteine sind, die die Möglichkeiten und Grenzen eines TV-Senders aufzeigen, wie er mit seinem Programm umgehen kann. Diese Bereiche werde ich nicht aussparen, sie aber in angemessen knapper Form (und damit leider nicht erschöpfend) darstellen.

Es wird in diesem Buch von Werbetreibenden die Rede sein – damit sind vielfach auch die Mediaeinkäufer in den Mediaplanungsagenturen gemeint, die für ihre Kunden (die eigentlichen Werbetreibenden) die Werbung bei den Sendern platzieren. Anglizismen werden sich ebenso wenig vermeiden lassen wie der ge-

---

3 Plake, Klaus: Handbuch Fernsehforschung. 2004, S. 137.

legentliche Blick auf den amerikanischen Markt. Denn die USA sind im TV-Bereich Vorreiter und bei uns aufgrund ihres viel größeren Marktes sogar „Leitmedium"– kein Wunder also, wenn sich einige englische Fachtermini eingebürgert haben.

Ein weiteres Wort zur Terminologie: Es wird in diesem Buch oft von „Formaten" und weniger von den sehr allgemeinen „Sendungen" oder „Programmen" die Rede sein. Damit ist die umfassende Beschreibung eines TV-Movies, einer Show, einer Serie eines Magazins gemeint – als abstrakte Hülle, die mit einem Inhalt aufgefüllt werden muss. Dieser wird sich dabei strengen Gesetzmäßigkeiten beugen, denn Fernsehen heutzutage ist selten eine Spielwiese, sondern durchkalkuliertes Geschäft, das nur innerhalb fester Regeln Freiheiten erlaubt. Wie diese womöglich zum Erfolg eines Formats beitragen, wird ebenfalls Thema dieses Buches sein. Es wird aber keinesfalls eine „To do"-Anleitung zum Programmerfolg beinhalten – weil es eine solche nicht geben kann. Denn neben den grundsätzlichen handwerklichen Erfordernissen, die ein gutes Format braucht, spielt vor allem eines eine Rolle: Es ist sehr schwierig, den Geschmack des Publikums zu definieren, sagen auch die bekanntesten Fernsehmacher:

> „Ich bin jetzt 21 Jahre und sechs Monate Programmdirektor und dieses Problem quält mich vom ersten Tag an. [...] Es gibt im Programm sichere Nummern, etwa die Fußballnationalmannschaft. [...] Aber ansonsten – und das ist immer noch die Mehrheit des Programms – gibt es keine Sicherheit."[4]

1.1 Fernsehen in Deutschland – eine kurze Historie der Programmplanung

Die regelmäßige Ausstrahlung von Fernsehbildern begann im Jahre 1935, aber erst nach Kriegsende wurde ein umfassender Sendebetrieb aufgebaut. Ab 1951 startete in Westdeutschland das öffentlich-rechtliche Fernsehen zuerst mit der ARD und später 1961 mit dem ZDF, die sich heute noch in einem „Wechselspiel von Kooperation und Konkurrenz"[5] befinden. Erste Schritte zu einer Programmplanung wurden schon im Laufe der 50er Jahre getan, da die verschiedenen Anstalten der ARD ihre Programme, die sie zulieferten, koordinieren mussten.

---

4 Günter Struwe in: „Entgegen der Konjunktur bleiben wir bei unseren Eigenproduktionen." ProMedia 1/01.01.2007.
5 Kreimeier: Fernsehen. In: Hügel: Handbuch der populären Kultur. Stuttgart 2003. Unter: http://www.filmzentrale.com/essays/fernsehenkk.htm.

1958 wurde das erste offizielle Programmschema des deutschen Fernsehens vorgestellt, das den Charakter der abendlichen Hauptsendungen beschrieb. Das Programmschema umfasste einen 14tägigen Turnus, der durch einen „Kontrastgedanken" geprägt war:

	Woche A	Woche B
So	Unterhaltung (leichtes Spiel)	Unterhaltung
Mo	Information	Information
Di	Unterhaltung	Fernsehspiel
Mi	Information	Unterhaltung
Do	Anspruchsvolles Fernsehspiel	Fernsehspiel
Fr	Information	Information
Sa	Operette, Komödie, u.a.	Unterhaltung

(Bleicher: Fernseh-Programme in Deutschland. 1996, S. 42)

Das Farbfernsehen setzte sich in Deutschland von 1967 an durch.

Das duale System im deutschen Fernsehen, das wir heute auch noch vorfinden, entstand 1984. Vier Jahre zuvor fassten die Ministerpräsidenten der Länder den Entschluss, an ausgewählten Orten Kabelpilotprojekte zu starten, aus denen sich dann der duale Fernsehmarkt Deutschlands entwickelte. Sat.1 und RTL Television sendeten von 1984 an zunächst terrestrisch und über Satellit. Als später dann das Kabelnetz ausgebaut wurde, war der Weg für eine flächendeckende Ausstrahlung frei. Das Privatfernsehen bestimmte den Wandel vom „Gebührenfernsehen" zum „Marktfernsehen"[6], denn nun mussten sich die öffentlich-rechtlichen Sender den Veränderungen – inhaltlicher, programmlicher und auch institutioneller Art – stellen. Gerade die Unterhaltung bekam ein größeres Gewicht und die privaten Sender bauten hier einen Vorsprung auf, den man ihnen nicht gönnen wollte. Das Privatfernsehen nahm einerseits bestehende Programmkonzepte des öffentlichrechtlichen Fernsehens auf, verfolgte aber zum anderen neue Strategien der Aufmerksamkeitsgewinnung: stärkere Visualisierung, größere Emotionalisierung und vor allem auch neue Programmfarben, die es zuvor nicht gab, nämlich in den

---

6 Vgl. Plake: Handbuch Fernsehforschung. 2004, S. 153.

Anfangsjahren die Fokussierung auf Erotik, wie sie in den zahlreichen seichten Sexfilmen der 70er Jahre gezeigt wurden, oder durch Shows wie *Tutti Frutti*. Das war, sagt der ehemalige Geschäftsführer von RTL, Helmut Thoma, „damals notwendig, weil es unsere Reichweite erhöhte. Wir mussten auffallen."[7]

Nur finanzstarke Unternehmen konnten sich auf dem privaten Markt behaupten, so dass sich im Wesentlichen zwei Anbieter durchsetzten: Sat.1 mit seinen Gesellschaftern Axel-Springer-Verlag, Holtzbrink-Verlag und Leo Kirch sowie RTL Television mit Beteiligungen der Bertelsmanntochter UFA, der Westdeutschen Allgemeinen Zeitung und der CLT (Compagnie Luxembourgeoise de Télédiffusion). Zwischen diesen beiden Gruppen gab es zeitweise Überschneidungen (etwa in der gemeinsamen Beteiligung bei Premiere).

Als letzter Sender der ersten Generation übernahm ProSieben am 01.01.1989 das stark informationslastige Vorläuferprogramm Eureka und strickte es zu einem auf Jugendliche ausgerichteten Programm um. Amerikanische Kaufserien und -filme, kaum Nachrichten allerdings auch wenig Sport dominierten das Programm.

Die anschließend startenden Sender werden im Allgemeinen als zweite Generation bezeichnet. Hier gibt es auch zwei zeitliche Schwerpunkte. 1992/93 starteten Kabel Eins (damals: Kabelkanal), n-tv, DSF (vorher Tele5), VOX, RTLII und VIVA. Als dritte Generation kamen die Sender, die von 1995 an starteten, hinzu: Nickelodeon, Super RTL, tm3, VIVAzwei, VH-1 und ab 1996 Onyx.

Heute hat sich der Fernsehmarkt in verschiedener Hinsicht stabilisiert, wie die Zuschauermarktanteile beweisen (vgl. Grafik Jahresmarktanteile 14-49, Seite 199 und Grafik Jahresmarktanteile 3 + , Seite 198). Es zeigt sich, dass die „großen" Sender von ihrer frühen Einführung profitieren und dass es gerade junge Sender auf dem Markt schwer haben (vgl. dazu Kap. „Digitalisierung und Fragmentierung"). ARD, ZDF, RTL, Sat.1 und ProSieben dominieren den Markt (vgl. Grafik TV-Markt, Seite 200).

Das Privatfernsehen in Deutschland legte ab 1984 die Grundlagen für einen Wettbewerbsmarkt in der Werbung. Zuvor gab es nur die eingeschränkten Werbezeiten der öffentlich-rechtlichen Sender, denen nur 20 Minuten Werbung pro Werktag zugestanden wurde – zu wenig Zeit für viele Werbetreibenden. Nach Einführung des dualen Rundfunksystems war es privaten Sendern unter strengsten werberechtlichen Auflagen erlaubt, TV-Werbung auch nach 20 Uhr und an Sonn- und Feiertagen auszustrahlen. Für die Werbewirtschaft war es von großem Interesse, dass das Monopol aufgebrochen wurde und damit eine zielgruppenorientierte Werbeplanung möglich wurde. Doch diese Wandlung vollzog sich lang-

---

7 Helmut Thoma in: Wir brauchen Zirkus. In: Der Spiegel 49 / 04.12.2006.

sam, von 1990 an waren die Privatsender erst von der Hälfte der deutschen Haushalte empfangbar.

Da durch die Rundfunkgebühren die Mittel gesichert sind, dürfen die öffentlich-rechtlichen Sender auch heute nur in beschränktem Maße Werbung betreiben – eben die angesprochenen 20 Minuten. Allerdings wird hier ein Jahresdurchschnitt erhoben – so dass leichte Verschiebungen z.B. während des Sommers oder vor Weihnachten möglich sind. In den Dritten Programmen sowie bei 3Sat, Phönix u.a. darf keine Werbung ausgestrahlt werden.

Heute ist Deutschland der größte Free-TV-Fernsehmarkt in Europa. Das bedeutet nicht nur ein vielfältiges Angebot, sondern auch einen großen Wettbewerb unter den Sendern, Konkurrenz um die Gunst der Zuschauer, Konkurrenz um das Geld der Werbekunden, Konkurrenz, in der nur die Sender bestehen können, die sich gut positionieren können – durch ihr Programm.

1.2 Die Senderlandschaft im heutigen Deutschland

Ein Überblick über die Strukturen der einzelnen Sender wird an dieser Stelle genügend Klarheit geben, damit die Art und Weise, wie die Entscheidungsprozesse und damit die Programmplanung zustande kommen, nachvollziehbar ist.

Im Unterschied zu den privaten Sendern werden die öffentlich-rechtlichen über die von der GEZ (Gebühreneinzugszenrale) erhobenen Rundfunkgebühren finanziert. Die Kommission zur Ermittlung des Finanzbedarfs (KEF) unterbreitet Vorschläge zur Höhe der Rundfunkgebühren und definiert damit die finanzielle Ausstattung der Sender.

Die Organisationsstrukturen der öffentlich-rechtlichen Fernsehanstalten gliedern sich – vereinfacht dargestellt – folgendermaßen: Dem Programmbereich mit Programmdirektor, Chefredaktion, Hauptabteilungen und Redaktionen schließt sich der Produktionsbereich mit Technischem Direktor, Produktionsleitern, Aufnahmeleitern usw. an. Der dritte große Bereich ist die Verwaltung mit u.a. Verwaltungsdirektor, Justiziariat, Zentralem Einkauf, Personalabteilung usw.[8]

Die grundsätzliche Programmplanung wird in den Programmkonferenzen der oberen Hierarchieebenen (Intendanz, Chefredaktion, Programmdirektion) entschieden und dann auf den Ebenen der Redaktionen, die für bestimmte Programmplätze verantwortlich sind, durchgeführt. Der Intendant trägt die Hauptver-

---

8 Vgl. Bleicher: Institutionsgeschichte. 1993, S. 69.

antwortung für alle Planungsbereiche, sowohl inhaltlicher wie auch finanzieller Art. Innerhalb der öffentlich-rechtlichen Fernsehsender gibt es die Rundfunkräte (sowie die Verwaltungsräte), die interne Kontrollfunktionen – auch über den Intendanten – ausüben. Die Rundfunkräte setzen sich aus Vertretern gesellschaftlich relevanter Gruppen zusammen. Zu ihren Aufgaben gehört es auch, die Intendanten bei programmlichen Fragen zu beraten. Der Rundfunkrat wählt den Intendanten und auch die Verwaltungsräte sind nicht wenig einflussreich: In den „Zeiten knapper Kassen ist das Budgetrecht ein geeigneter Hebel, um auf die Programmstruktur Einfluss zu nehmen".[9]

Insofern wird ein Kontrollsystem aufgebaut, das für die Qualitätssicherung des Programms und dessen Erhalt nach den Programmgrundsätzen der öffentlich-rechtlichen Sender verantwortlich ist. Diese Kontrolle konzentriert sich darauf, Bestimmungen zu Jugendschutz oder Werbung/Sponsoring einzuhalten und anzumahnen. Über den Kauf und Produktion der Programme entscheidet sie nicht.

Das Programm selbst wird durch eine Vielzahl von Entscheidungen geprägt, an denen neben Programmdirektor und Redaktion auch die Produktionsfirma, das Produktionsteam, Regisseur, Autor, Kameraleute, Schauspieler und die vielen Mitarbeiter der Postproduktion beteiligt sind. Im Gegensatz zu Kaufproduktionen, bei denen der fertige Film oder die fertige Serienfolge vor Kauf besichtigt werden, gestalten sich Eigen- und Auftragsproduktionen auf Grund der Vielzahl von Einflüssen als riskanter – wenngleich mit einem höheren Imagegewinn und stärkerer Zuschauerbindung ausgestattet.

Anfangs waren Redaktion und Produktion bei den öffentlich-rechtlichen Sendeanstalten noch in einem Haus, heute arbeiten die Senderredaktionen oft mit freien Produktionsfirmen zusammen, von denen viele allerdings auch Tochterfirmen sind. Zwar sind letztere im Grunde auch Auftragsproduzenten, die nach privatwirtschaftlichen Kriterien arbeiten, allerdings sorgt das Konstrukt „Bindung an bzw. Beteiligung von" für eine relativ sichere Auftragslage dieser Firmen. Solche Verflechtungen und damit einen entsprechend großen Apparat für die Produktion haben Privatsender nie gehabt – sie arbeiteten fast von Beginn an mit Auftragsproduzenten.

Im Gegensatz zum ZDF veranstaltet die ARD ein Gemeinschaftsprogramm („Das Erste") aus den Beiträgen der neun Landesrundfunkanstalten und muss daher für *ein* Programm ein weitaus intensiveres Abstimmungsverhalten organisieren als der Mainzer Sender mit zentralen Strukturen. Doch auch die ARD hat bestimmte Aufgaben zentral geordnet. Neben der Mitarbeiterausbildung in der Medienakademie Programm und Technik ist auch teilweise die Disposition der

---

9   Groebel u. a.: Bericht zur Lage des Fernsehens. 1995, S.155.

technischen Kapazitäten der einzelnen Anstalten zusammengefasst. Der Einkauf von Spielfilmen und Lizenzen für das Gemeinschaftsprogramm erfolgt durch die Tochterfirma Degeto. Weitere gemeinsame Aufgaben werden durch Fachkommissionen geregelt.

Als Klammer zwischen den Redaktionen der einzelnen Landrundfunkanstalten und dem Gemeinschaftsprogramm „Das Erste" fungiert die ARD Programmdirektion Deutsches Fernsehen in München. Sie stellt das Programm der ARD aus den Angeboten der Landesrundfunkanstalten zusammen. Hauptamtliche Koordinatoren für Politik und Kultur sowie Sport oder nebenamtliche Koordinatoren für beispielsweise Spielfilm, Fernsehfilm, Vorabend, Unterhaltung oder auch für die Zulieferungen der ARD zu 3sat und Arte unterstützen den Programmdirektor. Dieser wird von einem Programmbeirat, dem je ein Vertreter der Landesrundfunkanstalten angehört, beraten.

Die einzelnen Rundfunkanstalten bieten der Koordination auf Formblättern (die je nach Genre farblich markiert sind) ihre Programme an. Dauer der Sendung, Inhalt, Mitwirkende und gewünschter Sendeplatz werden hier angegeben und von der Koordination in einen Sendeplan eingearbeitet, der in der Regel von der Programmplanung des Ersten angenommen wird.[10]

Die Landesrundfunkanstalten unterliegen bei ihren Genrezulieferungen Jahrespflichtquoten für das Gemeinschaftsprogramm. Dabei wird in Anstaltsbeiträge und Gemeinschaftssendungen unterschieden, deren Kosten (oder Produktion) unter den Anstalten aufgeteilt werden.

Die Ausgestaltung der einzelnen Programmplätze wird in den Sitzungen der Programmkoordinatoren bis zu einem Jahr im Voraus festgelegt. Über das tagesaktuelle Programm, wie etwa Nachrichten, Informations- und Sondersendungen, wird in Schaltkonferenzen beraten. Alle Intendanten, Programmdirektoren, Chefredakteure u.v.a.m. treffen sich in regelmäßigen Abständen.

Das ZDF hat neben dem Fernsehrat, der u.a. den Intendanten wählt, einen Verwaltungsrat, der die Tätigkeit des Intendanten vor allem in Haushaltsfragen überwacht. Dem Intendanten sind die Programmdirektion, die Chefredaktion (die den Informations- und Sportbereich verantwortet), die Produktionsdirektion, der Verwaltungsdirektor und die Direktion Europäische Satellitenprogramme zugeordnet. Programmdirektion und Chefredaktion sind die maßgeblichen programmbildenden Direktionen. Sie sind gleichwertig, was den hohen Informationsanteil des Senders widerspiegelt (vgl. Kap. Nachrichten und Magazine). Die Chefredeaktion ist für Politik, Zeitgeschehen und Sport verantwortlich und unterteilt sich in die fünf Hauptredaktionen Aktuelles, Innen-, Gesellschafts- und Bildungspoli-

---

10 Vgl. Bleicher: Institutionsgeschichte. 1993, S. 75.

tik, Außenpolitik, Wirtschaft, Recht, Soziales und Umwelt sowie Sport, die Programmbereiche Zeitgeschichte/Zeitgeschehen, Reporter/Reportage, zwei Magazinredaktionen und die Hauptredaktion Neue Medien. Die Programmdirektion besteht aus fünf Hauptredaktionen: Kultur und Wissenschaft, Fernsehspiel, Reihen und Serien (Vorabend), Show, Unterhaltung Wort, die Programmbereiche Spielfilm, Musik sowie Kinder und Jugend und die Hauptabteilung Programmplanung.

Die Gliederung bei den Privatsendern weist Ähnlichkeiten zum ZDF auf, daher wird an dieser Stelle nicht ausführlicher darauf eingegangen (vgl. dazu die Grafik Senderstruktur: Organigramm eines Fernsehsenders, Seite 200).

Die Programmaufsicht im privaten Rundfunk erfolgt extern durch die Gremien der jeweiligen Landesmedienanstalten (LMA). Sie wurden zu diesem Zweck parallel zur Entstehung des privaten Rundfunks in Deutschland geschaffen. Die Landesmedienanstalten lizenzieren und beaufsichtigen die durch Werbung finanzierten Hörfunk- und Fernsehveranstalter. Sie überwachen, ob die Sender gegen programmbezogene Auflagen der Zulassung, gegen Regelungen des Jugendschutzes, der Werbung oder der Programmgrundsätze verstoßen. Die Landesmedienanstalten prüfen stichprobenartig und systematisch und nehmen auch Beschwerden aus der Bevölkerung entgegen. Bei Verstößen gegen die Vorschriften werden aufsichtsrechtliche Maßnahmen eingeleitet, die von klärenden Gesprächen über eine Beanstandung, ein sechsmonatiges Sendeverbot bis hin zum Entzug der Sendelizenz führen können. In der Regel bleibt es aber bei Beanstandungen, die für die TV-Sender ohne Folgen sind.

Die inneren Strukturen eines TV-Senders wirken sich auch auf ihre Handlungsfähigkeit aus. Klar ist, dass Sender, die „schlanker" strukturiert und unbürokratischer sind, in bestimmten Aspekten schneller und flexibler handeln können, dagegen kann ein großer Apparat auch für Fernsehbilder oder Informationen sorgen, die anderweitig nicht zu bekommen sind, man denke an das Korrespondentennetz der ARD. Doch auch wenn die privaten und öffentlich-rechtliche Sender in ihrem Programm äußerlich stellenweise sehr weit auseinander sind – die Konvergenzthese[11] besagt, dass sich privater und öffentlich-rechtlicher Rundfunk inhaltlich langfristig angleichen. Dieser Anpassungsprozess beruht vielleicht auf Annäherung oder durch Imitation, wobei nicht klar sein muss, wer wem eigentlich folgt.

Neben den großen Sendern gibt es in Deutschland eine Vielzahl von kleineren und Kleinstsendern, auf deren Aufbau hier nicht näher eingegangen wird. Sie sind teilweise sehr ähnlich strukturiert und inhaltlich ausgerichtet. So treten n-tv

---

11 Vgl. auch http://www.kommwiss.fu-berlin.de/fileadmin/user_upload/oekonomie/materialien/
Tonnemacher/hs/PrA_sentation_18_1_.12.06.pdf

und N24 direkt gegeneinander an, da sie dieselbe Zielgruppe ansprechen (und aufgrund der sehr geringen Streuverluste für Werbekunden sehr begehrt sind, vgl. Kap. Die Zielgruppen der Werbeindustrie). Gleiches galt für MTV und Viva, die seit 2004 aber zum selben Konzern gehören und sich – in dieser Form zumindest – keine Konkurrenz mehr machen. Auch inhaltlich sollten die Sender komplementär ausgerichtet werden, damit sie nicht um dieselben Zuschauer konkurrieren, wie MTV-Geschäftsführerin Catherine Mühlemann zum Zeitpunkt der Zusammenführung erklärte: MTV für die männlichen Zuschauer zwischen 16 und 25 Jahren, Viva für die weiblichen zwischen 10 und 29 Jahren. Die beiden anderen Sender VIVA plus und MTV2pop sollten ältere männliche Zuschauer und die gesamte Familie ansprechen.[12] Aus MTV2 ist mittlerweile der Kindersender Nick geworden, aus VIVA plus im Januar 2007 der deutsche Ableger von Comedy Central.

Für alle Sender jedoch gilt: Die Positionierung auf der Fernbedienung ist entscheidend. Denn hier findet eine Vorselektion statt, die aufgrund der Vielzahl von empfangbaren Kanälen nötig ist. Der Zuschauer bildet ein so genanntes persönliches Kanalrepertoire[13], das heißt, eine Auswahl von Sendern, die er gerne und gewohnheitsmäßig konsumiert. Diese legt er auf jene Tasten, die er leicht erreichen kann. Es ist klar, dass Sender, die mit einmal Drücken zu erreichen sind (also auf der Fernbedienung auf den Tasten 1 bis 9 liegen) bevorzugt eingeschaltet werden. Das Erste und das Zweite Deutsche Fernsehen haben in vielen Haushalten nicht nur aufgrund ihres Namens, sondern auch aufgrund der Gewohnheit die vorderen Plätze, dann folgt oft ein Drittes Programm und dann die Privatsender RTL, Sat.1, ProSieben, manchmal 3sat. Der deutsch-französische Sender Arte hat vor einige Jahren sogar eine Werbekampagne gestartet, die noch immer läuft: „Ich habe Arte umgelegt. Auf die 8!" So wollte der Sender eine frühe Platzierung erreichen.

Neue Sender versuchen daher, wie damals ProSieben, mit einer Zahl im Namen eine potenzielle Programmierung auf der Fernbedienung naheliegend zu machen. 9live ist so ein Beispiel, ebenso Das Vierte.

Zwar sieht es so aus, als wären aufgrund der Gewohnheiten die Positionierungen fest vergeben, allerdings hat auch die Zuschauerpräferenz für einen Sender einen großen Einfluss.

---

12 http://www.faz.net/s/RubF7538E273FAA4006925CC36BB8AFE338/Doc~
EF699C3AD010147BDBE09D8D9C8EB1F1F~ATpl~Ecommon~Scontent.html
13 Vgl. Holtmann: Programmplanung. 1999, S. 5.

1.2.1 Digitalisierung und Fragmentierung – Gegenwart und Zukunft des TV

Wie schon aufgezeigt ist der deutsche Fernsehmarkt der größte in Europa. Der Deutsche kann heutzutage durchschnittlich bereits 58 Sender empfangen (vgl. Grafik Digitalisierung und Fragmentierung, Seite 201). Diese Sender werden vom Publikum allerdings nicht gleich gewertet und eingeschaltet. Es sind ganz klar die großen Sender wie ARD, ZDF, RTL, Sat.1 und ProSieben, die die meisten Zuschauermarktanteile haben. Dabei sind sie – gemäß ihrer unterschiedlichen Zielgruppen – unterschiedlich „gut" positioniert.

In der werberelevanten Zielgruppe der 14- bis 49-Jährigen (vgl. Grafik Zuschauermarktanteile im Vorjahresvergleich, Seite 202), nach der sich die Privatsender ausrichten, war 2006 RTL mit 15,6 % Marktführer, gefolgt von ProSieben mit 11,6 % und Sat.1 mit 11,3 % Marktanteil. Dann folgen die beiden öffentlich-rechtlichen Sender ARD mit 8,8 % und das ZDF mit 7,8 %, die kumuliert ausgewiesenen dritten Programm der ARD mit 7,2 % und knapp darauf die Sender der „dritten Generation" mit VOX (7,1 %), RTLII (6,0 %), Kabel Eins (5,4 %) und Super RTL (2,5 %). Diese Grundkonstellation ist – mit leichten Marktanteilsverschiebungen – seit Jahren konstant (vgl. Grafik Jahresmarktanteile 14-49 im Zeitraum 1988–2006, Seite 199).

In der Zielgruppe der Zuschauer ab drei Jahren gibt es bis auf eine Ausnahme ebenso wenige Verschiebungen (vgl. Grafik Jahresmarktanteile 3 + im Zeitraum 1988–2006). Hier ist die ARD 2006 mit 14,2 % Marktführer, gefolgt von ZDF mit 13,6 %, den Dritten Programmen mit 13,5 %, RTL mit 12,8 % und dann Sat.1 mit nur noch 9,8 %, ProSieben mit 6,6 %, VOX mit 4,8 %, RTLII mit 3,8 % und Kabel Eins mit 3,6 %. Bis zum Jahr 2003 ist allerdings RTL auch in dieser Zielgruppe über Jahre hinweg Marktführer gewesen, konnte den Verlust aber seitdem nicht wieder wettmachen. Gerade das WM-Jahr 2006 kam der ARD entgegen, die ihren Vorsprung ausbauen konnte (von 2005 13,5 % auf nun 14,2 %). Betrachtet man nur die Zielgruppe der über 50-Jährigen, dominieren ARD und ZDF den Markt konstant. Beide wechseln sich in der Marktführerschaft ab. Nach 2004 und 2005 bei ZDF lag diese nun 2006 wieder bei der ARD mit 19,4 %. In dieser Zielgruppe kann allenfalls noch RTL einen zweistelligen Marktanteil erreichen (10,9 %), alle anderen Privatsender sind hier extrem schwach.

Ein Wort zu den Kindern: Seit 1998 ist Super RTL hier Marktführer mit 23,7 %, gefolgt vom KI.KA mit 12,1 % und dann von dem neuen Sender Nick (ehemals MTV2), der im zweiten Jahr seines Bestehens schon 5,6 % Marktanteil erreichen könnte. Die Privatsender der ersten Generation haben sich beinahe aus diesem Markt zurückgezogen, indem sie ihre Kinderprogramme immer weiter reduziert haben.

Betrachtet man nun aber die Quotenentwicklung über die Jahre generell, wird deutlich, dass die meisten Sender Quoten verlieren. Während die öffentlich-rechtlichen Sender in ihren Marktanteilen in der Zuschauergruppe ab drei Jahren (3 +) seit beinahe zehn Jahren konstant bleiben, nehmen die Marktanteile der Privatsender der ersten Generation ab, während die der zweiten Generation stagnieren. Die positive Entwicklung der Dritten Programme durch die zunehmende technische Verbreitung – es können seit einigen Jahren, durch Kabel und Satellit ermöglicht, nun auch die Dritten Programme der anderen Bundesländer empfangen werden – ist vorerst gestoppt.

Auch wenn die Sender der ersten Generation in den letzten Jahren Verluste hinnehmen mussten, werden diese durch die Gewinne der Sender der zweiten Generation nahezu nivelliert, was den Senderfamilien zu Gute kommt (vgl. Grafik Entwicklung der Zuschauermarktanteile der privaten Senderfamilien, Seite 201). Eindeutiger Gewinner ist dabei VOX, der nur noch 0,1 % vom ZDF entfernt liegt – ein Ergebnis der sehr guten Prime Time-Programmierung mit den Erfolgsserien *C.S.I., Crossing Jordan, Criminal Intent*, oder auch *Das perfekte Dinner*. Andere Sender wie RTLII durchleben schwankende Zeiten während z. B. Kabel Eins in seinen Marktanteilen äußerst konstant bleibt. Dabei hat gerade dieser Sender eine große Umstrukturierung durchgemacht – statt bei älteren Zuschauer positioniert Kabel Eins sich nun durch Spielfilme und US-Serien beim jungen Publikum.

Der allgemeine leichte Quotenrückgang ist zu einem Teil mit dem großen zusätzlichen Senderangebot zu erklären. Durch die Digitalisierung schreitet die Vervielfältigung der Senderlandschaft überraschend schnell voran. Über das analoge Kabel können Zuschauer 39, über das digitale Kabel 90 Sender nutzen, über den analogen Satelliten 45, über digitalen Satellitenempfang 123 Sender (in deutscher Sprache). Zwar fällt der Großteil der Nutzung des Senderangebots (Durchschnitt 85 %) immer noch auf die Top Ten der Sender (ARD, ZDF, RTL, SAT.1, ProSieben, Dritte, VOX, RTLII, Kabel Eins, Super RTL) und nur 15 % auf die restlichen Sender (vgl. Grafik Digitalisierung und Fragmentierung, Seite 201). Allerdings geht diese Verteilung stärker zu Lasten der großen Sender, denn sie sind es, die – im Einzelnen wenig, in der Summe allerdings mehr – Marktanteile abgeben. Es sind gerade neue Sender wie Das Vierte, Nick, Tele 5 oder DMAX, die für Anteilverluste sorgen, ohne dass allerdings einer dieser Sender die Ein-Prozent-Marke überspringen könnte. Dieses wird durch die Zunahme der Kategorie „Sonstige" deutlich, die bei den 14- bis 49-Jährigen erstmalig sogar über dem Marktanteil des Marktführers RTL liegt (vgl. Grafik Jahresmarktanteile 14 – 49 im Zeitraum 1988 – 2006, Seite 199). Dies zeigt, dass gerade die jüngeren Zuschauer zusätzliche Senderangebote stärker wahrnehmen. Sie stehen neuen Medien und Angeboten grundsätzlich offener und experimentierfreudiger gegenüber als ältere Menschen, die in ihren Konsumgewohnheiten viel stärker festgelegt sind.

Ein explodierender Fernsehmarkt – und damit auch die Digitalisierung – führt allerdings nicht zwangsläufig zu einem Quotenrutsch bei den bestehenden Senderangeboten. Es zeigt sich nämlich, dass nur ein bestimmtes Senderset überhaupt regelmäßig genutzt wird. Auch bei 100 Kanälen kommen 90 % der TV-Nutzung durch zehn Programme[14] und im konkreten Gebrauch wird die „magische" Zahl von 30 Sendern kaum überschritten (vgl. Grafik: Digitalisierung und Fragmentierung, Seite 201). Diese Anzahl von frei empfangbaren Sendern hat Deutschland allerdings schon Mitte der 90er Jahre erreicht.[15] Und der Zuschauer-Marktanteil der großen Privatsender hat sich in dieser Zeit deutlich erhöht, obwohl sich die Zahl der empfangbaren Sender verdoppelt hat. Die Zusammensetzung des *Relevant Sets* im 1. Quartal 2006 lautete (nach Rangfolge der Häufigkeit): ARD, RTL, ZDF, Sat.1, ProSieben, VOX, RTLII, Kabel Eins, NDR Fernsehen und Super RTL. Die Zusammensetzung variiert zum Teil, die „großen" Sender sind allerdings immer Teil des Relevant Sets, so dass auch diese Studie zu dem Schluss kommt, dass, auch wenn es in Zukunft über 300 Sender geben wird, nur einige wenige wichtig sind – und damit entsprechend häufig und von entsprechend großen Zuschauergruppen gesehen werden.[16]

Auch die WDR-Intendantin Monika Piel sieht keine Gefahr für die bestehenden Sender:

> „In den nächsten zehn Jahren wird das lineare Programm, wie wir es jetzt kennen, bleiben. Nur wird es zunehmend auf unterschiedlichen Plattformen angeboten werden – nicht allein über Satellit und Kabel, sondern auch über Internet und mobile Medien. Darüber hinaus wird man Sendungen zeitunabhängig abrufen können."[17]

Ein weiterer Grund für den leichten Quotenrückgang ist die sich verändernde Mediennutzung. Das Internet erlebt seit Jahren steigende Wachstumszahlen. Zwischen 2000 und 2005 ist das Internet vom Minderheitenmedium zum Massenmedium geworden (vgl. Grafik: Entwicklung der TV-Nutzung, Seite 202). Von 13 Minuten pro Tag im Jahr 2000 sind es 2005 schon 44 Minuten – ein Zuwachs von 31 Minuten. Allerdings hat auch das Fernsehen gewonnen, im selben Zeitraum 35 Minuten (vgl. auch Grafik Sehdauer im Zielgruppenvergleich, Seite 203). Im Jahr 2006 sind 58,2 % der Deutschen online, 3,1 % mehr als im Jahr zuvor.[18] Das Alter der Kon-

---

14 Beisch / Engel: Wie viele Programme nutzen die Fernsehzuschauer? Mediaperspektiven 7/2006, S. 376.
15 Vgl. dazu http://www.wirkstoff.tv/dranbleiben/digitale_zukunft_sender.php
16 Beisch / Engel: Wie viele Programme nutzen die Fernsehzuschauer? Mediaperspektiven 7/2006, S. 379.
17 Monika Piel in: „Kerkeling passt richtig gut." Kölner Stadtanzeiger Nr. 71, 24./25. März 2007, S. 27.
18 (N)ONLINER Atlas 2006. Eine Topographie des digitalen Grabens durch Deutschland. Nutzung und Nichtnutzung des Internets, Strukturen und regionale Verteilung. Unter: http://www.nonliner-atlas.de/

sumenten ist dabei signifikant: Bei den 14- bis 19-Jährigen wie auch bei den 20-
bis 29-Jährigen sind 86,5 % online, bei den 50- bis 59-Jährigen 56,8 % und bei den
60- bis 69-Jährigen nur 32,7 %.

Auf wenn das Internet große Wachstumsraten aufweist: Das Fernsehen ist
noch immer das liebste Medium der Deutschen, wie eine Studie von Sevenonemedia zeigt.[19] Es ist für 41 % der Befragten unverzichtbar. Fernsehen wird vorrangig zur Ablenkung oder auch zur Information benutzt, als Mittel gegen Lange-
weile und explizit als Rückzugs- und Ruheraum, wie die Studie zeigt. 61 % der
Befragten verbringen einen „gemütlichen Abend" am liebsten vor dem Fernseher.
Hier vergessen sie ihre Sorgen, indem sie in andere Lebenswelten eintauchen und
sich gleichzeitig davon abheben. 52 % der Befragten wählen dieses Medium als
Ablenkung, nur ein Viertel der Befragten das Radio und 15 % das Internet. Mit
dem Fernsehkonsum einher gehen die entspannte Rezeption in einer bequemen
Umgebung, die Möglichkeit, mit anderen Menschen gemeinsam zu schauen und
die Passivität im Umgang mit dem Medium selbst.

Gerade der letzte Punkt belegt, dass das Internet – in der derzeitigen Form –
dem Fernsehen nicht den Rang ablaufen wird. Der grundsätzliche Unterschied
zwischen beiden Medien liegt in der Spannung zwischen aktivem und passivem
Konsum. Beim Fernsehen ist der Zuschauer passiver *Konsument*, im Internet akti-
ver *User*. Er kann selbst Input in das Medium geben (*Usergenerated Content*)
durch Video, Foto, Audio oder Text und er kann interagieren, z.B. durch *blog-
ging*.

Hinzu kommt, dass der User die Möglichkeit hat, die Inhalte zu filetieren – er
kann sich Podfiles herunterladen und damit z.B. nur einen bestimmten Teil des
Radioprogramms konsumieren oder durch RSS Nachrichten eine Website o.Ä.
empfangen. Bei all dem ist der Nutzer aktiv gefordert. Fernsehen dagegen lässt
sich passiv konsumieren, was besonders in bestimmten Momenten geschätzt
wird. Und daran hat sich auch durch die Einführung des digitalen Festplatten-
recorders nichts geändert, wie im Folgenden gezeigt wird.

Die digitalen Festplattenrecorder wurden anfangs als Möglichkeiten gesehen,
den Fernsehkonsum aktiv selbst zu steuern: Nicht mehr gebunden sein an das,
was läuft, freie Entscheidungen über die Anfangszeiten der Programme oder auch
die Kontrolle über einen ausufernden Fernsehkonsum sind vielfach die Kauf-
impulse, wie eine Studie zeigt.[20] Es gab Befürchtungen seitens der TV-Industrie,

---

19 http://www.sevenonemedia.de/imperia/md/content/content/TopThemen/Research/Downloads/
    Erlebnis_Fernsehen.pdf
20 http://www.tv-wirkungstag.de/resource/16554201022006.pdf
    Die Studie ist von 2005. Aufgrund der schnellen technischen Entwicklung bei den Recordern und
    ihrem Bedienungsumfeld wäre eine Aktualisierung in nächster Zeit interessant.

dass die Recorder zum Werbekiller werden, denn schließlich können sich die Nutzer die Werbepausen herausschneiden.

Die Studie kam allerdings zu dem Schluss, dass die Art der aufgenommenen Formate eine Rolle in der Entscheidung spielt, Werbeblöcke zu vermeiden: Zuschauer von Soaps oder Boulevardmagazinen goutieren aufgrund der aufgelockerten Rezeptionsstimmung die Werbung, denn sie wird hier als unterhaltendes Element wahrgenommen. „Anspruchsserien" oder „fesselndes Heimkino" bieten dagegen eher ein Umfeld, in dem Werbung aktiv vermieden wird.

Dabei ist der Wunsch nach Werbungsvermeidung oft sogar verbunden mit dem Wunsch, der eigene Programmdirektor sein zu können. Würde sich das jedoch in der Realität durchsetzen und für alle Fernsehkonsumenten gelten, wäre ein Buch über Programmplanung obsolet.

Doch die Studie erweist sich als beruhigend für die Fernsehmacher: Die Vorsätze, die durch das Verlangen nach Programmsouveränität und -hoheit geprägt sind, werden im Fernsehalltag nicht durchgehalten. Denn die Zuschauer wollen eben nicht immer selbst Programmdirektor sein, sondern sich (z. B. nach dem abendlichen Nachhausekommen von der Arbeit) einfach auch berieseln lassen. Eine gewisse Eigendynamik sorgt zudem dafür, dass der Recorder in den meisten Fällen nach etwa zwei bis drei Monaten nur noch als besserer Ersatz für den Videorecorder genutzt wird.

Zwar erhalten die Nutzer durch die Möglichkeit, Programme zeitversetzt zu sehen, eine ungeahnte Flexibilität, allerdings freunden sich auch nicht alle damit an. Denn das Verschwinden fester Zeitstrukturen (vgl. Kap. Stripping) sorgt für einen Verlust des Zeitgefühls, was nicht positiv bewertet wird. Es stellt sich vielmehr ein Parallelfernsehen ein: auf der einen Seite überwiegend „normaler" Fernsehkonsum, auf der anderen Seite gelegentliches Sehen über die Festplatte mit „gefühlter Programmhoheit". Der TV-Konsum wird insgesamt aufgewertet – ein positiver Effekt der neuen digitalen Welt, neben vielen anderen.

Die digitale Übertragung von Sendersignalen hat zahlreiche Vorteile: Über Set-Top-Boxen (also digitale Empfangsgeräte) mit Rückkanal kann die Interaktivität gestärkt werden. Die Zuschauer haben so z. B. die Möglichkeit, sich stärker in Sendungsangebote einzubringen, wie etwa bei einem Gewinnspiel, an dem sie per Fernbedienung teilnehmen. Damit können Sender ein höheres Involvement bei den Zuschauern erzeugen.

Die Digitalisierung steigert die Bild- und Tonqualität und sorgt damit für eine Aufwertung des Mediums Fernsehen.[21] Durch die Technik können aufgrund der Verbreitungswege zudem neue Nutzergruppen angesprochen werden.

---

21 Vgl. dazu auch http://www.sevenonemedia.de/imperia/md/content/content/Research/Downloads/ futuretv/futuretv_07_05.pdf

Aufgrund der neuen Datenreduktion (bis zu 90 % weniger als auf den bisher genutzten Wegen) erreicht die Digitalisierung eine höhere Übertragungskapazität, so dass sich bis zu zehn Programme einen Kanal teilen können. Dies bewirkt auf der einen Seite zwar eine Fragmentierung des Marktes, auf der anderen Seite aber auch die Möglichkeit der genauen Zielgruppenansprache für neue Sender. Es wird bestimmt einmal einen Angler-Kanal geben oder einen TV-Sender, der sich mit Gärtnerei auseinandersetzt. Zwar werden diese Sender durch ihr spezielles Angebot nur geringe Marktanteile erreichen, sich aber unter Umständen gut refinanzieren können.

Die Fernsehnutzung der Deutschen heutzutage ist unverändert hoch (vgl. Grafik TV Sehdauer 1995–2006, Seite 203): von 175 Minuten pro Tag im Jahr 1995 sind es 2006 bei den Deutschen ab 14 Jahren nun 227 Minuten. Dabei gibt es große Unterschiede in der TV-Nutzung zwischen dem Westen (204 Minuten) und dem Osten (246 Minuten). Vor den Deutschen liegen die USA mit 299 Minuten und Italien mit 249 Minuten. Betrachtet man den Kurvenverlauf wird deutlich, dass sich die Fernsehnutzung aber auf dem hohen Niveau stabilisiert. Es findet – wie bei anderen Medien auch – kein abschließender Verdrängungswettbewerb statt. Das so genannte Rieplsche Gesetz[22] wurde 1913 (in einer Dissertation über das Nachrichtenwesen der alten Römer) formuliert und besagt, dass kein „höher" entwickeltes Medium ein altes vollständig verdrängen kann. Auch wenn das Foto nicht die Malerei, der Plattenspieler nicht die Orchester, das Fernsehen nicht das Radio ersetzt haben, sollte man diese These für die elektronischen Medien vielleicht folgendermaßen modifizieren: Eine *vollständige* Verdrängung wird es nicht geben, stattdessen aber eine partielle. Die alten Medien werden sich neue Plattformen suchen (müssen). Dabei wird auch deutlich, dass sich die verschiedenen Medien vor allem gut ergänzen und nebeneinander existieren können.

Das wird auch an der Tatsache deutlich, dass aktuell bereits 73 % der Bevölkerung der USA das Internet nutzen. Allerdings wurde dort in der vergangenen Saison mit den genannten 299 Minuten pro Tag ein neuer Rekord in der Fernsehnutzung aufgestellt.[23] Als Fazit lässt sich daraus ziehen, dass die elektronischen Bildschirmmedien das Leitmedium Fernsehen nicht verdrängen, sondern ergänzen. Die großen bestehenden Sender werden bleiben, wenn sie es schaffen, aus ihren Programmen Marken zu machen – nur so können sie sich von anderen Mitbewerbern abheben.

---

22 Riepl, Wolfgang: Das Nachrichtenwesen des Altertums. Hildesheim 1972.
23 Vgl. http://www.presseportal.de/story.htx?nr=921535

1.3 Senderprofile und Programmschemata

Die Grundlagen für das Profil eines TV-Senders sind an erster Stelle im Rundfunkstaatsvertrag geregelt. Denn dort wird definiert, ob ein Sender ein Vollprogramm anbietet oder ein Spartensender ist, was eine grundsätzlich unterschiedliche Herangehensweise an die Programmgestaltung und -planung bedingt. Ein Vollprogramm wird laut Rundfunkstaatsvertrag definiert als „ein Rundfunkprogramm mit vielfältigen Inhalten, in welchem Information, Bildung, Beratung und Unterhaltung einen wesentlichen Teil des Gesamtprogramms bilden"[24]. Ein Spartenprogramm dagegen ist „ein Rundfunkprogramm mit im wesentlichen gleichartigen Inhalten"[25]. Dieses kann sich auf Musik, Sport oder z. B. Nachrichten beziehen. Im Gegensatz zum Vollprogramm beschränken sich Spartensender also auf eine Programmart oder auf eine Zielgruppe. Die Werbewirtschaft sieht hier durchaus Vorteile – Zielgruppen werden konkret (und mit geringen Streuverlusten) angesprochen.

Regionalprogramme oder Lokalprogramme haben dementsprechend einen anderen Fokus, der sich weniger primär auf Inhalte, sondern zunächst auf ihre Verbreitung und dann auf den darauf abgestimmten Inhalt bezieht.

Damit die Sender gemäß den Richtlinien, die mit der Lizenzvergabe verbunden sind, handeln, müssen sie sich also nach der obigen Maxime richten. Das bedeutet also, dass z. B. VIVA keine Nachrichtensendungen anbieten muss, dass aber RTL und Sat.1, um die Auflagen zu erfüllen, einen bestimmten Anteil von Information und darüber hinaus bestimmte *Time Slots* (vgl. Kap. Time Slot) – die so genannte Drittsenderzeit – einem unabhängigen TV-Anbieter wie *dctp* zur Verfügung stellen müssen.

Die wichtigste Frage bei der Planung, der Produktion oder dem Erwerb neuer Programme ist immer: Passt das Programm zu meinem Sender?

Wichtig ist es für die großen Sender, als Vollprogramm wahrgenommen zu werden. Ein klares Logo, das Solidität ausstrahlt, ist Teil der Bemühungen, ebenso wie programmliche Strategien, die z. B. darauf verzichten können, Erotikfilme auszustrahlen. Obwohl diese unter Umständen Quote bringen, haben sich nach der ersten Anlaufphase fast alle Privatsender dazu entschieden, solche Formate nicht mehr auszustrahlen. Denn Erotikfilme schließen nun einmal aus, dass man sich erfolgreich als Familiensender positioniert.

---

24 http://artikel5.de/gesetze/rstv.html
25 http://artikel5.de/gesetze/rstv.html

„You are what you program."[26]

Das Programm ist der Ausweis, das Aushängeschild, das Erzeugnis, es ist das Produkt eines Fernsehsenders. Das wird aber oft vergessen. Die Funktion eines Fernsehsenders ist in erster Linie, ein Programm anzubieten, das Zuschauer anspricht. Für diese Zuschaueransprache gelten verschiedene Muster, die sich z. B. bei den kommerziellen und den öffentlich-rechtlichen Fernsehsendern deutlich unterscheiden.

Der Programmauftrag an das öffentlich-rechtliche Fernsehen, „durch vielfältige Informations-, Bildungs-, und Unterhaltungsangebote meinungsbildend und Demokratie unterstützend zu wirken"[27] bedeutet, die Aspekte Information-Unterhaltung-Bildung im Gleichgewicht zu halten und für thematische Vielfalt und ohne Ignoranz der Minderheiten zu agieren. Die öffentlich-rechtlichen Sender müssen den gesetzlichen Auftrag zur Grundversorgung erfüllen. Daraus ergeben sich Chancen und Probleme, denn die Verankerung im Programmauftrag[28] bedeutet für die öffentlich-rechtlichen Sender nicht unbedingt immer nur Positives: Zwar sind sie durch Gebühren finanziert und haben deshalb nicht die Sorgen der privaten Sender, dennoch können sie die Quote nicht außer Acht lassen. Auf die Frage, ob er sich an den Quoten messen lassen muss, antwortet der Arte-Präsident Gottfried Langenstein:

> „Aus intellektueller Sicht wollen wir uns davon freimachen. Wenn es aber um die Akzeptanz bei politischen Meinungsträgern, die am Ende über die Finanzierung entscheiden, geht, müssen Sie das Publikum auch in angemessener Breite erreichen. Ich würde aber nicht wollen, dass wir uns auf den Weg eines Massensenders begeben."[29]

Denn ein Programm zu produzieren, das an den Wünschen und Bedürfnissen der Zuschauer vorbeigeht – und so könnte man schließlich bei geringen Zielgruppenanteilen argumentieren – würde die Erhebungen der GEZ nicht rechtfertigen. Offiziell argumentieren die Anstalten anders:

> „Wenn sich Erfolg im Rahmen unserer Planungen einstellt, so ist das erfreulich, aber nicht existentiell wichtig. Erfolg wird nicht an Quantitäten, sondern zunächst an der Qualität der Inhalte und Machart festgemacht."[30]

---

26 http://www.tracmedia.com/content/files/Projects/ShowMeYouKnowMe.pdf
27 Müller: Der europäische Fernsehabend. 1999, S. 26.
28 Vgl. u. a. hier: http://www.ard.de/-/id=224832/property=download/ilt25y/index.pdf
29 Gottfried Langenstein in: Klasse statt Masse. Kölner Stadtanzeiger Nr. 17 vom 20./21. 01.07.
30 Thomas Jansing in: Paukens, Schümchen (Hrsg.): Programmplanung. 1999, S. 24.

Die privaten Sender sind hier nicht in einer Zwickmühle, sondern können sich streng nach der Quote ausrichten. Insofern ist es nicht verwunderlich, dass sie in der Prime Time deutlich weniger Informationssendungen ausstrahlen als ARD und ZDF – Unterhaltungsprogramme liegen in der Zuschauergunst weiter vorne (vgl. dazu Grafik Programmanteile 2006, Seite 204).

> „Wir sind ein Unterhaltungssender und richten unser Programm an den Zuschauer aus, nicht umgekehrt. Wem es nicht gefällt, der kann ab- oder umschalten."[31]

Christine Müller bringt es in ihrer Untersuchung auf den Punkt: Ein typisches Programmprofil eines öffentlich-rechtlichen Senders „versucht, orientiert an seinem Programmauftrag, bei einer insgesamt größeren Vielfalt den Schwerpunkt auf ein Gleichgewicht zwischen Unterhaltung auf der einen und Information, Kultur, Bildung auf der anderen Seite zu legen. Der private Sender konzentriert sich dagegen – entsprechend den ökonomischen Gesetzmäßigkeiten am Profit orientiert – hauptsächlich auf massenattraktive Unterhaltung."[32]

Im Kern steht das Programm eines Senders. Nur darüber kann er sich positionieren, kann er auf dem Markt agieren. Insofern stehen die Sender in einem Qualitätswettbewerb. Es geht allerdings nicht darum, etwas billiger oder häufiger anzubieten, sondern es geht ausschließlich um Inhalte (nur zur Erinnerung: „Content" war das Schlagwort, das auch der anfänglichen Internet-Hysterie vorauseilte). Bei den TV-Sendern ist der Inhalt das einzige wesentliche Unterscheidungsmerkmal und sie konkurrieren nicht nur darin, dass sie Inhalte schaffen, sondern auch darin, wie sie diese anbieten: in ihrer Programmplanung. Allein die Reichweite eines Senders beeinflusst seine Haltung gegenüber der Konkurrenz. Nicht nur im tagesaktuellen Programm, sondern auch in der Grundausrichtung. Kleine Sender müssen sich notgedrungen am Programm der Großen orientieren – das heißt, sie versuchen eher, Alternativen zu bieten, anstatt mit einer Kampfprogrammierung zu reagieren, denn damit würden sie unterliegen. Wie sich die Sender in der ‚kurzfristigen' Programmplanung verhalten, werden wir später ausführen. Langfristig gesehen beeinflusst die Programmplanung natürlich das Image des Senders. Anstatt kurzen Quotenerfolgen hinterherzueifern, muss der Sender darauf achten, sein Programm an seinem Grundimage auszurichten und hier konsequent zu bleiben. Viele potenzielle kleine Erfolge sind aus diesem Grund eigentlich auszuschließen, stattdessen muss man langfristig denken. ProSieben hat sich im Jahr 2004 mit der Ausstrahlung des Reality-Formats *Die Alm* keinen

---

31 Ex RTL-Chef Helmut Thoma in: Bleicher: Fernseh-Programme in Deutschland. 1996, S. 190.
32 Müller: Der europäische Fernsehabend. 1999, S. 86.

Gefallen getan. Die anfänglich guten Quoten wichen schnell ernüchternden Zahlen, aber schlimmer noch war der Image-Verlust des eigentlich als hochpreisig und hochwertig angesehenen Senders. Dieses „Billig"-Format passte nicht zum Bild, das sich die Werbekunden von ProSieben entworfen hatten. Ganz im Gegenteil dazu funktionierte die Serie *Stromberg* bei ProSieben sehr gut – weniger bei den Quoten, die gerade einmal um den Senderschnitt pendelten, sondern vielmehr bei den Werbekunden, die hier aus anderen Gründen einbuchten. Senderchef Andreas Bartl dazu:

> „Die Quote ist bei ‚Stromberg' inzwischen nicht der wichtigste Gradmesser – auch nicht für uns. Die Serie ist einfach Kult und dementsprechend von den Werbekunden sehr stark nachgefragt."[33]

Der Gewinn von Preisen für bestimmte Formate und Sendungen spielt eine unterschiedliche Rolle für die Sender. Sicherlich freuen sich alle über einen möglichen Image-Gewinn, der mit der Auszeichnung verbunden ist, aber letztlich ist dem Publikum nur eine geringe Zahl von Preisen überhaupt bekannt. Der *Grimme Preis,* der *Bambi,* der *Deutsche Fernsehpreis,* die *Goldene Kamera* und vielleicht noch der *Bayerische Fernsehpreis* sind dem einen oder anderen vielleicht geläufig – vor allem, wenn die Preisverleihung mit großem Aufwand im Fernsehen übertragen wird. Viele andere für die Branche wichtige Preise wie die *Rose von Montreux* entfalten ihre Wirkung nur den Insidern.

Das Image entsteht durch Inhalte des Senders, durch die Art und Weise der Präsentation, aber nicht zu vergessen auch durch die Bündelung oder Platzierung bestimmter Programmfarben und durch Eigenproduktionen bestimmter Programme. Das gesamte Programm muss wie aus einem Guss wirken, auch wenn die einzelnen Formate einen eigenen Look haben. Sie müssen in das ästhetische und inhaltliche Konzept des Senders passen (vgl. dazu auch Kapitel Marketing).

Welches Image die einzelnen Sender haben, wird später im Zusammenhang mit den Zuschauerzielgruppen der Sender deutlich. Denn der Zuschauer und das Programm, das ihn anspricht – das sind die beiden Seiten einer Medaille. Doch was interessiert den Zuschauer und wie kann man das Zuschauerverhalten überhaupt messen?

---

33 http://www.dwdl.de/article/news_9342,00.html

1.3.1 Die Medienforschung

Die AGF (Arbeitsgemeinschaft Fernsehforschung) ist ein Zusammenschluss von ARD, ProSiebenSat.1 Media AG, der RTL-Senderfamilie und ZDF zur gemeinsamen Durchführung und Weiterentwicklung der kontinuierlichen quantitativen Fernsehzuschauerforschung in Deutschland. Sie liefert dem sich ständig verändernden Fernsehmarkt die von allen Marktpartnern anerkannte Währung: „die Quote", die Grundlage für Programmplanung in Sendern sowie Mediaplanung und -optimierung bei Werbetreibenden und Agenturen.

Zwischen 1963 und 1984 gab es die Fernsehzuschauerforschung nur im Auftrag der öffentlich-rechtlichen Sender. Diese erste Phase der Fernsehzuschauerforschung war in der damaligen Bundesrepublik[34] durch ein begrenztes Sender- und Werbezeitenangebot geprägt und diente in erster Linie der Programmforschung. Im Jahr des Sendestarts des ZDF, 1963, wurde erstmals ein Institut mit der Durchführung der telemetrischen Fernsehzuschauerforschung beauftragt. Zuvor wurde die Fernsehnutzung in den Haushalten nur im Rahmen von regelmäßig durchgeführten Befragungen ermittelt.

Die Situation auf dem Fernsehmarkt änderte sich grundlegend, als im Jahr 1984 die ersten werbefinanzierten Privatsender RTL und Sat.1 auf Sendung gingen und sich die Zahl der Privatsender in den folgenden Jahren durch die zunehmende Verbreitung von Kabel- und Satellitentechnik kontinuierlich erhöhte. Damit vergrößerte sich nicht nur das Programmangebot für die Zuschauer, sondern auch in einem überproportionalen Ausmaß die zur Verfügung stehende Werbezeit. Der Werbemarkt entwickelte sich vom Verkäufermarkt immer mehr in Richtung eines Käufermarktes. Die damalige Auftraggebergemeinschaft reagierte entsprechend, indem sie 1986 ein zusätzliches Kabel- und Satellitenpanel von 165 Haushalten errichtete, um die neuen Nutzungswege zuverlässig abbilden zu können.

Fernsehzuschauerforschung im Auftrag der AGF
Die Privatsender sahen sich von Beginn an vor die Notwendigkeit gestellt, ihre Werbekunden mit anerkannten Leistungsdaten zu bedienen. Gewachsen aus einem Instrument der Programmplanung, stellen die Daten der AGF seitdem ein unverzichtbares Instrument zur Entscheidungsfindung für Programmplaner, Werbetreibende und Mediaplaner dar. Mit dem Ziel einer einheitlichen und harten Fernsehwährung schlossen RTL und Sat.1 Mitte 1988 eine Kooperation mit ARD und ZDF – die Geburtsstunde der Arbeitsgemeinschaft Fernsehforschung (AGF).

---

34 Zum „Sonderfall" DDR vgl. u. a. Meyen, Michael: Einschalten, Umschalten, Ausschalten? Das Fernsehen im DDR-Alltag. 2003.

Bald traten mit ProSieben und Tele 5 (später DSF) und später mit Kabel Eins und RTLII neue Mitglieder bei.

Die zunehmende Zahl der in Deutschland empfangbaren Sender und die steigende Verbreitung von Kabelanschlüssen und Satellitenschüsseln stellen immer höhere Anforderungen an das AGF-Messsystem. Die Notwendigkeit einer repräsentativen Abbildung der Fernsehnutzung erfordert daher Veränderungen auf verschiedenen Ebenen.

Höchstes Entscheidungsgremium der AGF ist der Vorstand, in den jedes AGF-Mitglied einen Vertreter entsendet. Werbetreibende und Agenturen sind über ihre Verbände ebenfalls durch stimmberechtigte Delegierte vertreten. Sender, die nicht Mitglieder der AGF sind, aber die Daten über eine AGF-Lizenz erwerben, haben über den Beirat der Lizenzsender (BLS) ebenfalls ein Mitspracherecht. Damit ist sichergestellt, dass bei der qualitativen Messung der Zuschauerreichweite und der Zuschauermarktanteile alle Interessensgruppen vertreten sind und die Daten von allen als gemeinsame Arbeitsgrundlage anerkannt werden.

Wie nun aber werden die Quoten gemessen? Die Zusammensetzung der zufällig ausgewählten Haushalte des Panels, das Grundlage für die Datenerhebung ist, erfolgt auf der Basis von Vorgaben, die von der Arbeitsgemeinschaft Media-Analyse (ag.ma) und der amtlichen Statistik, dem Mikrozensus, stammen. Das Panel stellt ein verkleinertes Abbild aller Privathaushalte in Deutschland mit mindestens einem Fernsehgerät dar, deren Haushaltsvorstand bzw. Haupteinkommensbezieher entweder die deutsche Staatsangehörigkeit oder die eines anderen EU-Staates besitzt. Es erfüllt daher die Anforderungen an eine repräsentative Stichprobe.

Durch die Aufnahme der neuen Bundesländer in die Berichterstattung vergrößerte sich die Stichprobe Mitte 1991 auf rund 4000 Haushalte. Durch u. a. neue regionale Sollvorgaben oder Panelaufstockungen in den Ballungsräumen Hamburg, Berlin und München erhöhte sich das das Fernsehpanel auf mittlerweile 5640 Haushalte (Berichtsbasis Fernsehpanel D + EU), in denen fast 13.000 Personen leben. Von diesen besitzt in 5500 Haushalten der Haupteinkommensbezieher die deutsche Staatsangehörigkeit (Berichtsbasis Fernsehpanel D), in 140 Haushalten hat der Haushaltsvorstand die Staatsangehörigkeit eines anderen EU-Staates.

Damit wird derzeit die Fernsehnutzung von 73,42 Mio. Personen[35] ab drei Jahren bzw. 34,98 Mio. Haushalten abgebildet. Ein Haushalt im Panel steht somit stellvertretend für durchschnittlich rund 6000 Haushalte in Deutschland.

Die Haushalte im Panel sind über die gesamte Bundesrepublik verteilt, wobei gewährleistet ist, dass in jedem Bundesland mindestens 220 repräsentative Haushalte zur Verfügung stehen. Diese Vorgabe wird auch für die Ballungsräume Ber-

---

35 Quelle: pc-tv, Methodenbericht, Stand 01.11.2006.

lin, Hamburg und München eingehalten, sodass auch die Ausweisung lokaler Fernsehanbieter möglich ist.

Mit Hilfe des Panels werden aber nicht nur die reinen Einschaltquoten erhoben. Im Rahmen der Strukturerhebung hat die AGF 1999 erstmals die Abfrage psychologischer Merkmale in das Fernsehpanel aufgenommen. Hierbei handelt es sich um Erklärungsansätze, die über soziodemographische Merkmale hinaus den Nutzern der Daten zusätzliche Informationen für die Programm- und Kampagnenplanung liefern. Die AGF hat im Rahmen eines Workshops mehrere am Markt befindliche Typologien geprüft und sich gemeinsam mit den Vertretern der Werbewirtschaft für die Aufnahme der Sinus-Milieus® in das AGF-Panel entschieden, da diese die umfangreichsten Anwendungsmöglichkeiten im Bereich der Konsumforschung ermöglichen. Die Sinus-Milieus® beziehen die Lebenswelten und Lebensstile der Menschen mit ein, indem sie Personengruppen bilden, deren Mitglieder sich in Alltagseinstellungen und Wertvorstellungen zu Arbeit, Familie, Freizeit, Geld und Konsum ähneln (vgl. Grafik Sinus-Milieus® im AGF/GFK-Fernsehpanel, Seite 204).

Die GfK Fernsehforschung erfasst im Auftrag der AGF die Fernsehnutzung im Panel. Das von der GfK Fernsehforschung in den Haushalten seit 1995 installierte Messgerät (Telecontrol XL) erkennt und speichert automatisch und sekundengenau, welche Fernsehprogramme im Haushalt eingeschaltet werden. Auch Sender, die im Haushalt zum ersten Mal eingeschaltet werden, identifiziert das Messgerät über die Kanalbelegung und das Lesen von VPS-Kennungen automatisch.

Der Anteil der Haushalte im AGF/GfK-Fernsehpanel, die digitale Receiver bzw. Set-Top-Boxen an ihre Fernsehgeräten angeschlossen haben, die den Empfang digitaler Programmangebote ermöglichen, hat inzwischen eine marktrelevante Größe erreicht. Vor diesem Hintergrund hat die AGF im Herbst 2002 mit der Nutzungsmessung von digital übertragenen Programmangeboten begonnen. Die Messung erfolgt mit Hilfe eines Messsystems, das die Informationen des digitalen Datenstroms der Set-Top-Box nutzt. Mit dieser Erweiterung der Nutzungsmessung deckt die AGF auch weiterhin alle marktrelevanten Entwicklungen ab und erhöht die umfassende Aussagefähigkeit der Fernsehzuschauerforschung in Deutschland. Die von der AGF präferierte Lösung zur Messung der digitalen Programmangebote ist technologisch zukunftssicher und an Marktentwicklungen schnell anzupassen. Neben der klassischen Fernsehnutzung erfasst das Messgerät die Nutzung von Videorecordern (zeitversetztes Fernsehen und Fremdkassetten), Videotext und Videospielen. Auch die Fernsehnutzung über Satellitendirektempfang wird erfasst.

Eine Grundvoraussetzung für die Ermittlung repräsentativer Fernsehnutzungsdaten ist, dass das Fernsehpanel in allen relevanten Merkmalen ein möglichst wirklichkeitsgetreues Abbild der Grundgesamtheit darstellt. Zunächst muss daher die demographische Struktur des Panels mit der der vorgegebenen Grundgesamtheit übereinstimmen. Die AGF kontrolliert und vergleicht zu diesem Zweck jährlich die Strukturwerte ihres Panels für deutsche Fernsehhaushalte mit den entsprechenden Werten der von der Arbeitsgemeinschaft Media-Analyse (ag.ma) durchgeführten Befragung zur Nutzung der elektronischen Medien. Dies basiert auf einer Stichprobe von rund 50.000 CATI-Interviews (*Computer Assisted Telephone Interviewing* – eine Methode der Datenerhebung via Telefon) und wird am Mikrozensus gewichtet.

Die zweite Grundvoraussetzung für die Akzeptanz des AGF/GfK-Panels und seiner Ergebnisse ist die Validität der erhobenen Daten. Hierbei wird die Übereinstimmung des Fernsehverhaltens der Panelteilnehmer mit dem der Bevölkerung, vor allem hinsichtlich der TV-Nutzungsdauer, zu verschiedenen Zeiten überprüft und verglichen. Die AGF beauftragt dazu regelmäßig in etwa zweijährigem Abstand ein unabhängiges externes Forschungsinstitut mit der Durchführung des so genannten Externen Coincidental Checks (ECC).

Eine weitere Voraussetzung zur Gewinnung valider Reichweitendaten ist die korrekte Bedienung des Messgerätes. Zur Überprüfung des Anmeldeverhaltens hat die AGF den so genannten Internen Coincidental Check (ICC) entwickelt. Der ebenfalls regelmäßig durchgeführte ICC untersucht, ob sich die Panelteilnehmer korrekt am Messgerät an- und abmelden.

Das Gesamtpaket all dieser Kontrollmaßnahmen der AGF garantiert dem Nutzer der Daten repräsentative und valide Informationen über das Fernsehverhalten der deutschen und EU-ausländischen Bevölkerung.

Die AGF-Software-Palette deckt gleichermaßen die Informations- und Analysebedürfnisse von Programmplanung und -forschung sowie Werbeplanung ab. Die AGF-Software-Palette erlaubt die Analyse nach allen in der TV-Forschung und TV-Planung üblichen Indikatoren, wie:

- Sehdauer in Minuten/Sekunden
- Sehbeteiligung in % und Mio.
- Marktanteile in %
- Seher in % und Mio.
- Tausend-Kontakt-Preis (TKP) in Euro
- Verweildauer in Minuten
- Affinitätsindizes
- Kontaktsumme in % (GRPs) und Mio.
- Durchschnittskontakte (OTS)

Die im Messgerät abgespeicherte Fernsehnutzung aller Personen im Haushalt wird morgens zwischen 03:00 und 05:00 Uhr über das Telefonnetz auf einen zentralen Rechner bei der GfK Fernsehforschung in Nürnberg übertragen. Parallel dazu übermitteln alle AGF- und die meisten Lizenzsender täglich ihren sekundengenauen Sendeablauf, die Sendeprotokolle, über ISDN-Leitungen an die GfK Fernsehforschung. Insgesamt wird die Fernsehnutzung von mehr als 400 Sendern erfasst. Die ankommenden Nutzungsdaten der Panelhaushalte werden hier mit den Informationen der Sender zusammengeführt. Nach Abschluss umfangreicher Qualitätskontrollen stehen dann die vorläufig gewichteten Reichweiten aller Sendungen und Werbeblöcke vom Vortage den Datenbeziehern ab 08:30 Uhr in den AGF-Auswertungssystemen zur Verfügung.

1.3.2 Die Zuschauerzielgruppen der Fernsehsender

Das Programm der TV-Sender muss sich eng an den Wünschen und Bedürfnissen des Publikums orientieren. Andernfalls wird sich kein Erfolg einstellen. Je besser ein Sender die Erwartungen seines Publikums erfüllt oder diese überhaupt zu wecken versteht, desto größere Resonanz wird er erfahren. Eine Untersuchung über Programmbindung zeigt auf, dass Zuschauer nicht nur fernsehen wollen, egal was gerade läuft, sondern dass sie sich durchaus inhaltlich orientieren. Sie schauen das, was ihnen gefällt und sind durchaus aktiv auf der Suche nach den bestimmten Inhalten.[36] Das Profil eines Senders, das sich durch die Gesamtheit seiner Programme bestimmt, findet sich also in der Zielgruppe, die er zu erreichen versucht, wieder.

Fernsehen als Massenmedium zielt natürlich in vielen Punkten darauf, ein möglichst breites Publikum anzusprechen. Die öffentlich-rechtlichen Sender bedienen dieses Publikum, allerdings sprechen sie es nicht zu jeder Tageszeit in gleichem Maße an, sondern im Gesamten. Ihr Programmauftrag „zwingt" sie dazu. Anders sieht es bei den kleinen Tochtersendern wie 3sat, Phoenix, Kinderkanal oder Arte aus, die sich ja per definitionem an speziellere Zielgruppen richten, seien es Kinder oder insgesamt kulturell interessierte Menschen.

> „Ich möchte ganz konsequent unser Profil prüfen, bei jedem Sendeplatz fragen, ob er unseren Ansprüchen gerecht wird, wen und wie viele Menschen wir dort erreichen wollen. Wenn ich weiß, dass sich potenziell sechs Prozent der Zuschauer für ein Kulturmagazin interessieren, dann ist es für mich der Maßstab, diese sechs Prozent zu erreichen. Ich würde aber nie verlangen, dass eine Redaktion mehr erreicht und dafür ihr Format verlässt."[37]

---

36 Zubayr: Der treue Zuschauer. 1996, S. 115.
37 Monika Piel in: „Ich gebe nie kampflos auf. Die künftige WDR-Intendantin Monika Piel über Fernsehen für alle, Frauen in Führungspositionen und Fußball." Süddeutsche Zeitung Nr. 68 vom 22. März 2007, S. 17.

Die meisten Formate im Fernsehen haben jedoch ein großes Publikum im Fokus. Je mehr Zuschauer, desto größer der Betrag, den die Werbeindustrie für die Platzierung ihrer Spots zu zahlen bereit ist.

Jeder Sender definiert eine eigene Zielgruppe, die er bevorzugt ansprechen möchte. Bei den meisten privaten TV-Sender ist dies die Zielgruppe der 14- bis 49-Jährigen. Dies ist auch die Zielgruppe, die die meisten Werbetreibenden erreichen wollen. Doch aufgrund der Vervielfachung des TV-Marktes in Deutschland durch die Digitalisierung und der damit verbundenen scharfen Konkurrenzsituation gab es in den letzten Jahren keine Neugründung eines TV-Senders mit einer klaren Gesamtmarkt-Strategie mehr.[38]

Die Kernzielgruppe z.B. in den USA liegt im Gegensatz dazu bei den 18- bis 49-Jährigen bzw. den 18- bis 34-Jährigen – dort ist der Markt anders strukturiert. Historisch gesehen gibt es hier auch Veränderungen in der Zielgruppenorientierung. 1970 und 1980 zielte man in der Prime Time auf junge Frauen. Alle Dramaserien und Sitcoms richteten sich an weibliche Zuschauer. Sie wurden als primäre Zielgruppe definiert, weil schließlich sie es waren, die einkauften. Das klassische Familienmodell sah nun einmal vor, dass die Frau den Haushalt und die damit verbundenen Einkäufe erledigte, während der Mann das Geld verdiente. Außerdem herrschte damals noch die Einschätzung vor, dass Frauen leichter von Werbung zu beeinflussen seien als die „mündigeren" Männer. Ihnen bot man Sportsendungen, die ja auch heute noch vorrangig mit Bierwerbung bestückt werden.

Auch wenn sich die Geschlechterrollen geändert haben – im Jahre 2000 liegt die Zielgruppe in den USA bei den Frauen im Alter von 18 bis 49 Jahren, dann erst folgen Männer. Junge Männer sind hingegen eine schwer zu erreichende, aber lukrative Zielgruppe, denn bei ihnen sitzt das Geld lockerer. Sie geben Geld für Konsumgüter, Kleidung und Essen aus und in dieser Zielgruppe sind viele „early adopters" zu finden – Menschen, die die neuesten und trendigsten Produkte und Gadgets besitzen wollen.

Nicht nur aus diesem Grund orientieren sich Programmmacher in letzter Zeit immer stärker am jungen Publikum. Dieses ist – in Punkten – sehr kaufkräftig und es schafft heute Produkte für die Zukunft an: Wohnungen müssen eingerichtet oder eine Kinderausstattung gekauft werden. Hinzu kommt ein wichtiger Punkt: Wenn es gelingt, bei dem Publikum in diesem frühen Alter eine Loyalität für eine Marke zu entwickeln, ist die Wahrscheinlichkeit groß, dass der Kunde diese eine spezielle Zahnpasta viele Jahre benutzen wird, vielleicht ein ganzes Leben lang. Ältere Zuschauer, die schon seit Jahren einer bestimmten Zahnpastamarke treu sind, werden sich nur bedingt von einer neuen überzeugen lassen.

---

38 Vgl. dazu auch: Karstens/Schütte: Firma Fernsehen. 1999, S. 116.

Heute hat sich vieles geändert, nicht nur, was die Geschlechterrollen anbelangt, sondern auch, was die Kommunikationssituation vor dem Fernseher angeht. Die Familie strebt auseinander. Man verbringt weniger Zeit zusammen, die gemeinsamen Familienerlebnisse vor dem Fernseher werden immer seltener, denn heutzutage besitzt fast jedes Familienmitglied einen eigenen Fernseher.

Doch nicht nur das Publikum, sondern auch die Senderwelt hat sich geändert. Es gibt mehr Angebote, mehr Sender, die sich auf immer speziellere Zielgruppen richten. Wenn viele Sender sich auf die großen Zielgruppen fokussieren, kann es eine Strategie der kleineren Sender sein, sich auf besondere Zielgruppen, also z.B. die jungen männlichen Zuschauer oder die alten Zuschauer zu spezialisieren. Denn Werbekunden, die solche Zielgruppen gezielt ansprechen wollen, finden bei diesen Sendern ein gutes, spezialisiertes Werbeumfeld ohne nennenswerte Streuverluste (vgl. Kapitel Werbeumfelder).

Welche Zielgruppen haben die einzelnen TV-Sender in Deutschland im Visier? ARD und ZDF müssen aufgrund ihres Programmauftrags die unterschiedlichen Altersgruppen erreichen, sprechen allerdings in großem Maße Zuschauer an, die im Durchschnitt 58 Jahre alt sind. Das Durchschnittsalter der Zuschauer bei privaten Sendern liegt bei 43 Jahren und damit genau im Altersdurchschnitt der deutschen Bevölkerung. Die jungen Zuschauer werden kaum vom öffentlich-rechtlichen Fernsehen angesprochen und es ist nicht anzunehmen, dass sich das in der Zukunft wesentlich ändern wird – ähnlich wie bei der oben angesprochenen Werbung für eine Zahnpastamarke wird auch der Zuschauer seine Sender-Präferenzen kaum ändern. Dabei unternehmen die öffentlich-rechtlichen Sender große Anstrengungen, diesen misslichen Zustand zu ändern, denn Zweifeln, ob die Sender ihren gesetzlichen Auftrag erfüllen, wenn sie nur für einen Teil der Bevölkerung interessant sind, will man begegnen. Der WDR, dessen durchschnittlicher Zuschauer 61 Jahre alt ist, pilotierte im Sommer 2006 zwölf Formate, von denen nun fünf ins Programm übernommen werden.[39] *Studio P* beispielsweise soll ab Juni 2007 jüngere Zuschauer durch eine Mischung von Politik und Lebenswelt anlocken.

Die Informationsangebote dominierten im Jahr 2005 das öffentlich-rechtliche Programm mit 46 % der Sendungen. Darauf folgte die Fiktionunterhaltung mit 31 % und dann die weiteren Angebote mit Unterhaltung Sport, Musik, Kinderprogramm usw. Bei den Privatsendern lag der Informationsanteil 2005 bei 24 %, die Fiktion bei 26 %, die non-fiktionale Unterhaltung bei 24 % und die Werbung bei 19 %.[40]

---

39 Gehringer: Wir können auch jung. epd medien Nr.3 vom 13.01.2007, S. 5ff.
40 Vgl. Krüger / Zapf-Schramm: Sparten, Sendungsformen und Inhalte im deutschen Fernsehangebot. Mediaperspektiven 4 / 2006.

Gerade weil das ZDF einen so hohen Informationsanteil hat, ist es schwer, junges Publikum anzusprechen (2006 bei den Erwachsenen zwischen 14 und 29 Jahren waren es 5,1 % Marktanteil gegenüber 19 % Marktanteil bei den Zuschauern über 50 Jahre). Information ist eine Programmfarbe, die eher ein älteres Publikum anspricht, ein Publikum, das sich orientieren möchte, das Struktur, Übersicht und – eben – Information wünscht. Damit soll nicht gesagt sein, dass sich junge Zuschauer nicht informieren wollen. Doch dafür nutzen sie auch andere Medien, außerdem stehen eher andere Seherlebnisse im Vordergrund – junge Zuschauer präferieren vorrangig fiktionale Unterhaltung. Zwar ist der Spielfilmanteil bei den Privatsendern geringer als bei den öffentlich-rechtlichen Sendern, doch setzen sie stärker auf Serien, um damit eine langfristige Bindung der Zuschauer zu erreichen.

ProSieben spricht durch seine vielen amerikanischen Serien und Filme ein jüngeres Publikum an, das annähernd gleich zwischen Männern und Frauen verteilt ist. Langfristig stellt sich jedoch die Frage, ob das Publikum dem Sender entwächst, oder ob er eine starke Zuschauerbindung erzielen kann, die ihm langfristig ein Stammpublikum sichert. Dies ist aber eher unwahrscheinlich, da ältere Zuschauer sich kaum von pubertären Späßen und anderen, meist jugendlichen Themen angezogen fühlen dürften. ProSieben hat durch seine hochklassige US-Film- und Serienware ein hochpreisiges Image, das jedoch empfindlich litt, als der Sender eigene Formate ausprobieren musste, weil er nicht mehr auf die Archive von Leo Kirch zugreifen konnte. Shows wie *Die Alm* oder *Die Burg* führten zu schlechten Quoten und einer Irritation des Publikums, das diese Trash-Formate nicht mit dem bisherigen Image des Senders in Verbindung bringen konnte. Schlimmer war allerdings die Reaktion der Werbetreibenden, die sich durch das veränderte Profil gestört fühlten, denn „schließlich hat sich dann auch die Leistung verändert", wie ein Werbeplaner sagt.[41] Der Marktanteil des deutschen TV-Werbeumsatzes von ProSieben sank im betreffenden Jahr (2002) von 20,1 % auf 16 %.

Sat.1 wendet sich an die 25- bis 49-jährigen Zuschauer und hat damit eine Wende eingeführt: Anfangs hatte sich der Sender breiter positioniert und auch auf jugendliche Zuschauer fokussiert. Nachdem der Zusammenhalt innerhalb der Senderfamilie gestärkt wurde und mit ProSieben ein Sender dazukam, der extrem auf die junge Zielgruppe der 14- bis 29-Jährigen zugeschnitten war, hat sich Sat.1 älter positioniert. Der Sender versucht, primär weibliche Zuschauer zu erreichen und setzte dieses Ziel 2006 gut um – knapp ein Viertel der Zuschauer von Sat.1 ist weiblich und zwischen 40 und 49 Jahre alt. In der Zielgruppe der 30- bis 49-Jährigen hatte der Sender 2006 mit 11,7 % höhere Marktanteile als bei den 14- bis 49-Jährigen mit 11,3 %.

---

41 Uwe Becker in: Wie viel sind fünf Fernsehsender wert? In: Die Zeit Nr. 49. 30.11.2006.

Einen ähnlich hohen weiblichen Zuschaueranteil hat RTL, allerdings sind diese in der Tendenz jünger. Insgesamt richtet sich der Sender an die große werberelevante Zielgruppe der 14- bis 49-jährigen Zuschauer. Alle Programme und Formate des Senders müssen sich daher an eine breite Zuschaueröffentlichkeit wenden und dürfen nicht zu selektiv Zielgruppenanteile ansprechen. Der Sender gibt sich sympathisch modern und hat in den Anfangsjahren das Image eines Innovationsbringers etabliert. 2006 war RTL mit 15,6 % Marktanteil mit deutlichem Abstand Marktführer in der Zielgruppe der 14- bis 49-Jährigen.

VOX hat nach einem Start als Infotainment-Kanal und der darauf folgenden Pleite eine Neuausrichtung forciert und sich mittlerweile zum erfolgreichsten TV-Sender der zweiten Generation entwickelt. Amerikanische Serien, Spielfilme und ein großer Anteil an Reise- oder Tierdokumentationen, Kochshows und Magazine prägen das Profil. Auch VOX richtet sich an die Zielgruppe der 14- bis 49-Jährigen, spricht primär Frauen an und hat bei den jungen weiblichen Zuschauer zwischen 30 und 39 Jahren die höchsten Marktanteile. VOX gibt sich durch seine vielen Qualitätsprogramme ein „hochwertigeres" Image als RTLII. Dieser Sender ist weniger stark auf weibliche Zuschauer ausgerichtet und strahlt Cartoons, Animes und diverse Sitcoms aus. Außer einigen Doku-Soaps hat RTLII kaum eigenproduziertes Programm im Portfolio. Insgesamt spricht er ein ähnlich junges Publikum an wie ProSieben – beide Sender werden in ihrer „jungen" Ausrichtung nur noch von Nick und den Musiksendern Viva und MTV übertroffen.

Super RTL zielt ebenfalls auf ein junges Publikum – tagsüber richtet er sich primär an Kinder und in der Prime Time an Familien. Kabel Eins hat einen größeren Imagewandel vollzogen. Sprach der Sender 2000 beispielsweise mit dem *Glücksrad* noch zumeist ältere Zuschauergruppen an, positionierte er sich in den vergangenen Jahren neu und öffnete sich stärker der jungen Generation.

Die meisten Sender definieren sich über das Alter der Zielgruppe, die sie erreichen wollen. Neben den diversen Kindersendern wird es in Zukunft auch Spartenkanäle geben, die sich an ältere Zuschauer richten: Bono TV soll 2007 starten und wird Zuschauer über 40 Jahren ansprechen. Doch nicht nur das Alter kann ein Differenzierungsmerkmal sein.

Nachrichtensender wie n-tv oder N24 haben die Zielgruppe der Bessergebildeten und Besserverdienenden im Blick. Eine eher kleine Zielgruppe, die bei bestimmten Werbetreibenden jedoch sehr beliebt ist – schließlich sitzt hier genug Kaufkraft und zusätzlich auch ein Interesse, das Geld vielleicht nicht nur loszuwerden, sondern auch anzulegen. Permanente Börsennachrichten fügen sich, durch die Split Screen getrennt, mehr oder weniger optimal ins Erscheinungsbild ein. n-tv hält sich seit einigen Jahren mit rund 0,6 % relativ konstant, während der Mitbewerber N24 seit zwei Jahren große Sprünge macht und seinen Marktanteil 2006 bei den jungen Zuschauern auf sogar 1,1 % ausbauen konnte.

Pay-TV-Sender sind nicht direkt auf Werbung angewiesen, vielmehr zeichnen sie sich dadurch aus, dass Werbung in ihrem Programm fehlt, bzw. nur zwischen Programmblöcke geschoben wird. Diese Werbespots sind aber nur Programmtrailer, die andere Sendungen anpreisen. Pay-TV-Sender können sich eine andere Herangehensweise an ihr Publikum leisten und ihre Zielgruppen präziser ansprechen. Anders als in den USA, wo der Markt groß genug für mehrere Pay-TV-Kanäle ist, können in Deutschland offensichtlich nur ein bis zwei Anbieter überleben. Gekoppelt ist ihr Erfolg mit den Sportrechten. Sind es in den USA Basketball- oder American Football-Fans, die loyal und zahlungswillig genug sind, so sind es hierzulande die Fußballfans. Hat ein Sender erst einmal eine große Zuschauerbasis geschaffen, kann er expandieren, wie das Beispiel von HBO zeigt. Der Pay-TV-Sender war zunächst lange für Sportübertragungen wie zum Beispiel Boxkämpfe und für Hollywoodfilme bekannt, entschloss sich dann aber – um neue Zuschauergruppen zu gewinnen –, eigene Serien zu produzieren. Besondere Serien mussten dies sein, die im normalen Fernsehprogramm der USA nicht zu sehen sein würden. Serien, die sich durch hochwertige Ausstattung, außergewöhnlichen Inhalt und „explixcit lyrics" auszeichneten. Aus diesem Wunsch heraus entstanden *Die Sopranos, Sex and the City, Six Feet Under, Curb Your Enthusiasm, Deadwood* und andere Sternstunden der Fernsehunterhaltung. Das Programmportfolio wurde vorsichtig erweitert. Es wurde dabei immer auf einen Neuigkeitseffekt und einen darauf folgenden Hype gesetzt. Unter gleicher Prämisse wurden Miniserien mit Hollywoodstars wie Tom Hanks produziert. So konnte man über erfolgreiche Fiktion neue Zuschauer an den Pay-TV-Kanal binden, die andernfalls das sportorientierte Programm kaum geschätzt hätten, es nun aber mitnutzen.

Sind die Zielgruppen der TV-Sender oder sogar die Zielgruppen von bestimmten Programmplätzen bei genauerer Betrachtung gut erkennbar, zeigt die Praxis, dass eine solche Analyse längst nicht jedem gelingt. Auch viele Kreative vergessen oft, dass sie nicht unbedingt die Zielgruppe repräsentieren, für die sie Programm machen wollen. Ebenso verlieren auch diejenigen, die Programmvorschläge machen, immer wieder aus den Augen, wen sie eigentlich erreichen wollen. Doch nicht nur in den Fernsehsendern müssen die Menschen von ihrem persönlichen Geschmack abstrahieren und versuchen, objektiv zu beurteilen, ob und was welche Zuschauer sehen wollen. Denn: „Wer würde das sehen wollen?" ist die Grundfrage, die sich jeder Drehbuchautor, Showerfinder oder auch jede Produktionsfirma stellen sollte, bevor sie einen Stoff oder eine Idee anbieten. Manchmal wird den Fernsehschaffenden negativ „Zielgruppendenken" vorgeworfen, dabei ist dieses essenziell, will man ein erfolgreiches Programm machen. Doch warum wählen Zuschauer welches Programm?

„People view programs whose values are in synch with their values."[42]

Die *Uses- and Gratifications-Forschung*[43] betrachtet den Zuschauer, also den Rezipienten, als aktiven Part im Kommunikationsprozess. Er agiert zielbewusst und ist aktiv: Der Zuschauer wählt das Programm, von dem er sich die Befriedigung seiner Bedürfnisse am ehesten verspricht. Hierbei wendet er eine Nutzen-Kosten-Rechnung an, die aber auf einem Faktor Unsicherheit fußt. Schließlich kann der Zuschauer vor seinem Konsum die Qualität des eingeschalteten Programms nicht beurteilen, es sei denn, sein Urteil beruht auf Erfahrungswerten. Eine Serie oder eine Show mit ihrem wiederholendem Franchise (vgl. Kap. Fiction) bietet dem Zuschauer diese Erfahrungswerte und dabei nur geringe Abweichungen – wie etwa ein schwacher Episodenplot oder ein unsympathischer Kandidat. Aus den Zuschauerbedürfnissen entsteht eine Präferenz für Sendungstypen oder Einzelsendungen. Die Zuschauererreichbarkeit definiert ebenfalls das Zuschauerverhalten. Allein durch die Tatsache, dass das Fernsehen seine Zuschauer nicht zu jeder Zeit erreicht, findet die Programmauswahl zu einem Teil allein durch den Sendetermin statt, ohne inhaltsbezogen zu sein. Auch die Form des Konsums ist eine relevante Größe, schließlich bestimmt häufig die Familie oder genauer: ein dominantes Familienmitglied, was angesehen wird. Entscheidend für den Konsum ist die Informiertheit der Zuschauer, die Kenntnis des Angebots. Dabei ist wahrscheinlich die Hälfte aller Entscheidungen von bewährten Präferenzen geprägt, die andere von zusätzlichen Informationen beeinflusst.[44] Letztlich aber ist die Programmstruktur des Senders ein entscheidender Faktor.

Warum haben die Sender gerade diese Zielgruppen gewählt? Bei den öffentlich-rechtlichen Sendern wird diese Frage klar beantwortet: Sie müssen Fernsehen für alle anbieten. Bei den privaten Sendern, die sich über Werbung finanzieren, werden die Gründe im Folgenden erläutert.

1.3.3 Werbeumfelder

Das Fernsehen ist im Vergleich zu allen anderen Medien der bedeutendste Werbeträger. Nahezu jeder Haushalt in Deutschland ist mit einem Fernsehgerät ausgestattet. Damit finden Werbetreibende hier ein potenziell vielversprechendes Umfeld, in dem sie den möglichen Kunden kontaktieren können (vgl. Grafik Entwicklung des Werbemarktes, Seite 203).

---

42 http://www.tracmedia.com/content/files/Projects/ShowMeYouKnowMe.pdf
43 Vgl. dazu auch Joo-Yeun Park: Programm-Promotion. 2004, S. 23f.
44 Vgl. Ronnenberger: Programminformation. In: Schröder (Hrsg.): Programminformationen. 1988, S. 17.

Dabei war Werbung immer eine wichtige Triebfeder in der Entwicklung von Radio und Fernsehen. In den USA war der Inhalt der Radiosendungen oder überhaupt erst deren Kreation anfangs nur möglich, wenn er von einem Unternehmen gesponsert wurde. Die erste Regel für alle Kreativen war: „To please the advertizer's wife", denn sie waren es, die die Entscheidungen ihrer Männern abends beim gemeinsamen Fernsehschauen bewerteten.

Als man begann, Fernsehsendungen nach ähnlichem Prinzip produzieren zu wollen, musste man feststellen, dass die Kosten die Möglichkeiten einer werbetreibenden Firma zumeist überstiegen. So entwickelte sich das Co-Sponsorship, bei dem sich zwei oder mehr Firmen die Kosten teilten. Damit hatten diese Firmen aber auch den vollständigen Zugriff auf den Inhalt und die Präsentation der Show. Nach dem Quizshow-Skandal 1959, bei dem einigen Kandidaten der äußerst erfolgreichen Quizshow *The $64.000 Question* zuvor die Lösungen mitgeteilt wurden, damit sympathische Teilnehmer weiterkamen und andere ausschieden, änderte man das Finanzierungs-System grundlegend.[45] Nach einigen Gesetzesänderungen erhielten die TV-Sender den Einfluss über die Inhalte der Sendungen zurück. Sie begannen stattdessen, Werbung innerhalb ihrer Sendungen zu verkaufen. Mit dieser Trennung von Geldgeber und Inhalt einer Sendung änderte sich der gesamte Markt. Denn erstmals mussten TV-Sender ihr Programm als Ganzes begreifen und erstmals wurde auch die Quote entscheidend. Denn in gut laufenden Formaten konnte die Werbung teurer verkauft werden.

> „Wer Werbezeiten verkaufen will, verkauft gleichzeitig auch das so genannte Werbeumfeld, manchmal auch noch altmodisch als ‚Programm' bezeichnet."[46]

Ein privater TV-Sender ist ein Dienstleister, der sogar zwei Güter produziert: einerseits das Programm für den Zuschauer, andererseits für die werbetreibende Industrie den Werberaum. Dadurch agiert ein Sender auf verschiedenen Märkten: dem Rezipientenmarkt, wo er mit anderen Sendern und anderen Medien um die Gunst des Zuschauers buhlt und wo seine Strategie nur sein kann, eine möglichst hohe Quote in seiner Zielgruppe zu erreichen. Auf dem Programmbeschaffungsmarkt konkurriert ein Sender mit anderen um Programme und Rechte. Auf dem Werbemarkt tritt ein Sender mit anderen Werberaumanbietern in den Wettbewerb und hier muss er sich nicht nur durch seine Reichweite, sein Publikum, seine Marktanteile, sondern auch durch seine Kosten durchsetzen.

Die TV-Sender vermarkten über jeweilige Tochterfirmen, die meist für die gesamten Senderfamilien zuständig sind. IP-Deutschland bedient RTL, VOX, Super

---

45 Vgl. Perebinossof / Gross / Gross: Programming. 2005, S.11.
46 Hans Paukens in Paukens / Schümchen (Hrsg.): Programmplanung. 1999, S. 10.

RTL, n-tv und RTL Shop. RTLII hat mit EL Cartel Media einen eigenen Vermarkter. Sevenonemedia vermarktet Sat.1, Kabel Eins, N24, ProSieben und 9live. Die öffentlich-rechtlichen Vermarkter sind ZDF Enterprises sowie ARD Sales & Services (AS&S), in der die Vermarkter der einzelnen Landesrundfunkanstalten wie z. B. die WDR Mediagroup zusammengefasst sind.

Die Preise für die Plätze innerhalb der Werbeblöcke werden im Sommer des vorausgehenden Jahres festgelegt, entsprechend der Nachfrage auf dem Werbemarkt und der Reichweitenprognose. Zwischen 1997 und 2004 wurden den Mediaeinkäufern diese Preise und die zu erwartenden Inhalte auf der Telemesse vorgestellt. Mittlerweile haben sich die Vermarkter „selbständig" gemacht und planen eigene Veranstaltungen, auf denen sie ihr Programm präsentieren. Im Herbst werden die Optionen für die Spots gebucht, nachdem die Media-Agenturen Rücksprache mit den Werbetreibenden gehalten haben. Tendenziell werden mehr Spots für das Frühjahr geschaltet, gleichzeitig werden Spots jedoch schon auf einer Kampagnenebene platziert. Nach diesem ersten Prozess folgen in der Regel aber noch einige Umbuchungen, denn erst wenn der Sendeplatz für eine konkrete Sendung feststeht (also ungefähr acht Wochen vorher), kann die Werbebuchung für den Kunden bestmöglich gesteuert werden. Bestmöglich heißt, dass Zielgruppenansprache, Inhalt und Preis in geeigneter Form übereinstimmen. Die zuvor erfolgte Blockbuchung muss später zwar optimiert werden, doch immerhin haben die TV-Sender eine gewisse Planungssicherheit.

Für die Werbung im deutschen Fernsehen gibt es strenge Regelungen. Zum einen unterliegt sie der Kennzeichnungspflicht: Werbung (und auch Teleshopping) muss als solche klar erkennbar sein. Das bedeutet, dass der Beginn einer Werbung durch ein visuelles Signal markiert wird und auch das Ende eines Werbeblocks gegebenenfalls gekennzeichnet werden muss. Auch neuere Split Screen-Werbemethoden (Vgl. dazu Kap. Programmmarketing) müssen ganz klar als Werbung und Programm differenzierbar bleiben. Neben der Trennung von Programm und Werbung ist auch die Zeitdauer der Werbung klar geregelt. Wie schon angesprochen ist es den öffentlich-rechtlichen Sendern erlaubt, in der Zeit werktags zwischen 18:00 und 20:00 Uhr Werbung auszustrahlen. Außerhalb dieses Zeitrahmens ist nur Sponsoring (und auch das nur unter speziellen Vorraussetzungen) gestattet. Die Privatsender können dagegen rund um die Uhr Werbung ausstrahlen, doch auch hier gibt es deutliche Einschränkungen: Laut Rundfunkstaatsvertrag § 44 dürfen Sendungen nur im Abstand von 20 Minuten durch Werbung unterbrochen werden, Sportereignisse oder ähnlich gegliederte Sendungen nur in den Pausen oder zwischen den eigenständigen Teilen. Filme dürfen „für jeden vollen Zeitraum von 45 Minuten einmal unterbrochen werden, sofern ihre programmierte Sendezeit mehr als 45 Minuten beträgt. Eine weitere Unterbrechung ist zulässig, wenn die programmierte Sendedauer um mindestens 20 Minuten über zwei oder mehrere volle 45 Minutenzeiträume hinausgeht."[47] Nachrichtensendungen und Dokumentationen politischen Inhalts dürfen, sofern sie unter 30 Minuten dauern, nicht unterbrochen werden. Der Anteil an Werbung innerhalb einer Stunde darf nicht über 20 % liegen. Also dürfen die Werbeblöcke in einer Stunde nicht länger als insgesamt zwölf Minuten dauern. Auch insgesamt darf die Werbezeit bei den Privatsendern 20 % der täglichen Sendezeit nicht überschreiten.

Da die Privatsender die Werbung als primäre Einkommensquelle ansehen, sind sie innerhalb der obigen Regelungen sehr erfinderisch darin, ihren Werbekunden ein reizvolles Umfeld zu bieten. Dieses wird zum Beispiel durch besondere Werbeformen gewährleistet, denn neben den üblichen Unterbrecher-Werbeblöcken gibt es auch Scharnier-Werbung oder andere Werbeformen, die einen Spot aus der Werbeinsel oder dem Programm herausragen lassen. Hinzu kommt, dass die Zuschauer eigentlich keine Werbung sehen wollen, schließlich schalten sie ein, um ein bestimmtes Programm zu konsumieren und nur in den seltensten Fällen ist ein Werbeblock der Anreiz einzuschalten. Daher überdenken die TV-Sender die Werbeformen immer wieder zu neu und entwickeln Strategien, diese z. B. so weit wie möglich in das Programm zu integrieren. Auch hier werden die beiden Zielgruppen der TV-Sender deutlich: Dem Zuschauer soll die Werbung möglichst angenehm gemacht werden, dem Werbekunden aber eine bestimmte Aufmerksamkeitsplattform geboten werden. Dass diese ihre Werbung im Fernsehprogramm präsentiert sehen wollen, liegt nicht nur an der enormen Reichweite des Mediums, sondern auch an den Inhalten. Denn innerhalb eines Werbeumfeldes wird das jeweilige Produkt als Marke positiv wahrgenommen. Man versucht, sich in das Prestige eines Formats einzukaufen. Doch bevor die Ansprüche der Werbetreibenden an das Programm Thema sind, geht es zunächst um die Zuschauer und deren Wünsche.

1.3.3.1 Die Zielgruppen der Werbeindustrie

Jede Werbung richtet sich an eine bestimmte Zielgruppe. Stets soll nur eine bestimmte Personengruppe innerhalb der Gesamtmenge aller erreichbaren Personen angesprochen werden. Diese Zielgruppe wird meist nicht allein angesprochen, sondern es werden auch Personen erreicht, die nicht zur anvisierten Zielgruppe gehören. Dieses bezeichnet man als Streuverlust. Ein Streuverlust liegt bei der Fernsehwerbung allein dann vor, wenn ich – der ich kein Haustier habe – einen Werbespot für Katzennahrung sehe. Die Chancen, dass ich darauf reagieren

---

47 http://artikel5.de/gesetze/rstv.html

könnte sind gleich null (weil ich beispielsweise zudem eine Katzenallergie habe).

Fernsehwerbung ist trotz der Streuverluste (die es aber in jedem Werbemedium gibt) sehr erfolgreich – nirgendwo sonst ist es möglich, so viele Konsumenten auf einmal zu erreichen. Die audiovisuelle Ansprache bietet auch weitere Vorteile – im Gegensatz beispielsweise zur Plakatwerbung kann man mittels bewegter Bilder stärkere Emotionen wecken und den Zuschauer direkter ansprechen. Durch Fernsehwerbung werden fast alle Sinne aktiviert. Für die Mediaplaner bietet das Fernsehen darüber hinaus noch den Vorteil, dass die Nutzung eines Werbeblocks schon am nächsten Tag exakt nachgewiesen werden kann – Zeitungen bieten als Richtwert hier nur den Leser pro Ausgabe, der sich aus dem Mittelwert der letzten zwölf Ausgaben errechnet, aber nicht deutlich ausweist, wann diese Kontakte stattgefunden haben. Zu wissen, wann man wen mit seiner Werbung erreicht hat, ist essenziell, denn nur dann kann der Werbetreibende sicher sein, dass er seine Zielgruppe optimal angesprochen hat.

Jedes Produkt hat eine eigene Zielgruppe. Diese muss vom Werbetreibenden zuvor definiert werden und sie sollte möglichst homogen sein. Ebenso sollte sie „operationalisierbar"[48] sein, d.h. die Merkmale sollten sich auch dazu eignen, durch die Werbeträgerplanung angesprochen zu werden.

Die Einordnung der Zielgruppen erfolgt nach soziodemographischen Merkmalen: Geschlecht, Alter, Einkommen, Beruf, Bildung, Wohnort, Schichtzugehörigkeit sind entsprechende Merkmale, die aber nur potenziell eine Aussage zum Konsumverhalten der Zielgruppe zulassen.

Für manche Produkte ist es sicherlich entscheidend, ob man männlich oder weiblich ist, bei anderen spielt das Alter eine Rolle. Das Haushaltseinkommen ist relevant für das Konsumverhalten, aber es definiert nur tendenziell, was ein Konsument tatsächlich kauft. Bei Luxusprodukten ist das Einkommen sicher entscheidend, aber schon beim Kauf von Billigmarken ist das Einkommen nicht wirklich aussagekräftig, denn diese werden quer durch alle Schichten gekauft. Ein wichtiges Kriterium für die Kaufkraft ist die Haushaltsgröße, denn ein Single kann sich bei gleichem Gehalt mehr leisten als eine Familie mit fünf Kindern.

Anhand der genannten sowie weiterer Kriterien lassen sich Käuferprofile oder Zielgruppenbeschreibungen zusammenstellen, deren bekannteste Ausprägungen auch den Weg in die breite Öffentlichkeit finden. Den *Yuppie* (Young Urban Professional) oder den *Dink* (Double Income No Kids) kennen wohl die meisten. Diese Beschreibungen sind ungenügend, da sie psychologische Faktoren ausblenden. Zieht man solche Faktoren aber in die Analyse mit ein, ergeben sich so

---

48 Kloss: Werbung. 2000, S. 145.

genannte Lifestyle-Typologien, mit denen Werbetreibende und auch Sender versuchen, ihre Zielgruppen zu definieren. Das ZDF hat z. B. sein Publikum anhand einer solchen Typologie folgendermaßen unterteilt:

„die resignierenden Unzufriedenen (Typ 1 = 8 %),
die alternativ orientierten Intellektuellen (Typ 2 = 9 %),
die autoritären Arbeiter (Typ 3 = 9 %),
die vielseitig interessierten Selbstbewussten (Typ 4 = 7 %),
die pflichtbewussten Rentner (Typ 5 = 12 %),
die spontanen jugendlichen Insider (Typ 6 = 9 %),
die modernen Angepassten (Typ 7 = 8 %),
die trend- und modebewussten Freizeitorientierten (Typ 8 = 5 %),
die konventionellen Häuslichen (Typ 9 = 15 %),
die sportlich aufgeschlossenen Arbeiter (Typ 10 = 7 %),
die selbstbewussten arrivierten Konservativen (Typ 11 = 11 %)."[49]

Deutlich wird also, dass nicht nur die reinen Zuschauerzahlen zählen, sondern auch die Demographie der TV-Konsumenten. Wie schon angesprochen bevorzugt die Industrie jüngere Werbekunden. Sie sind beeinflussbarer, was ihr Konsumverhalten betrifft, wohingegen ältere Zuschauer nach zwanzig Jahren oder mehr kaum die Bereitschaft haben, ihre Handcreme-Marke zu wechseln. Ebenso versuchen die Werbetreibenden, bevorzugt Frauen anzusprechen. Noch immer sind sie es, die den täglichen Einkauf tätigen. Damit sind sie die „Entscheider", wenn es darum geht, die Wahl zwischen den verschiedenen Margarinesorten zu treffen oder ein neues Reinigungsmittel auszuprobieren. Auch die Kleidung und das Spielzeug der Kinder werden zumeist von Frauen gekauft, wenngleich über große Anschaffungen zumeist von beiden Geschlechtern gemeinsam entschieden wird.

1.3.3.2 Ansprüche der Werbekunden an das Programm

Den privaten Sendern geht es darum, ihren Kunden ein vielversprechendes Werbeumfeld zu bieten. Vielversprechend bedeutet aber nur, dass die avisierte Zielgruppe optimal angesprochen wird; das ist nicht „qualitativ" zu sehen. Ein ideales Werbeumfeld hat mitnichten immer etwas mit möglichst intelligenten oder anspruchsvollen Formaten zu tun, die vielleicht eine intellektuelle Elite ansprechen. Trash-Formate haben – im Sinne einer erfolgreichen Vermarktung – durchaus ihre Berechtigung.

---

49 http://relaunch.medialine.de/PM1D/PM1DB/PM1DBF/pm1dbf_koop.htm?snr =3297

Das Umfeld, in dem geworben wird, ist ausschlaggebend für den Erfolg einer Werbekampagne. Die Demographie zählt – denn überspitzt gesagt: Was nützen vier Millionen männliche Zuschauer während der Sportübertragung, wenn dort Werbung für Damenbinden geschaltet wird? (In einem solchen Fall hat der Werbeplaner einen Kardinalfehler begangen.) Auch das Alter der Zuschauer ist für Werbekunden relevant, folglich ist die Alterung der Zuschauer für manche Fernsehsender ein Problem. Nicht umsonst bemühen sich die öffentlich-rechtlichen Sender zu den Zeiten, in denen sie Werbung ausstrahlen dürfen, ein Programm für junge Zuschauerzielgruppen zu machen. Ihr durchschnittliches Publikum wäre aufgrund des hohen Alters weniger interessant für Werbekunden. In dieser Hinsicht ist ProSieben als Fernsehsender, der verlässlich eine sehr junge Zielgruppe adressiert, gut aufgestellt.

Werbekunden sind sehr sensibel, was den Inhalt der Formate angeht, in denen sie werben. Das Image des Formats überträgt sich auf den Werbespot bzw. das Produkt, das hier beworben wird. Will der Werbetreibende ein hochwertiges, luxuriöses Produkt bewerben, wird er versuchen, dieses in einem ebenso hochwertigen Umfeld zu bewerben und eher kein Trash-Format wählen, in dessen Kontext das Produkt wahrgenommen wird.

Werbekunden fordern also eine Verlässlichkeit im Programm. Sie verlangen eine gewisse Planbarkeit und eine bestimmte Struktur im Publikum. Das Programmschema der Sender mit seinen festen Strukturen bietet hier einen guten Orientierungsrahmen. Doch die Planungssicherheit ist letztlich nicht immer gewährleistet. Bieten serielle Formate aufgrund ihrer Regelmäßigkeit eine ziemlich exakte Einschätzung der Zielgruppe und deren Einschaltverhalten, besteht bei Spielfilmen eine größere Unsicherheit – diese sind singuläre Events, die sich inhaltlich unterscheiden. Aus diesem Grund sind Sendeplätze bei den TV-Sendern oft mit einer bestimmten inhaltlichen Ausrichtung besetzt: Man denke nur an die Dienstagabende von Sat.1, bei denen die TV Movies immer einem bestimmten Genre, nämlich der Romantik Comedy, verpflichtet sind.

Die Werbetreibenden haben nur bedingt Einfluss auf die Platzierung ihres Spots innerhalb eines Werbeblocks. Auch die Platzierung der Werbeblöcke innerhalb eines Formats wird durch die Sender bestimmt. Diese werden von den Redaktionen der Sendungen bzw. durch den Werbeschnitt festgelegt und an für die Spielhandlung relevante Stellen gelegt: Natürlich bemüht man sich, Programme so zu unterbrechen, dass eine Spannung auf den möglichen Ausgang oder Weitergang der Handlung aufgebaut wird. In der fiktionalen Unterhaltung werden dafür *Cliffhanger* dramaturgisch eingearbeitet (vgl. Kap. Fiction). Bei Shows wird die Sendung z. B. dann unterbrochen, wenn eine Entscheidung ansteht.

Die Blockbildung von Werbung kann es erleichtern, die Werbung zu umgehen, da „der Zuschauer die Werbeblöcke dafür nutzt, um persönliche Bedürfnisse zu befriedigen".[50] Gegenstrategien der Sender sind z.B. die Werbung stärker an das Programm zu koppeln (Vgl. Kap. Programmmarketing) oder Sponsoring einzusetzen.

Bei den bestehenden Werbeblöcken sind Anfang und Ende diejenigen Positionen, an denen die dort platzierten Spots die höchste Aufmerksamkeit und damit Erinnerungswert bekommen. Auch die Anzahl der Spots innerhalb eines Blocks beeinflusst die Aufmerksamkeit, die dem einzelnen geschenkt wird. Sind innerhalb eines Werbeblocks Spots für ein Konkurrenzprodukt geschaltet, wird die Werbewirkung geschmälert.

Die Vermarkter bieten ihren Kunden einige Sonderformen wie die *Exclusive Positions* an. So ist z.B. der *Single Spot* ein „Werbeblock", der nur aus einem einzelnen Spot besteht. Der Spot hat damit also ein Alleinstellungsmerkmal und wird auch als solcher angekündigt: Die Zuschauer wissen: „Nach nur einem Spot geht es weiter."

Ein *Pre-Split* steht vor der eigentlichen Werbeinsel und wird in einem redaktionellen Rahmen angeboten, also in einem Split Screen, in dem in der einen Hälfte noch die Sendung zu sehen ist. Hier ist der Spot natürlich gut platziert – das Publikum hat keinen Impuls umzuschalten. Selbiges gilt natürlich auch für den *Abspannsplit*. Der *News-Countdown* bietet innerhalb eines Split Screens die Möglichkeit, parallel zu einer ablaufenden Uhr seinen Spot zu platzieren. Damit steht er singulär und wird innerhalb des seriösen Nachrichtenumfelds wahrgenommen.

Auch innerhalb der Sendungen ist Werbung möglich. Der so genannte *Skyscraper* gilt nicht als Unterbrecherwerbung, muss jedoch optisch eindeutig vom Programm getrennt werden – eine Regelung, die universell anzuwenden ist. Beim *Skyscraper* oder auch *Cut in* bewegt sich die Werbung als aufragende Säule parallel zur laufenden Sendung durch das Bild. Der *Crawl* läuft im unteren Bilddrittel ab, während oben noch redaktionelle Inhalte zu sehen sind. In dieser Art sind noch weitere Werbeformen möglich, allerdings würde die Darstellung des kompletten Szenarios den Rahmen dieses Buches sprengen.

Werbepreise werden über den TKP festgesetzt. Der TKP (Tausender-Kontakt-Preis) setzt sich aus Kosten und Reichweite zusammen. „Wie viel kostet es mich, tausend Zielgruppeneinheiten zu erreichen?", lautet die Frage, die sich die Werbetreibenden und Mediaplaner stellen. Gerade wenn es um grundsätzliche Entscheidungen wie etwa die Platzierung von Werbung in unterschiedlichen Medien oder bei unterschiedlichen Sendern geht, erweist sich der TKP als gute Vergleichsgröße.

---

50 Kloss: Werbung. 2000, S. 283.

Die TKP-Listen werden in Tarifgruppen organisiert. Einer Sendung wird – abhängig von ihrer durchschnittlichen Quote, dem Sendeplatz und ihrer Zielgruppe, die sie erreicht – eine Tarifgruppe zugeordnet. Diese Tarifgruppen dienen den Mediaplanern in den Agenturen als Basis für ihre Entscheidungen, wo sie einen Spot platzieren wollen.

Neue Formate und Serien werden in Sondertarifgruppen eingeordnet, da sie ja noch keine verlässlichen Quoten aufweisen können. Oftmals liegt man mit der Einschätzung relativ richtig, doch wenn gravierende Unterschiede zwischen Preis und tatsächlicher Zuschauerzahl auftreten, kommen die Sender den Werbetreibenden oft entgegen: Sie buchen den Spot in eine andere – niedrigere – Tarifgruppe um. Dies geschieht auch bei bekannten Formaten, die aber plötzlich schlechter laufen als gewohnt. Würden die Sender so nicht reagieren, liefen sie Gefahr, dass die Werbetreibenden zu anderen Sendern abwanderten, die ihnen bessere TKPs bieten können.

Die TV-Sender haben ein vielfältiges Rabattsystem entwickelt, um ihren Kunden entgegenkommen zu können. Neben einem Mengenrabatt gibt es auch einen Konzernrabatt, der z. B. für alle Geschäftsfelder eines großen Konzerns gilt. Kombirabatte, *Stand-by booking* (vergleichbar mit Last Minute-Angeboten) oder auch Strecken- bzw. Zeitrabatte sind weitere Ausführungen.

Die *Kontaktstrategie* hat zum Ziel, „eine bestimmte kleinere Gruppe von Fernsehzuschauern innerhalb einer Woche oder innerhalb eines Monats mit einer bestimmten Kontaktdosis zu versehen, die für wirkungsvoll erachtet wird".[51] Unter Kontakten wird hier die „Berührung" eines Zuschauers mit der jeweiligen Werbebotschaft verstanden.

Eine *Reichweitenstrategie* versucht stattdessen, in möglichst kurzer Zeit eine möglichst hohe Reichweite in der Zielgruppe zu erzielen, also eine hohe Nettoreichweite zu erringen. Vielleicht erreicht man seine Zielperson auch nur ein einziges Mal, aber dies kann für den Zweck genügen.

Welche der Strategien angewendet wird, ergibt sich aus dem Produkt, das beworben wird. Eine Musikneuerscheinung oder eine Musical-Tour wird vielleicht nur einmal beworben, für ein Produkt, das weniger flüchtig ist und keinem Neuheitenkonzept folgt wie z. B. ein Waschmittel wäre eine Kontaktstrategie erfolgreicher. Ihr Ziel ist es, den Kunden von einem Produkt zum nächsten zu locken, also seine Kaufentscheidungen zu ändern.

Die unterschiedlichen Strategien nutzen auch unterschiedliche Werbeplätze. Hohe Reichweiten erreicht man mit besonders beworbenen Programmhighlights wie Event-Movies, gewissen Shows oder Sportsendungen und daher dürfte hier

---

51 Thomas Sudholt in: Paukens / Schümchen: Programmplanung. 1999, S. 75.

die Reichweitenstrategie Erfolg haben. Kontaktstrategien werden häufig bei seriellen Formaten (ganz gleich, ob diese nun fiktional sind oder nicht) angewendet: Hier erreicht man sein Publikum mit Beständigkeit und Verlässlichkeit – und dies über eine längere Zeit.

Neben den reinen Zahlen bestimmen das Image und die Qualität des Programms – neben der Art der Einbindung der Werbung – die Entscheidung der Werbetreibenden, wo und wie sie Werbung platzieren wollen.

Werbung in der Prime Time ist teurer als in der Daytime oder in der Late Night (vgl. das folgende Kapitel), schließlich erreicht man mit dem Fernsehprogramm zu dieser Zeit deutlich mehr Zuschauer. Hinzu kommt, dass hier Zielgruppen angesprochen werden können, die sonst nicht erreicht werden – die Berufstätigen sehen tagsüber nicht fern oder gehen früh zu Bett. Doch möglicherweise ist eine andere Zielgruppe erfolgreicher anzusprechen, wenn am Tage Werbung geschaltet wird. Diese ist zudem viel billiger als zur Prime Time – die Kontaktqualität ist viel höher.

Daraus ergibt sich natürlich auch, dass reichweitenstarke Sender deutlich höhere Preise für ihre Werbung erheben können als kleinere Sender.

Das Zuschauerverhalten ist bedingt kalkulierbar. Grundsätzlich sind folgende Zuschauertypen zu unterscheiden: Der *Flipper* schaltet den Fernseher ein, ohne dass er sich zuvor darüber informiert hat, was läuft. Er schaltet so lange um, bis er etwas gefunden hat, was ihn interessiert.

Der *Switcher*[52] schaltet in parallel laufende Sendungen hinein, immer in der Hoffnung, etwas Besseres zu finden, als das, was er gerade sieht. Von ihm unterscheidet sich der *Hopper*, der kontinuierlich zwischen mehreren festen Sendungen hin und herschaltet – er möchte eigentlich mehrere Sendungen gleichzeitig sehen und das Unmögliche möglich machen. Ähnliche Unterscheidungen trifft die IP Deutschland, der Werbezeitenvermarkter der RTL-Familie, in ihrer Typologie der jungen Zuschauer. Diese setzt sich zusammen aus den *Trittbrett-Kindern*, die zusammen mit Erwachsenen das von diesen gewählte Programm konsumieren. Die *Rosinen-Picker* sind dabei, wenn es im Fernsehen etwas Besonderes gibt. Sie nutzen ein breites Senderspektrum und wählen selbst aus. Die *hedonistischen Kinder* nutzen das Fernsehen intensiv und sind in ihrem Auswahlverhalten autark. Die Eltern sind hier sozusagen die Trittbrettfahrer. *Kleine Erwachsene* schauen überwiegend abends fern und konsumieren dabei Erwachsenenprogramme.

Amerikanische Fernsehforscher unterscheiden zwischen folgendem Fernseherhalten:

---

52 Kloss: Werbung. 2000, S. 290.

„**Grazing**, hunting down the channels until one's attention is captured, **flipping**, changing back and forth between two channels; **zapping**, changing the channel or stopping to avoid a commercial interruption; and **zipping**, fast-forwarding a recording to avoid commercials or to reach more interesting point."[53]

Das Zapping in den Werbeblöcken ist durchaus ein Problem für die Privatsender, allerdings wird mit allen Mitteln gegen das Wegschalten der Zuschauer gearbeitet: Sonderwerbeformen (vgl. Kap. 5 Programmmarketing), eine ansprechende Dramaturgie des Werbeblocks oder auch Appelle wie „Bleiben Sie dran!" oder „In wenigen Sekunden geht es weiter!" werden eingesetzt.

Neben dem Zapping hat sich eine neue Form des Sehverhaltens eingebürgert: *dropping in* bedeutet, dass Zuschauer einen ihnen bekannten Filmen wählen, dann jedoch nicht mehr den ganzen Film sehen, sondern konkret nur zu Stellen schalten, die ihnen gut gefallen. Da ihnen die Handlung ja bekannt ist, verpassen sie keine relevanten Informationen, sondern genießen ihre Lieblingsmomente.

Die Aufmerksamkeitsspannen der Zuschauer nehmen ab. Fernsehmacher müssen nicht nur mit dem erweiterten Medienangebot konkurrieren, sondern auch mit der mentalen Disposition des Konsumenten. Über die Jahre gesehen hat sich damit auch die inhaltliche Ausrichtung der Formate geändert. Die Abwendung von langsam erzählten, mit viel Exposition ausgestatteten Filmen führte zu schneller geschnittenen, mit mehr Szenen versehenen, visuell aufwändigeren Filmen, die stärker auf Action setzen, um dem Zuschauer vermeintlich mehr „Event" zu geben. Dies aber ist vor allem eine Domäne der privaten Sender, während das öffentlich-rechtliche Fernsehen neben den „schnelleren" immer noch Filme in altbewährter Erzählweise produziert – und damit bei den älteren Zuschauern erfolgreich ist.

Interessanterweise gehen die kürzeren Aufmerksamkeitsspannen der Zuschauer Hand in Hand mit der Fähigkeit, nonlineare, fragmentierte Geschichten zu schätzen, sei es in Filmen wie *Adaption* oder in Serien wie *24*[54] – vielleicht sind hier schon die Auswirkungen der veränderten Mediennutzung zu bemerken und damit verbunden die Fähigkeit, sich kurzfristig auf viele neue Inputs auf verschiedenen Kanälen einlassen zu können.

---

53 Eastman / Ferguson: Broadcast / Cable / Web Programming. 2002, S. 16.
54 Perebinossoff / Gross / Gross: Programming. 2005, S. 20.

2 Grundlagen der Programmgestaltung

2.1 TV-Formate – Definition, Produktion, Funktion

Theoretisch lassen sich bei der erfolgreichen Programmplanung vier Stufen erkennen: Zunächst die Produktion von Formaten, die die Wünsche des Publikums erfüllen. Dann die Programmierung dieser Formate in einer idealen Abfolge, die möglichst wenige Brüche aufweist und das Publikum in idealer Form erreicht. Dann ein überzeugendes Marketing der Formate, damit das Publikum sich des Angebots bewusst wird und es konsumieren möchte. Und schließlich die Überprüfung und Evaluierung des Programms und das Tätigen der notwendigen Anpassungen.[55] Im Weiteren werde ich mich an diese Reihenfolge halten, somit steht zunächst als wesentliches Element der Baustein des Programms im Vordergrund:

Unter einem Format versteht man „ein Sendekonzept, das sowohl den Inhalt und die Binnenstruktur als auch die Präsentation sowie den Programmplatz auf ein klar definiertes Zuschauersegment hin ausrichtet und mit dessen Hilfe das Programm auf eine konsistente Art und Weise gestaltet, präsentiert und beworben wird".[56]

Durch die Schaffung von Formaten versucht ein TV-Sender, ein unverwechselbares Erscheinungsbild zu erzeugen und seine Zielgruppe langfristig an sich zu binden. Die Zuschauer wissen, was sie bekommen, wenn sie ein bestimmtes Format einschalten (vgl. auch *Franchise* weiter unten). Sie wissen, dass sie bei *C.S.I.* einen hochwertigen Kinofilm-Look, Krimifälle und starke Ermittler bekommen. Sie wissen auch, dass bei der Tagesschau nach den ersten wichtigsten Meldungen eine breite Nachrichtenstrecke kommt, die mit Sport und dann dem Wetter abschließt – und dies jeden Tag. Diese hohe Wiedererkennbarkeit und damit auch Verlässlichkeit ist Ziel eines jeden Formatgedankens.

Der Begriff Formatierung kann aber auch auf den gesamten Sender und sein Programm ausgedehnt werden. Hier bezieht sich das Format auf eine bestimmte Form des *Strippings* (vgl. Kap. Stripping) mit dem die Sender versuchen, die Unübersichtlichkeit des Angebots zu strukturieren und Orientierung zu schaffen –

---

55 Vgl. Eastman / Ferguson: Broadcast / Cable / Web Programming. 2002, S. 5.
56 Park: Programm-Promotion. 2004, S. 57.

dadurch, dass an jedem Tag der Woche zur selben Zeit ein bestimmtes Format ausgestrahlt oder zumindest dieselbe Programmfarbe bedient wird.

Eastman und Ferguson finden eine treffende Analogie zwischen TV-Programmierung und Essen.[57] Sie fassen die Programmzeitschrift als Menükarte auf. Die verschiedenen Sender sind dabei die verschiedenen Restaurants, in denen man essen könnte. Und das, was man verspeist, sind die diversen Sendungen, die man sich ansieht.

Was man essen möchte, liegt an der Erziehung, an persönlichen Vorlieben, an dem Geld, was man zur Verfügung hat. Auch die Auswahl bevorzugter Fernsehprogramme wird durch den persönlichen und gesellschaftlichen Background sowie die konkrete Lebenssituation bestimmt.

Wie Lebensmittel, die sich in Obergruppen wie Fleisch, Fisch, Gemüse, Obst usw. teilen lassen, kann man auch die Fernsehprogramme in bestimmte Genres teilen – Show, Serie, Film, News, Sport usw. So wie man in bestimmten Momenten (oder vielleicht auch immer) Appetit auf Fast Food verspürt, so gibt es Sendungen, die schnell und einfach produziert werden, wenig Aufwand erfordern und verlangen. Und es gibt natürlich die Haute Cuisine – sorgfältig ausgearbeitete Programme mit einem hohen Qualitätsanspruch (wobei natürlich zu fragen ist, wie Qualität festgemacht wird – am Kritikerlob? Am Bekanntheitsgrad der Schauspieler und Regisseure? An der guten Geschichte? An der Herangehensweise an ein Thema? Am intellektuellen Anspruch?).

Normalerweise würde man zum Essen ausgehen – doch schließlich kann man auch zu Hause speisen: wenn man sich den Pizzaservice kommen lässt, wäre dies, um im Bild zu bleiben, vielleicht die Leih-DVD oder VHS. Wichtig ist aber: Wie viel man von den Gerichten zu sich nimmt, veranschaulicht ungefähr die Quote, die eine Sendung bringt. Oder von einem anderen Standpunkt betrachtet: Je häufiger ein Gericht verspeist wird, desto höher ist die Quote.

Was also will das Publikum? Grundsätzlich sind es nur zwei Dinge: Es will unterhalten werden. Und es will informiert werden. Alle Sendungen im TV richten sich nach diesen beiden Ansprüchen, mischen sie oder sprechen nur einen der beiden an.

Neben diesen beiden Grundbedürfnissen des Publikums gibt es auch zwei Basisformen von Sendungen. Die *konzeptdominierte* Sendung stellt das Konzept in den Vordergrund. Ihre Protagonisten werden nur ausgewählt, um den Regeln des Konzepts zu folgen und es auszufüllen. Unter diesem „Genre" lassen sich z. B. *High Concept*-Stoffe zusammenfassen. High Concept bedeutet, dass die Idee, die dahinter steckt, so einfach und damit schnell begreifbar ist, dass sie jeder-

---

57 Vgl. Eastman / Ferguson: Broadcast / Cable / Web Programming. 2002, S. 4ff.

mann sofort versteht und die Geschichte ansatzweise vor Augen hat. Als Kinofilm sind dies Stoffe wie *Der weiße Hai* oder *Die Hard*, im TV sind es Serien wie *C.S.I., Im Namen des Gesetzes, Die Soko* usw. Hier wird das Grundkonzept der Serie erfüllt und die darin agierenden Helden sind stellenweise nur Erfüllungsgehilfen.

Stardominierte Stoffe sind auf die jeweiligen Protagonisten zugeschnitten. *Die Oliver Geissen Show, Johannes B. Kerner* oder *Die Cosby Show* sind ganz klar auf den Host, den Gastgeber zugeschnitten, wenngleich das wirklich Interessante natürlich die Gäste beitragen, die hier zu Wort kommen.

Es kann sein, dass Sendungen anfangs als konzeptdominiert angelegt waren, dann aber im Laufe der Jahre ihren Fokus verlagert haben. *Wer wird Millionär?* ist trotz des streng formatierten Ablaufs in Deutschland viel mehr eine Show von Günther Jauch geworden, als man anfangs angenommen hatte. Stardominierte Shows haben den Vorteil, dass sie dem Publikum unmittelbar deutlich machen, was es zu erwarten hat: die Persönlichkeit und die Fähigkeiten des Protagonisten. Wenn der Stern des Moderators aber zu sinken beginnt, wird es schwierig, die Show zu retten – an einem Konzept kann man dagegen noch etwas ändern.

Viele Genres im Fernsehen unterliegen Schwankungen in Beliebtheit und Akzeptanz bei Publikum. Solchen Wellen muss das Fernsehen natürlich folgen. Während Nachrichten sich als konstant im Publikumszuspruch erweisen, sind Shows und gerade (die noch recht neuartigen) Reality-Shows starken Schwankungen unterworfen. Einigen Boomzeiten folgen hier Schwächeperioden und auch die Fiction unterliegt Schwankungen in ihrem Publikumszuspruch. In den letzten Jahren hat die eigenproduzierte Fiction-Unterhaltung in Deutschland einen großen Dämpfer erhalten – stattdessen boomten die amerikanischen Serien, die lange Zeit in der Prime Time ganz und gar unerfolgreich waren. Sie waren ein „totes Genre", das jetzt wieder Erfolge feiert. Ebenso kann auch die deutsche Fiction schnell wieder lebendig werden, wie viele andere Beispiele zeigen. Nehmen wir nur einmal den Piratenfilm. Über Jahre hinweg war er ein ausgestorbenes, weil vermeintlich unerfolgreiches Genre im Kino, bis 2003/04 der *Fluch der Karibik* ein absoluter Hit wurde. Über Nacht lebte das Genre wieder auf! Auf das Fernsehen bezogen gibt es Ähnliches zu beobachten: Die Show wurde lange Zeit totgesagt, bis *Wer wird Millionär?* 1998 ungeahnte Erfolge feierte.

Aber wer weiß, vielleicht waren die plötzlichen Erfolge der Genres auch nur deshalb so groß, *weil* man vorher so lange keinen Piratenfilm mehr gesehen hatte? Dieses Revival-Muster sollte aber nicht dazu verleiten, dem erstbesten Sender nur deshalb den Stoff für ein eigenproduziertes Science Fiction Format anzubieten, weil dieses Genre auf deutschen Bildschirmen so selten zu sehen ist. Es gibt Gründe oder vielmehr Vorbehalte gegen dieses Genre (dass z. B. die Deutschen zu realitätsfixiert oder eher vergangenheitsorientiert sind, dass sich solche Formate nur mit großen Budgets produzieren lassen, die sich vielleicht gerade einmal

Hollywood-Studios leisten können etc.). TV-Sender sind zumeist konservativ, sie sind abwartend, vorsichtig und haben Angst, Fehler zu begehen, die Fehlinvestitionen in Millionenhöhe verursachen könnten. Und der Erfolg eines Programms ist nicht planbar:

> „Success is a strange alchemy of timing, hunch, hard work, anticipation, professionalism, and luck." [58]

Laut Alan Landsburg sind es drei Dinge, die ein Programm erfolgreich machen: Sex (oder vielmehr: Liebe), Geld und Macht.[59] Die meisten der Sendungen spielen mit diesen Themen, ob es Gameshows oder fiktionale Serien sind. Der Produzent Jerry Bruckheimer legt besonderen Wert auf ein hohes Production Value und Musik, andere stellen die Qualität in den Vordergrund, andere die einzigartige, unverwechselbare Stimme seines Autors.

Aber welchen Kriterien muss ein Format folgen, damit es erfolgreich sein *könnte*?

Eine wesentliche Grundregel ist, dass das Format einen **Konflikt** im Zentrum hat. Jede Sendung folgt diesem Grundsatz. Ohne Konflikt wäre das Zuschauen langweilig – schließlich muss es um etwas gehen, es muss etwas auf dem Spiel stehen. Das kann z. B. ein Gewinn eines Geldpreises sein. Es kann – ganz abgesehen von fiktionalen Erzählungen, die per definitionem einen dramatischen Konflikt im Kern haben – auch in Dokumentationen um einen Konflikt gehen, und sei es, weil das Kamerateam das Problem hat, einen bestimmten Wal vor die Linse zu kriegen. Man kann auch innerhalb einer Dokumentation eine Geschichte über das Scheitern eines Dokumentarfilms erzählen.

Langlebigkeit ist ein weiteres Kriterium, dessen man sich versichern muss. Ist die Idee tragfähig genug, dass sie über mehrere Staffeln laufen kann? Ein Show-Format muss derart angelegt sein, dass sich der Reiz nicht nach mehrmaligem Sehen erschöpft. Der Grundkonflikt muss so zentral fesseln, dass die Zuschauer nicht nach fünf Sendungen vom ewig gleichen Ablauf gelangweilt sind. Dabei sind Show-Formate hinsichtlich dieses Kriteriums vergleichsweise einfach zu entwickeln. Die Mechanik einer gut gebauten Quizsendung verschleißt nicht so schnell. Schwieriger sind andere Format-Gattungen wie z. B. fiktionale Serien. Hier stellt sich eher die Frage, ob der Stoff nach fünf Folgen auserzählt ist. Sind

---

58 Perebinossoff / Gross / Gross: Programming. 2005, S. 130.
59 Perebinossoff / Gross / Gross: Programming. 2005, S. 132.

die Geschichten spannend und abwechslungsreich genug, so dass man die Zuschauer über längere Zeit interessieren kann? Ist das Grundkonzept so, dass jedes Mal neue Geschichten entwickelt werden können, dass neue Figuren mit dem Stammpersonal interagieren können? Gerade Serien, die in Hotels, Bars, Kliniken, Polizeistationen o.Ä. spielen, bieten sich für langlaufende Serien an. Hier ist es vergleichsweise einfach, frische Figuren bzw. neue Fälle glaubwürdig zu etablieren. Doch auch Serien, die nur auf kurze Zeiträume angelegt sind wie z.B. Miniserien mit vier, sechs oder acht Folgen (die besonders häufig in England auftreten), haben ihre Berechtigung. Diese werden allerdings gerade mit dem Merkmal des singulären Events beworben – ihre kurze Zeitdauer steht im Mittelpunkt der Kampagne. Man versucht, den Zuschauer mit dem Gefühl zu ködern, er könnte etwas verpassen. Auch dies kann ein gutes Alleinstellungsmerkmal sein, dass das Format von anderen abhebt. Grundsätzlich bevorzugen TV-Sender in Deutschland aber langlaufende Formate. Betrachtet man den Aufwand, den die Sender treiben, um ihre Formate zu promoten, wird dies verständlich. Nur wenn ein Format lange läuft, lassen sich die Anfangsinvestitionen zurückholen – dies gilt selbstverständlich auch für die Produzenten der Formate. Denn die Anfangsinvestitionen zum Beispiel für die Ausstattung der Sets sind hoch – und rentieren sich nur, wenn sie über einen längeren Zeitraum abgeschrieben werden können.

Budget & Verkauf

Nicht nur aufgrund der gerade geschilderten Gründe ist das Budget mitentscheidend für die Haltung eines Senders zu einem vorgeschlagenen Format. Die Kosten jedes Format werden gegen die potenziellen Erfolgsaussichten abgewogen. Sicherlich spielt der Minutenpreis eines Formats eine Rolle in der Entscheidung – sei es, weil man mit einem preiswert herzustellenden Format wie einer Reality-Doku oder einer Weekly langfristig Programmplätze besetzen kann oder sei es, weil man sich von einem hochwertigen und sehr kostenaufwändigen Event-Movie einen Imagegewinn verspricht.

Auch die Verkaufsmöglichkeiten eines Formats spielen eine Rolle. Sendungen, die nur für den Gebrauch innerhalb eines Senders angelegt sind, haben eine geringe Chance für einen Durchbruch. Sicherlich lassen sich mit den Exporten von Serien oder Filmen nicht die größten Summen erwirtschaften, doch wird die Verwertungskette immer bei der Entscheidung für oder wider ein Format berücksichtigt.

Konsistenz / Franchise

Was die Langlebigkeit sowie die Vermarktung von Formaten angeht, ist *Franchise* ein passender Ausdruck. Fiktionale Stoffe wie auch Showkonzepte werden, wie z.B. *Wer wird Millionär?*, zum Teil weltweit verkauft. Hier handelt es sich um das

zugrunde liegende Konzept, das im Falle von Shows innerhalb eines einmal gesteckten Rahmens vielfach kopiert werden kann. Bei den fiktionalen Stoffen bezeichnet man mit dem Franchise-Gedanken eine Folie, die jede Woche aufs Neue
mit einem Plot gefüllt werden kann – die wichtige Grundkonzeption der Serie, die
relevanten Figuren und ihre Haltungen bleiben immer bestehen. Dies spiegelt den
Rezeptionsprozess der Zuschauer und ihre Loyalität dem Format gegenüber wider.
Eine Serie wird weniger aufgrund der einzelnen Geschichten geschaut, sondern
wegen ihrer Figuren. Die Zuschauer begreifen sie als alte Bekannte, in Ausnahmefällen als „Freunde", als „Familie", wie Untersuchungen zeigen. Zudem erwartet
der Zuschauer eine gewisse Beständigkeit. Er hat sich an eine bestimmte Spannung, an einen bestimmten Grad von Humor oder Tragik gewöhnt und möchte,
dass die Serie seine Bedürfnisse zuverlässig erfüllt. Änderungen am Grundkonzept sollten nur in Problemsituationen vollzogen werden, etwa wenn die Quoten
schwinden oder man Schauspieler austauschen muss. Man kann mit laufenden
Serien kaum auf Neuerungen auf dem Fernsehmarkt reagieren, ohne ihr Franchise zu gefährden: Eine Serie hat ihr bestimmtes Publikum gefunden und muss
deren Erwartungen und Ansprüche erfüllen.

Sympathie
Darunter ist nicht nur das sympathische Äußere eines Talkshow-Moderators zu
verstehen, der seine Gäste und Zuschauer charmant um den Daumen wickelt.
Auch die Stars und Schauspieler haben ein Sympathiepotenzial, das die Zuschauer
goutieren. Die Gesichter im Fernsehen sind wie gute Freunde, die man abends zu
sich einlädt. Mit ihnen fühlt man sich wohl, man kennt sie, man genießt die Zeit
zusammen. TV-Sender setzen bei den Besetzungen all ihrer Formate auf eine
gewisse positive Grundhaltung der Akteure – aus Angst, die Zuschauer zu ver-
grätzen.
    Eine grundlegende Sympathie wird jedoch auch Figuren entgegengebracht, die
nach außen wenig freundlich sind. Ob eine *Schrecklich nette Familie, Roseanne,*
oder *Dr. House* – niemand wird behaupten, dass sie freundlich und positiv sind,
aber das Publikum scheint zu spüren, dass sie in ihrem Innersten positiv ihrer
Familie oder ihren Patienten gegenüber eingestellt sind. Sympathie ist also mit
Empathie verbunden.

Timing
Wohl das wichtigste aber gleichzeitig am schwierigsten zu realisierende Merkmal
für erfolgreiche Programme ist das richtige Timing. Im Grunde sind die TV-Sender
dem Wohl und Wehe von etwas ausgeliefert, das man Zeitgeist nennt. Das Grundkonzept des Formats muss diesen Zeitgeist treffen, andernfalls wird es keinen
Erfolg haben. Wenn das Format hinterher hinkt, wird es als „altmodisch" emp-

funden werden. *Mary Tyler Moore* war in den 70er Jahren die erfolgreichste amerikanische Sitcom, weil sie eine selbstbewusste Single-Frau in den Mittelpunkt stellte und deren Konflikte in der Arbeitswelt reflektierte. Heutzutage ist eine solche Serienprämisse eigentlich Standard. Eine Serie, die ausschließlich auf dieser Vorbedingung beruhen würde, brächte bei den meisten Zuschauern wohl nur ein müdes Lächeln hervor. Andererseits kann eine Show ihrer Zeit auch voraus sein – man versuche mal, sich *Ich bin ein Star! Holt mich hier raus!* im Fernsehprogramm der 60er Jahre vorzustellen. Gleiches gilt für eine Sitcom wie *Will & Grace* oder *The L-Word* – erst heute sind Serien oder Sitcoms, die homosexuelle Protagonisten haben und dies nicht wie im *Käfig voller Narren* als Farce übertrieben darstellen müssen, gesellschaftlich akzeptiert.

Die zuvor genannten Beispiele sind überspitzt und plakativ, aber gerade auf solchen Einschätzungen beruht häufig die Erfolgswahrscheinlichkeit eines Formats. Die RTL-Serie *Arme Millionäre* setzte auf ein bestimmtes harmloses Sentiment der Schadenfreude und auf ein Deutschland, das sich in einer vermuteten Rezension und kurz vor dem Absturz in ein wirtschaftliches Desaster befand. Das Publikum fühlte sich von der Geschichte rund um eine Millionärsfamilie, die ihr gesamtes Vermögen verliert und in den Plattenbau zieht, gut angesprochen. Nach der erfolgreichen Fußballweltmeisterschaft 2006 und nachdem so etwas wie ein Nationalbewusstsein gewachsen ist, hat sich die Grundhaltung vieler Deutscher geändert und man blickt kollektiv positiver in die Zukunft.

Trends zu erkennen oder besser noch: zu prägen, ist entscheidend für eine gute Programmierung. Es ist für Sender immens wichtig, als Erster auf ein Format gesetzt zu haben. Das Image des „Ersten", des Siegers, des Innovationsbringers ist naturgemäß viel positiver belegt als das des Zweiten, der einen Trend lediglich kopiert. *Das perfekte Dinner* auf VOX war der Überraschungserfolg in der *Access Prime Time* mit bis zu 19,1 % Marktanteil. Die wochentägliche Show *Liebe isst… Das Single-Dinner* war der Versuch von ProSieben, das entsprechende Konzept (Amateure bekochen sich gegenseitig im Wettbewerb) zu adaptieren und mit einem Single-Dating-Aspekt zu koppeln. Für diesen Versuch wurde die Wissensshow *Galileo* um eine Viertelstunde gekürzt, doch nach den enttäuschenden Quoten wurde *Liebe isst…* aus dem Vorabend genommen und nur noch donnerstags abends um 22:20 Uhr ausgestrahlt (vgl. Kap. Hammocking).

Nicht alle Kopien fallen beim Publikum durch. Vielleicht kann noch die erste Reproduktion eines erfolgreichen Formats reüssieren, schließlich haben die Macher durch den späteren Start einen zeitlichen Vorteil und können eventuelle Fehler oder Schwächen des Ursprungsformats ausmerzen. Aber jede weitere Kopie wird es immer schwer haben.

Trends werden durch spektakuläre Erfolge eines Formats gesetzt, oder aber durch technische oder ökonomische Voraussetzungen. Der Reality-Trend in den vergangenen Jahren ist zum Beispiel eine klare Reaktion auf die wirtschaftlichen Realitäten. Reality-Formate kosten weitaus weniger als aufwändige Fiction-Serien, erreichen aber mitunter ebenso hohe Zuschauerzahlen. Dass die derzeitige Prime Time bei vielen Sendern von *Lifetainement-Formaten* geprägt ist, hat vergleichbare ökonomische Gründe. Dass das Publikum darauf einsteigt und Gefallen an dokumentarischen Stoffen findet, fördert den Trend.

Wann ein Trend vorüber ist, ist oft schlecht auszumachen bzw. man merkt es zu spät. Ein Hinweis kann das Fernbleiben des jungen Publikums sein. Es ist flexibler in seinem Sehverhalten, leichter zu sättigen und stärker auf der Suche nach Neuem.

Qualität

In jedem Bereich muss ein Format qualitativ überzeugend sein, um sich durchsetzen zu können. Es gibt zwar immer wieder Formate, die auf einen kurzfristigen Hype setzen, auf einen neuen Star und dabei gewisse Qualitätsmerkmale außer Acht lassen, aber selten halten sie lange durch. Sind die Nebenrollen gut besetzt, wie sieht es hinter den Kulissen aus? Welche Autoren schreiben, was leisten Herstellungsleiter, was die Regisseure? Ein gutes Team wird ein gutes Format produzieren.

Innovation vs. Tradition

Was aber alle TV-Sender suchen, ist etwas Einzigartiges an ihren Formaten. Nur wenn eine Sendung etwas wirklich Originäres (gerne auch gepaart mit bereits bekannten Elementen) hat, kann sie ein großer Erfolg werden. Der *USP*, der *unique selling proposition* ist ein wichtiges, wenn nicht das wichtigste Kriterium für die Weiterentwicklung eines neuen Programmvorschlags.

Innovative Programme sind notwendig, (fast) jeder TV-Sender lebt von neuen Ideen und originellen Formaten. Allerdings ist die Bereitschaft, innovative Wege zu gehen, direkt proportional zur wirtschaftlichen Lage. Ist diese gut, werden neue Ideen einfacher angenommen, werden größere Risiken eingegangen als in harten Zeiten, in denen die TV-Sender verständlicherweise zumeist konservative, weil risikoärmere Wege einschlagen möchten.

Programmierung / Ausdauer

Die Bedingungen für eine erfolgreiche Programmierung eines Formats werden später erläutert. Was die Programmverantwortlichen neben einer geschickten Platzierung eines neues Formats auch brauchen, ist eine gewisse Ausdauer. Es kann vorkommen, dass ein Format sein Publikum erst finden muss, dass es nicht von Anfang an bombastisch läuft. Viele Kreative außerhalb der Sender sind oft enttäuscht, wenn einem Format anscheinend nicht die Chance gegeben wird, die es verdient, und es zu früh abgesetzt wird. Sie sollten aber nicht vergessen, welche Kosten dahinterstehen. Hinzu kommen oft persönliche Befindlichkeiten: Es wird wohl kein Programmplaner gefeuert, wenn er eine Sendung zu früh absetzt – wohl eher, wenn er sie zu spät aus dem Programm nimmt...

Zusammengefasst: Was erwartet der Zuschauer?

Er sucht Entspannung und Ablenkung. Er will aber auch Spannung und Aufregung, Spaß und Unterhaltung. Er will Zeitvertreib, aber auch Information und vielleicht auch die Möglichkeit zur Weiterbildung. Erfolgreiche Fernsehformate müssen also eine attraktive Geschichte (auch bei der Spielhandlung eines Quiz') erzählen. Die Protagonisten des Formats müssen optimal funktionieren, ein gutes Identifikationspotenzial bieten und selbst negativ angelegte Charaktere müssen für das Publikum nachvollziehbar handeln, trotz aller Bösartigkeit menschlich sein. Die Position zu anderen Shows, Serien und Formaten muss stimmen. Gibt es eine weitere Superhelden-Serie? Wie grenzt sich das neue Format davon ab? Was ist der neue Ansatz, der neue Blickwinkel? Und nicht zuletzt muss ein Format – sofern es Privatsender avisiert – für die Werbewirtschaft attraktiv sein.

2.1.1   Fiction

Für alle Fernsehsender, außer vielleicht einigen wenigen Spartenkanälen, ist die Fiktion eine wichtige Programmsäule. Filme und Serien sind für einige Sender sogar der Schwerpunkt im Programm. Kabel Eins hat sich z. B. als Spielfilmsender positioniert. Der Sender nutzt die große Filmbibliothek des Muttersenders NBC als Zweitverwerter – mehr als 60 % des Programms ist hier fiktional. Bei VOX ist es ein Anteil von rund 45 % Fiktion. Damit versucht der Sender, über hochklassige und oft anspruchsvollere amerikanische Serien das Image eines Serienkanals zu etablieren. Der Anteil an fiktionalen Formaten ist hier auch in der Daytime entsprechend hoch.

Was Spielfilme betrifft, so sind – abgesehen von Kabel Eins – gerade die ARD und ProSieben gut aufgestellt, wobei der Anteil an Kinospielfilmen bei ProSieben am höchsten ist. Hier ist z. B. der klassische Hollywood-Blockbuster am Sonntagabend zu nennen, der sich seit Jahren in der Zielgruppe gut gegen den *Tatort* des Ersten behaupten kann.

Vergleicht man generell den Anteil an Unterhaltung bei den öffentlich-rechtlichen Sendern und den Privaten, so ist der Anteil bei letzteren deutlich höher. Die großen Privatsender haben 2005 mit rund 26 % Fiction und 24 % Non-Fiction nahezu der Hälfte des Programms der Unterhaltung gewidmet. Nur 24 % des Programms ist der Information zuzuordnen (bei Sat.1 nur 17,7 %).[60] ARD und ZDF setzen mit rund 32,2 % und 30,5 % stark auf die Fiction, aber nur in geringem Umfang auf non-fiktionale Unterhaltung (6,9 % und 5,6 %). Die öffentlich-rechtlichen Sender legen ihren Schwerpunkt vornehmlich auf Information, die daher auch den Löwenanteil des Programmangebots ausmacht. 2005 waren es bei der ARD 43,0 % und beim ZDF 48,8 %.

Private Sender sind, da sie sich mittelbar über einen möglichst hohe Zuschauerbeteiligung finanzieren, viel stärker auf die Wirkung von Publikumsmagneten wie Spielfilme und Serien angewiesen. Denn diese Programme ziehen die meisten Zuschauer an.

Daher dominiert die Fiction im Wesentlichen die Prime Time der Sender.[61] ARD strahlte hier 2006 sieben Serien, das ZDF neun, Sat.1 zwölf, ProSieben 18 und RTLII (sowohl deutsche als auch US-) Serien aus. In ihrer Untersuchung der europäischen Prime Time fand Müller heraus, dass vor allem die Krimis und die melodramatischen Spielhandlungen (zu denen auch Heimat- und Familienfilme zählen) den Hauptabend bestreiten. Gerade bei den Serien sind diese Genres dominierend. Darauf folgt – allerdings mit Abstand – das Genre der Komödie (in Serienform als Sitcom).

Ähnlich deutlich wie in Italien und Frankreich füllt in Deutschland der Krimi mit 36 % die Prime Time. Das ZDF setzt bei seinen Prime Time-Serien sogar ausschließlich auf Krimis. Die ARD strahlt auf ihren Prime Time-Sendeplätzen neben eigenproduzierten Krimis wie *Adelheid und ihre Mörder* oder *Die Kommissarin* noch Drama-Serien wie *Der Winzerkönig, Um Himmels Willen, Familie Dr. Kleist, Tierärztin Dr. Mertens* oder auch die Weekly *In aller Freundschaft* aus. Mit dieser Strategie ist die ARD erfolgreich – vier dieser Serien lagen 2006 mit einem durchschnittlichen Marktanteil von 21,1 % in der Zielgruppe der Zuschauer ab 3 Jahre deutlich über dem Jahrestrend von 14,2 %.

Gerade in der wichtigen Prime Time werden fiktionale Formate platziert, da sie hervorragend geeignet sind, den Zuschauer zu binden – langlaufende Serien bieten ein hohes Identifikationspotenzial und dazu eine Grundspannung, die viele Zuschauer sich Woche für Woche fragen lässt: Wie geht es mit meinem Helden weiter?

Auch innerhalb der Sender ist die Fiction unterschiedlich aufgestellt. Unterscheidet man innerhalb der fiktionalen Formate zwischen den klassischen Unter-

---

60 Vgl. Krüger / Zapf-Schramm: Sparten, Sendungsformen und Inhalte im deutschen Fernsehangebot. Mediaperspektiven 4/2006, S. 201.
61 Dies ist auch in ganz Europa so, nicht nur 1999 sondern auch heute noch. Vgl. Müller: Der europäische Fernsehabend. 1999, S. 78.

haltungsgenres wie narrativen Serien, Filmen aus den Bereichen Familie und All-
tag, Komödien und Actionformaten (die hier auch andere Spannungsgenres wie
Krimis und Thriller beinhalten), so wird deutlich, dass bei der ARD die Unterhaltung an erster Stelle vor den Spannungsformaten steht und erst dann die Komödie
folgt. Der Anteil der Komödien ist bei den Privatsendern überall höher und Action
dominiert die fiktionalen Stoffe bei Sat.1, RTLII und Kabel Eins.

Anstelle einer weiteren Unterscheidung zwischen den einzelnen Genres, soll
nun eine grundsätzliche Formatunterscheidung getroffen werden. Fiktionale Produktionen gliedern sich in folgende Kategorien:

Der **Spielfilm** wird für das Kino produziert und dort zuerst gezeigt. Bei der
Zweitverwertung werden die Kinofilme später auch im Free TV (womöglich auch
nach der Vorstufe Pay-TV) gesendet. Der noch stellenweise im öffentlich-rechtlichen Fernsehen gebräuchliche Terminus *Fernsehspiel* stammt noch aus den Anfangstagen des deutschen Fernsehens.

Die Identitätsfindung der Fernsehmacher damals war von Zweifeln geprägt. Es
galt, sich von den bestehenden Medien abzugrenzen und Vorwürfen, ein billiger
und technisch unperfekter Kinoersatz zu sein, auszuweichen. Also setzte man auf
die Ausstrahlung von Live-Sendungen und empfand den Spielfilm nur als Lücken-
büßer.[62] Erst als der zweite öffentlich-rechtliche Sender hinzukam und damit eine
(wenngleich auch nur vorsichtige, da gesetzlich verhinderte) Konkurrenz ein-
setzte, begann man, die Vorteile der publikumswirksamen Filme zu schätzen.

Das Fernsehspiel war der Versuch, sich von denjenigen Kinofilmen abzugrenzen, die man im Fernsehen ausstrahlte. In der Namensgebung klingt die ursprüngliche Darstellungsform, die stark vom Theater geprägt ist, immer noch mit. Fern-
sehspiele waren eigenproduzierte Spielfilme, die nicht zugekauft wurden.
Heutzutage gibt es das „Kleine Fernsehspiel" noch beim ZDF, wo es als Marke für
junge Autorenfilme gilt oder auch als Bezeichnung für bestimmte Redaktionen
beim HR oder eben beim ZDF. Zumeist wird heute auch bei den öffentlich-rechtlichen Sendern von „Fernsehfilm" oder „TV-Movie" oder vom „Fernsehfilm der
Woche" gesprochen.

Als die privaten Sender auf den deutschen Markt kamen und das Fernsehen
damit deutlich marktorientierter wurde, dehnte sich das (gekaufte) Spielfilmange-
bot stark aus. Da die großen Hollywoodstudios ihre Filme als Pakete verkaufen
und auf diese Weise neben den Highlights auch ihre kleinen B-Movies und Kino-
flops abstoßen können, stieg der Anteil der Spielfilme im Fernsehen fortan stark –
und der zeitliche Abstand zwischen der Kino- und der Fernsehauswertung
schrumpfte deutlich.

---

62 Plake: Handbuch Fernsehforschung. 2004, S. 136.

Doch auch das Privatfernsehen entwickelte eine eigene Form des Spielfilms: Der 90-minütige, in sich abgeschlossene Fernsehfilm wird hier als *TV Movie* bezeichnet. Es ist inhaltlich eher sensationsbetont, genre- und starorientiert und zielt auf kürzere Erzählbögen ab.[63] Das Fernsehspiel, das das öffentlich-rechtliche Fernsehangebot dominierte, ist dagegen in Reinform eher problemzentriert, autorendominiert, kunstorientiert und zielt auf soziale, familiäre und individuelle Konflikte ab. Heutzutage finden sich auch bei diesen Sendern viele „leichtere" Stoffe, wie zum Beispiel *Da wo die Heimat ist, Ich schenk Dir einen Seitensprung, Der Winzerkönig, Um Himmels Willen* oder die *Inga Lindström*-Reihe (ZDF), die regelmäßig (bei Erstausstrahlung) zwischen sechs und sieben Millionen Zuschauer haben. Eingängige Erzählweisen finden sich also überall, Reizthemen sind dagegen oft noch die Sache des jüngeren Publikums bei den privaten Sendern.

Die Genres der Fernsehfilme belegen deutlich, dass Deutschland ein Krimiland ist: 41 % aller ausgestrahlten Fernsehfilme 2005 ließen sich diesem Genre zurechnen. Drama mit 21 % und Komödie mit 20 % teilten sich die beiden folgenden Plätze. Melodramen waren nur 8 %, Thriller 5 % und sonstige 5 %.[64]

Dennoch ist vor allem die Qualität eines Films entscheidend: „Es gibt eine übergeordnete Programmgüte, die für alle Sender gleichbleibend ist und auf die man hin und wieder gerne zurückgreift."[65] Damit ist die wiederholte Einplanung von bekannten älteren Hollywoodfilmen gemeint, die mehr oder weniger bei allen TV-Sendern stattfindet – wohl fast alle würden Filme wie *Der weiße Hai* oder *Pulp Fiction* ins Programm nehmen, wenn auch nur in der Nacht, wie es stellenweise leider geschieht. Kult-Klassiker wie die *James Bond*-Filme erfreuen sich immer noch großer Beliebtheit und sind auf vielen Sendern zu finden. Das wiederholte Abspielen von „alten Kamellen", wie es manchmal vorwurfsvoll heißt, ist aber nur in seltensten Fällen auf eine verfehlte Einkaufspolitik zurückzuführen. Kauffilme werden mehrfach ausgewertet und bieten damit ab einer bestimmten Zahl von Ausstrahlungen die Möglichkeit, einen Programmplatz langfristig zu verhältnismäßig geringen Kosten zu füllen.

Glücklicherweise lassen sich Filme (im Gegensatz zu den Nachrichten und den meisten Shows) mehrmalig ausstrahlen. Eine Wiederholung ist sogar die einzige Möglichkeit, diese teuren Formate überhaupt finanzieren zu können. Denn die Kosten amortisieren sich erst bei einer wiederholten Ausstrahlung eines Movies und einen Gewinn macht der Sender eigentlich erst von der dritten Ausstrahlung an (vgl. Kap. Wirtschaftliche Aspekte).

---

63 Plake: Handbuch Fernsehforschung. 2004, S. 140.
64 Hauff / Meiling: Fernsehfilm Handbuch 2006. 2006, S. 308.
65 Nicolas Paalzow in: Paukens / Schümchen (Hrsg.): Programmplanung. 1999, S. 54.

Wiederholungen sind also notwendig, dennoch bergen sie immer die Gefahr, den Zuschauer zu langweilen. So sind Wiederaufnahmen nur nach bestimmten Zeiträumen oder längeren Abständen ratsam.

Eigenproduzierte Formate sind im Gegensatz zu Kaufproduktionen sehr wichtig für die TV-Sender. Sein unverwechselbares Profil beim Zuschauer gewinnt ein Sender vornehmlich durch eigenproduzierte Fiction und nicht durch die oben angesprochenen *James-Bond*-Filme, die schon fast auf jedem Kanal liefen. Wie soll der Zuschauer über Kaufprogramme, die potenziell auf allen Sendern laufen können, eine Bindung an einen Sender herstellen können? Eigenproduzierte Filme und Serien bieten die Chance, ein bestimmtes Image und eine besondere Qualität zu demonstrieren, indem man eine bestimmte Programmfarbe entwickelt und sich z. B. als besonders gewagt, besonders jung oder besonders intellektuell positioniert. Im Gegensatz zur Kaufware können TV-Sender hier starken Einfluss auf ihre Formate nehmen und dem Zuschauer darüber hinaus in den Filmen und Serien eine größere Nähe zu seiner Lebenswirklichkeit bieten. Die Identifikation des Zuschauers mit dem Format erfolgt zum Teil über ein Wiedererkennen. Auf dem Bildschirm sieht er eine Parallele zur eigenen Erfahrungswelt, sieht Figuren sich in denselben Gegenden und Situationen bewegen, die er aus dem Alltagsleben kennt.

> „Was man braucht ist ein spezieller thematischer Zusammenhang, etwas, das ich mit thematischen TV-Movies nicht kaufen kann. So ein Thema haben wir bei der *Prager Botschaft*." [66]

In den letzten Jahren haben die deutschen Privatsender ihre TV Movie-Produktion deutlich heruntergefahren. Im Vergleich zu den 90er Jahren haben sie ihren Output halbiert. Zwischen dem 01.01.2005 und dem 11.09.2006 verzeichneten Sat.1 24 Erstausstrahlungen (und 54 Wiederholungen), ProSieben 19 Erstausstrahlungen (und 27 Wiederholungen) und RTL nur sieben. Dies steht im deutlichen Gegensatz zu den öffentlich-rechtlichen Sendern, bei denen die ARD 2005 143 Fernsehfilmpremieren und das ZDF 93 Neuausstrahlungen zeigten. [67]

Die ARD hat feste Sendeplätze (vgl. Kap. Stripping), die sie über Jahre aufgebaut und gepflegt hat. Der „FilmMittwoch im Ersten" ist ein vorwiegender TV Movie-Sendeplatz, der zwischen dem 01.01.2005 und dem 11.09. 2006 rund 52 Erstausstrahlungen verzeichnete. Das beherrschende Genre ist das Drama, zumeist werden Einzelstoffe und insgesamt nur zwei Folgen ausgestrahlt. Anders

---

66 Anke Schäferkordt in: „Ich verlasse mich nicht auf Gefühle." Süddeutsche Zeitung Nr. 37 vom 14.02.07, S. 15.
67 Hauff / Meiling: Fernsehfilm Handbuch 2006. 2006, S. 306.

sieht dies am Donnerstagabend um 20:15 Uhr aus, wo sich im angegeben Zeitraum insgesamt 24 fiktionale Erstausstrahlungen mit (nonfiktionalen) Shows und Fußball abwechselten. Dieser Sendeplatz ist eher von Reihen (*Donna Leon, Pfarrer Braun, Commissario Laurenti, Familie Sonnenfeld*) und Mehrteilern geprägt. Der Freitagabend der ARD ist ebenfalls ein Movie-Sendeplatz, der neben Einzelstoffen und Reihen auch hin und wieder auf Mehrteiler setzt – vorwiegend Dramen und Komödien. Der Sonntagabend-Sendeplatz dagegen ist fest in Krimihand: neben *Tatorten* laufen hier Reihen wie *Polizeiruf 110* oder *K3 – Kripo in Hamburg*.

Das ZDF setzt am Montagabend („Der Fernsehfilm der Woche") um 20:15 Uhr auf Drama und Komödie, die vorwiegend Einzelstoffe sind und weniger als Reihe (*Nachtschicht, Solo für Schwarz*) auftreten. Am Samstagabend werden als „Der Samstagskrimi" vornehmlich Krimireihen ausgestrahlt: *Ein starkes Team, Wilsberg, Das Duo, Rosa Roth, Bella Block, Unter Verdacht, Stubbe – Von Fall zu Fall* sorgen hier für stabile Quoten, obwohl der Sendeplatz auch mit nonfiktionalen Ereignissen wie Sportübertragungen oder auch *Wetten, dass...?* besetzt wird. Der Sonntagabend im ZDF ist ebenfalls durch Fernsehfilme geprägt, die unter dem Titel „Der große ZDF-Sonntagsfilm" zusammengefasst werden: Im oben angegebenen Zeitraum waren es 48 Erstausstrahlungen und 23 Wiederholungen, die vorwiegend Liebesfilme oder Melodramen sind. 34 Filme waren Teil einer Reihe wie *Rosamunde Pilcher, Inga Lindström, Das Traumschiff, Der Ferienarzt* oder *Charlotte Link*.

Sat.1 zeigt am Dienstag um 20:15 Uhr den „Großen Sat.1 Film", vorwiegend komödiantische Einzelstoffe. Auch am Mittwochabend wurden TV Movies ausgestrahlt, allerdings zu wechselnden Anfangszeiten (20:15, 21:15, 22:15 Uhr) und mit fast 100 %er Krimiausrichtung. Neben dem *Bullen von Tölz* (der 2007 auf den Montag verlegt wurde – vgl. Kap. Programmänderung) liefen dort *Eva Blond, Der Pfundskerl* oder auch *Ein Fall für den Fuchs*. Am Samstagabend werden unter dem Motto „Die Sat.1 Familienpackung" Komödien ausgestrahlt, die sich an die ganze Familie richten.

ProSieben zeigte im angegebenen Zeitraum auf dem einzigen festen Movie-Sendeplatz am Donnerstagabend vornehmlich junge Komödien, die allesamt Einzelstoffe sind. Auf diesem Sendeplatz um 20:15 Uhr wechseln sie sich mit Shows (*Germany's next Topmodel – by Heidi Klum* oder *Popstars*) und Kauffilmen ab.

Die Reduzierung von Fernsehfilm-Ausstrahlungen bei den Privatsendern liegt zum einen daran, dass diese feste Programmplätze für fiktionale Programme abgeschafft haben und Movies meist nur noch in größeren Abständen oder mit kürzerem Vorlauf einplanen. Singuläre Events wie ein einziger Spielfilm sind jedoch schlecht zu programmieren und platzieren. Sofern Movies keinen festen Sendeplatz belegen (vgl. Kap. Stripping), sind viel höhere Promotionkosten notwendig, um einen Film gut zu bewerben. Etat und Aufwand, die nötig sind, um die Zuschauer zum Einschalten zu bewegen, sind bei weitem größer als bei einer durchlaufenden Serie. Diese bietet mehr Verlässlichkeit – schließlich findet sie jede Woche statt. Andere Gründe für die heruntergefahrene Movie-Produktion sind auch die große Konkurrenz durch die DVD und die vielen Spartenkanäle. Hier werden in großem Maße Hollywood-Produktionen gezeigt, die den eigenen, mit viel weniger Budget produzierten Filmen eine sehr starke Konkurrenz sind.

Aus planerischen Gründen bevorzugen TV-Sender z.b. **Reihen**. Bei einer Reihe wie z.b. der *Tatort* oder *Der doppelte Einsatz* oder der *Bulle von Tölz* sind die einzelnen Episoden in sich dramaturgisch abgeschlossen, sie agiert aber von einer festen Grundkonstellation aus. Immer sind es, wie bei den genannten Beispielen, dieselben Kommissare, die in einem Fall ermitteln. Im Gegensatz zu einer normalen Serienfolge ist ein Film einer Reihe 90 Minuten lang. Eine Reihe umfasst zudem oft weniger Folgen als eine durchschnittliche Serie – oft sind es nur vier oder sechs Folgen pro Staffel. Der *Tatort* hat zwar mittlerweile über 500 Folgen und mit seinen unterschiedlichen regionalen Varianten auch verschiedene Ermittlerteams, allerdings steuern diese jeweils nicht mehr als zwei bis vier Episoden pro Jahr bei. Da die Grundkonstellation nicht variiert wird, ist auch hier von einer Reihe zu sprechen.

Ein **Mehrteiler** ist eine Fortsetzung eines in sich abgeschlossenen Werkes, das in mehrere, oft 90-minütige Einzelstücke aufgeteilt wird. *Die Manns – Ein Jahrhundertroman* oder *Die Buddenbrooks* sind Beispiele für solche Mehrteiler. Hierzulande sind es häufig Romanverfilmungen. Auch im Kino gibt es Mehrteiler, diese werden allerdings (bis auf Ausnahmen wie *The Matrix* oder *Fluch der Karibik*) zunächst als einzelner Kinofilm in Auftrag gegeben und produziert. Erst bei Erfolgsfall entscheidet man sich für eine Fortführung. Dies hat zur Folge, dass das Ende des ersten Films Möglichkeiten zur Fortsetzung offen lässt.

Das **Event-Movie** ist dagegen eine Erfindung der Privatsender. Auch hier wird ein Stoff in mehreren Teilen präsentiert, aber im Gegensatz zum Mehrteiler ist das Event-Movie eher auf zwei Folgen angelegt (meist 2 x 90 Minuten), die dann oft auch an aufeinander folgenden Tagen ausgestrahlt werden. Auch inhaltlich verspricht das Event-Movie qua definitionem etwas Besonderes, Spektakuläres, was häufig mit einem großen Budget verbunden ist. Doch nicht jedes Genre eignet sich als Event-Stoff. Produktionen wie der Krimi *Blackout* von Sat.1, die dem Publikum als Vierteiler angeboten wurden, waren keine Erfolge. Ursprünglich war das Format als achtteiliges Stundenformat konzipiert. Dann wurde es wohl aufgrund von Befürchtungen, es sei zu dunkel, zu vier Teilen zusammengefasst und diese als Event ausgestrahlt. Die Quoten zeigten mit noch unter 7 % in der Zielgruppe, dass die Zuschauer noch nicht einmal in das Format einsteigen wollten. Sie akzeptierten den Krimi als aufwändige Produktion nicht, denn anscheinend wird das Genre nicht als herausragend eingestuft. Es gibt so viele Krimi-Formate im deutschen Fernsehen, dass sie einfache, tägliche Butter-und-Brot-Ware sind. Diese Erfahrung würde auch erklären, warum deutsche Kinofilme, die eine Krimihandlung erzählen, in den letzten Jahren nie erfolgreich waren.

Die **Serie** hat eine Spielhandlung mit seriellem Charakter, die abgeschlossene oder auch nicht abgeschlossene Erzählstränge haben können. Einzig die Pilotfilme können eine Länge von 60 Minuten überschreiten, sonst gilt zumeist die Länge von einer Stunde für eine Episode. Folglich werden diese Formate auch oft als *Stundenformate* bezeichnet. Bei den Privatsendern sowie bei den amerikanischen Kaufformaten hat das Stundenformat nur eine Nettospielzeit von etwa 46 Minuten – der Rest der Stunde wird durch Werbung bestritten. Die Produktion von Serien verläuft in Deutschland nach einem grundsätzlich anderen System als in den USA, nicht nur, was die Produktionsweise angeht, die auf der anderen Seite des Atlantiks weitaus schneller abläuft, sondern auch, was in der Zahl der hergestellten Episoden betrifft. Hierzulande werden meist nur acht, bei etablierten Serien zwölf oder 16 Folgen produziert, in den USA üblicherweise 13, die schnell auch auf 22 Folgen ausgeweitet werden können.

Wie schon angesprochen ist der Franchise-Aspekt einer Serie wichtig: Zwar mag der einzelne Fall oder die einzelne Episode Neues bringen, aber die Grundzüge der Serie (und darunter sind Figuren, Konflikte, Settings, Abläufe und Aufbau zu verstehen) bleiben immer gleich. Serien bieten damit eine Verlässlichkeit, die z. B. Magazinsendungen oder seriell ausgestrahlte Dokumentationen nicht haben. Schließlich haben diese jeweils neue Themen und tragen damit die Gefahr in sich, dass einzelne Zuschauer sich für das jeweilige Thema der Folge oder einen einzelnen Beitrag nicht interessieren und umschalten.

Gerade die periodische Ausstrahlung macht die Serie für Programmplaner so reizvoll. Die Regelmäßigkeit bietet dem Zuschauer die Möglichkeit, Gewohnheiten aufzubauen und zugleich haben die auf der Produktionsseite Beteiligten die Möglichkeit, Kosten zu senken. Die Kosten für den Start eines neues Formats sind so hoch, dass man sie eigentlich nur rechtfertigen kann, wenn man eine Serie mit mehreren, erfolgreich laufenden Staffeln ins Programm nehmen kann. Mit einer Serie lassen sich große Programmflächen füllen, gerade mit billigen Weeklys oder Soaps, und schließlich bieten die *Quality Dramas*, wie die Stundenserien in den USA auch genannt werden, oftmals ein gutes Werbeumfeld.

Die bereits angesprochene wünschenswert lange Laufzeit kann dadurch erreicht werden, dass die Serie zwar ein festes Figurenensemble hat, aber offen für neue Figuren ist, die die einzelnen Episoden beeinflussen oder in eine andere Richtung lenken können. Viele Serien haben den Arbeitsplatz als Setting. Hier kann sowohl etwas Privates als auch Berufliches erzählt werden. Hier sind Menschen Individuen, zwischen denen es Konflikte geben kann, gleichzeitig bilden die Kollegen so etwas wie eine Ersatzfamilie (mit allen Freuden und Problemen).

Außerdem kann man aus dem Setting heraus immer wieder neue Geschichten generieren, wie es durch z. B. neue Einsätze bei Polizei- oder Arztserien geradezu automatisch geschieht.

Die Schauspieler einer Serie sind immens wichtig. Sie „tragen" das Format, sind dafür verantwortlich, dass die Zuschauer wieder und wieder einschalten. „Große" Namen helfen, den Bekanntheitsgrad einer Serie zu steigern. Auch in den kleinen Rollen müssen die Schauspieler gut ausgewählt und zugleich unterscheidbar sein. Gerade in Ensemble-Serien, die ein großes Personal aufweisen, muss es genug Kontraste geben. Die Figuren sollten hier zumeist eine Charakterentwicklung durchleben. Dies hilft dem Publikum, seine „Helden" kennenzulernen und mit ihnen mitzufiebern. Bei aller Entwicklung müssen die Serienhelden dennoch in ihren Grundzügen konstant bleiben. Andernfalls besteht die Gefahr, dass das Wunschbild, das der Zuschauer von der Figur entworfen hat, enttäuscht wird. Die Entwicklung der Figur kommt dem Bedürfnis des Zuschauers entgegen, es mit „realistischen" Figuren zu tun zu haben. Echte Menschen mit Macken und Problemen. Dabei sind Stereotype, die von den Drehbuchratgebern oft als Klischee gescholten werden, in gewissen fiktionalen Genres durchaus gut einsetzbar. Schließlich werden sie vom Publikum schnell erkannt und definiert. Ihr Einsatz muss aber mit Vorsicht geschehen, andernfalls läuft man Gefahr, zu eindimensional und zu plakativ zu erzählen.

Von erfolgreichen Serien werden oft *Spin Offs* hergestellt. Serien, die die Grundidee variieren aber wesentliche Merkmale des Originalformats übernehmen, wie z. B. den Look, bestimmte Erzählweisen, womöglich Schauspieler und das Produktion Value. Mit letzterem versucht man, den Zuschauer mit einem zusätzlichem „Wert" zu ködern, der über die gute Geschichte hinausgeht. *C.S.I.* profitiert von seinem hohen Budget und seinem Look, der in allen *Spin Offs* des Originals in Facetten verändert wird. Deutlich wird hier, dass der eingeführte Markenname übernommen und ausgeschlachtet wird.

Grundsätzlich lassen sich zwei Arten von seriellen Erzählweisen unterscheiden: Serien, die pro Folge in sich *abgeschlossene Plots* präsentieren, wie es die meisten Krimis tun. Hier bleiben Figuren, Grundkonstellation und Aufbau einer Folge immer gleich. Die Hauptfiguren ändern sich nur minimal und der Erzählfokus liegt in jeder Woche auf einem neuen Fall. Das Krimi-Genre ist besonders erfolgreich, nicht nur im Fernsehen, sondern auch auf dem Buchmarkt, wo mehr als 20 % aller Veröffentlichungen diesem Genre zuzurechnen sind.

Krimis beruhen in ihrem Grundsatz immer auf dem Prinzip von Schuld und Sühne. Die Fronten sind relativ deutlich geklärt und damit verständlich: Schwarz und Weiß, Gut und Böse stehen sich gegenüber. Im Grunde erfüllen Krimis das Bedürfnis nach Gerechtigkeit, mitunter nach Rachsucht, zumindest aber nach Wiederherstellung der Ordnung. Das Böse unterliegt und wird durch das Gute (das in Deutschland fast immer durch Vertreter der Staatsgewalt verkörpert wird) vernichtet. In seltenen Momenten erwecken Krimis auch Mitleid beim Zuschauer, wenn der Täter etwa zu seinem Handeln gezwungen wurde und ursprünglich aus edlen Motiven handelte.

Krimis thematisieren die soziale Ordnung. Sie reflektieren die Alltagswelt und zeigen ihre Brüche: Hinter der (zumindest auf ersten Blick) geordneten Lebenswelt lauert das Chaos – alles scheint möglich. Doch zum Glück ist dies zeitlich begrenzt, denn nach 90 oder 45 Minuten kehren wieder Ruhe und Ordnung ein. Das, was ins Wanken gekommen ist, findet ins Gleichgewicht zurück. Der Zuschauer lehnt sich zurück und versichert sich seiner guten, sicheren Realität – das Grauen findet statthalterhaft nur auf dem Bildschirm statt.

Auch die Mechanik eines Krimis bedient dieses Sicherheitsbedürfnis. Schließlich ist der Krimi das Genre, das die strengsten dramaturgischen Gesetze besitzt. Ein Krimi erzählt eine Handlung nach einem bestimmten Muster. Der Verlauf ist technisch, systematisch und immer strikt logisch. Ein Mord steht am Anfang, daraus ergibt sich konsequent die weitere Handlung, neue Beweise erzwingen neuen Aktionen, dort gewonnene Ideen führen zu anderen Handlungen, ein Baustein wird auf den nächsten gesetzt und am Ende steht die sichere Gewissheit, dass der Täter gefangen und die Tat gesühnt wird.

Die Verwendung von *durchgängigen Handlungssträngen* in fiktionalen Serien kann zwei unterschiedliche Phänomene zur Folge haben. Zum einen können die langfristig angelegten Spannungsbögen – oftmals gepaart mit dem Element des *Cliffhangers* – die Zuschauer animieren, auch die nächste Episode der Serie anzusehen. Gleichzeitig kann „diese ständig in Bewegung befindliche Handlung Wenigseher und Quereinsteiger davon abhalten, die Serie zu sehen, weil ein spontanes Nachvollziehen der aktuellen Handlung ohne die Kenntnis der früheren Episoden nur schwer möglich ist."[68] Gerade längerlaufende Formate (*Hinter Gittern*) könnten in einen eigenen Kosmos abdriften, in dem sich nur noch hartgesottene Fans und die Macher der Serie selbst auskennen. Konsequenterweise ergibt sich daraus aber die höchste Zuschauerbindungsrate.

Dennoch müssen Serienmacher das Stammpublikum wie auch die Neueinsteiger beachten. Um diesen den Einstieg zu erleichtern, wird eine Zusammenfassung der neuen Folge vorangestellt, die subsumiert, was zuvor geschehen ist.

Besondere Formen der Serie mit durchgängigen Erzählsträngen sind die Weekly, die Soap und die Telenovela. In ihrer Reinform mit durchlaufenden Erzählbögen findet sich – im Gegensatz zum abgeschlossenen Krimi – nie ein Gleichgewicht, nie Ruhe und Wiederherstellung der gewohnten Ordnung. Nicht der

---

68 Zubayr: Der treue Zuschauer. 1996, S. 115.

Anfang, wie bei den meisten Kinofilmen und Krimis, sondern das Ende der Folge sorgt für einen „Strudel". Dies bedient eskapistische Tendenzen beim Zuschauer, schließlich werden hier geheime Wünsche thematisiert. Weeklys, Soaps oder Telenovelas machen fremde Lebenswelten und deren Regeln, Normen und Werte erfahrbar – dies erzeugt eine integrierende Wirkung. Eine Serie stellt Konflikte aus der Sicht verschiedener Figuren dar und bietet damit dem Zuschauer verschiedene Identifikationsmöglichkeiten.[69]

Gerade bei den Weeklys und Soaps, die ja wöchentlich bzw. täglich wiederkehren, ist die Programmbindung der Zuschauer hoch. Die Zuschauer identifizieren sich mit den handelnden Personen und deren Schicksalen und sind daher auf die Weiterentwicklung der zahlreichen Geschichten und Geschichtchen gespannt. In einer Untersuchung (zugegeben älteren Datums) fand Zubayr heraus, dass die Programmbindung, also die Tatsache, dass ein Zuschauer einer Sendung die nächste Episode ebenfalls konsumiert, bei der Sendung *Der California Clan* von allen im selben Zeitraum untersuchten Sendungen am höchsten war.[70] Der Grund dafür ist wohl, dass sich die reale Welt des Zuschauers mit der der Fiction vermischt. Diese enge Bindung ist aus Sicht der Sender und Produzenten begrüßenswert. Die Werbekunden schätzen die Verlässlichkeit und die Produktionsbedingungen können standardisiert werden: ein festes Team arbeitet in festen Settings, dies bedeutet kalkulierbare Kosten, die letztlich kostengünstig sind.

Im Gegensatz zu Soaps bietet eine Krimiserie einen anderen Reiz: Hier geht es nicht in diesem Maße um die Identifikation mit dem Kommissar und damit um die Adressierung emotionaler Codes, sondern vielmehr um ein intellektuelles Vergnügen. Es geht um das Mitraten und weniger um die emotionale Bindung – der Impuls, wieder einzuschalten kann damit geringer sein. Die Gefahr, dass eine „Sucht" entsteht, ist damit wohl auch nicht gegeben. Die niedrigste Zuschauerbindungsrate verzeichnen jedoch Sportsendungen ebenso wie Informationssendungen und Talkshows.

Die höchsten Bindungsraten verzeichneten Gameshows und fiktionale Unterhaltung.[71] Bei beiden sind gewisse Rituale bzw. ein in Teilen vorhersehbarer Inhalt maßgeblich. Gameshows sind oft bis auf die Minute durchstrukturiert und damit hochgradig durchschematisiert, so dass der Zuschauer sich schnell orientieren und wiederfinden kann. Sie bieten dem Zuschauer anscheinend die richtige Mischung von neuen und bereits bekannten Elementen.

Betrachtet man die einzelnen Genres der fiktionalen Unterhaltung, so findet folgende Gewichtung statt: Familien- und Beziehungsfilme haben die größte Pro-

---

69 Vgl. Plake: Handbuch Fernsehforschung. 2004, S. 153.
70 Zubayr: Der treue Zuschauer. 1996, S. 107.
71 Zubayr: Der treue Zuschauer. 1996, S. 112.

grammbindung, gefolgt von Krimis. Kindersendungen und Situationskomödien haben die geringste Programmbindung.[72] Bei den Kindersendungen kommen offensichtlich demografische Faktoren ins Spiel, bei der Sitcom kann es dagegen eher am Genre selbst liegen: Zuschauer schalten ein, um Ablenkung und Amüsement zu finden, identifizieren sich aber weniger mit den handelnden Figuren. Dies ist im komödiantischen Genre ohnehin schwierig, da die Figuren hier überzeichnet und *over the top* gespielt werden. Man sieht Sitcoms eher wegen eines besonderen Humors und der damit verbundenen Belustigung und weniger aufgrund einer emotionalen Bindung an die Figuren.

Eigenproduzierte Fiktion ist also ein gutes Mittel für die TV-Sender, Zuschauer langfristig an sich zu binden. Die Entwicklung von entsprechenden Formaten ist jedoch schwierig und der Weg zu einem Publikumserfolg mit vielen Hürden verbunden.

In den USA liegt folgende Schätzung vor: Jeder TV-Sender bekommt rund 2000 Programmideen im Jahr. Von diesen werden rund 250 Drehbücher produziert. 30 oder 40 davon werden als Piloten produziert und zehn werden dann als Serie weitergeführt. Doch nur zwei oder drei Serien schaffen es, eine zweite Staffel oder länger zu überleben.[73] Für den deutschen Markt fehlen solche Zahlen, aber es ist zu vermuten, dass die Relation von Versuch zu Erfolg ähnlich ist. Zwar werden hierzulande weniger Piloten produziert und weniger Stoffe anentwickelt, aber das Verhältnis bleibt wohl gleich.

Seltsamerweise findet besonders die Misserfolgsrate bei Serien oder Movies im Fernsehen Beachtung. Das Feuilleton thematisiert sie gerne. Wenn man sie jedoch mit den Verhältnissen in anderen Medien vergleicht, ist sie bei weitem nicht so hoch wie im Verlagswesen oder bei der Kinofilm-Produktion.

TV-Sender sollten den Programmproduzenten möglichst frühzeitig mitteilen, an welchem Wochentag und zu welcher Uhrzeit das geplante Format gesendet werden soll. Damit wird schließlich auch die inhaltliche Ausrichtung vorgegeben. Ein früher Prime Time-Sendeplatz erzwingt eine breit ausgerichtete Erzählweise, die möglichst viele Zuschauer um 20:15 Uhr anspricht. Soll der Sendungsstart um 21:15 Uhr oder gar um 22:15 Uhr erfolgen, kann das Format spezieller sein: düsterer, oder mit einem schrägeren/schwärzerem Humor.

Während eigenproduzierte fiktionale Programme im Hinblick auf bestimmte Sendeplätze und Bedürfnisse eines Senders hin entwickelt werden, können Kaufproduktionen nicht angepasst, sondern nur als fertige Produkte platziert werden.

---

72 Zubayr: Der treue Zuschauer. 1996, S. 114.
73 Vgl. Eastman/Ferguson: Broadcast/Cable/Web Programming. 2002, S. 23.

2.1.1.1 Eigenproduktion vs. Kaufproduktionen

Die Mehrzahl der Kaufformate stammt aus den USA, wenige aus England und eine unerhebliche Zahl aus Frankreich und Skandinavien. So werden Serien aus den europäischen Nachbarländern bis auf einige wenige Krimi-Reihen im deutschen Fernsehen fast gar nicht ausgestrahlt. Höchstens Spielfilme werden hier verwertet. Dieses nachbarschaftliche Verhältnis beruht auf Gegenseitigkeit. Nur teilweise verkaufen sich deutsche Serien und Filme recht gut ins benachbarte Ausland. Dort laufen sie nicht in der Prime Time, können aber in der Daytime reüssieren.

Die USA sind überaus erfolgreich mit ihrem Export von fiktionalen Formaten. Bis Ende der 80er Jahre wurden 80 % aller Serienproduktionen im deutschen Fernsehen in den USA produziert. Mittlerweile strahlen England und Deutschland insgesamt mehr Eigenproduktionen als Kaufproduktionen aus.

Der Anteil von erfolgreichen ausländischen Programmen im deutschen Fernsehen ist zyklischer Natur. Es gibt Phasen, in denen die Kaufformate besonders hoch im Kurs stehen wie beispielsweise 2005/2006 mit den überragenden Erfolgen von *C.S.I.*. In den Jahren zuvor waren amerikanische Serien in der Prime Time noch nahezu undenkbar oder besser gesagt: nicht erfolgreich. Im Jahr 2006 betrug das Verhältnis von US-Serien zu deutschen Serien in der deutschen Prime Time 34 % zu 66 %. Ein Trend, der sich 2007 wahrscheinlich noch einmal verstärken wird. Schuld sind die privaten Sender. Denn ARD und ZDF strahlen in der Prime Time keine einzige US-Serie aus, bei RTL sind es 77 % und bei Sat.1 75 %. Der Anteil von eigenproduzierten Serien bei ProSieben liegt bei 17 %. Der Sender positioniert sich dabei ganz über amerikanische Serien: Von 16 Serien, die 2006 in der Prime Time ausgestrahlt wurden, kommen 13 aus den USA. Die einzige eigenproduzierte Stundenserie war *Die Märchenstunde*, die aber mit 20,1 % Marktanteil in der werberelevante Zielgruppe der 14- bis 49-Jährigen gleichzeitig die erfolgreichste deutsche Serie des Jahres war (sofern man sie nicht als Reihe begreift, was aufgrund ihrer extrem unterschiedlichen Geschichten und den wechselnden Protagonisten ebenso zulässig wäre). ProSieben ist übrigens der einzige Sender, der auf das Genre Mystery setzt: *Invasion, Lost, 4400 – Die Rückkehrer, 5 Days to Midnight* dominieren den Montagabend. Ebenfalls sehr konträr zu dem allgemeinen Senderverhalten setzt ProSieben auf das *Medical*-Genre: *Greys Anatomy, Emergency Room, Medical Investigation, Nip/Tuck* bedienten 2006 dieses Genre – die beiden zuletzt genannten Serien allerdings mit wechselndem Erfolg.

Kaufproduktionen finden sich also fast ausschließlich bei den privaten Sendern und nicht bei den Öffentlich-Rechtlichen. Diese haben, abgesehen von einem recht erfolgreichen Krimi-Sendeplatz am Sonntagabend um 22:00 Uhr im ZDF (auf dem Reihen gezeigt werden, die nicht in obige Zahlen miteinbezogen werden), kaum ausländische Produktionen im Programm. Vielleicht es ist auch die bittere

Enttäuschung über die magere Resonanz auf die überall hochgelobten *Sopranos*, die mit einstelligen Marktanteilen im ZDF dafür sorgte, dass mit Kaufproduktionen nur vorsichtig weiterexperimentiert wurde. Es zeigt sich also, dass nicht jedes Format von einem neuen Publikum akzeptiert wird, sondern dass es hier deutliche Hürden zu überwinden gilt. Bei den *Sopranos* war es vielleicht die episodisch nicht abgeschlossene Erzählweise oder allein die Tatsache, dass Deutschland nicht auf eine im gesellschaftlichen Bewusstsein gespeicherte „Mafia-Erfahrung" zurückgreifen kann wie die USA.

Ein fiktionales Format bietet die Nähe zur Lebenswirklichkeit und zur Erfahrungswelt des Publikums und damit immer auch eine Interpretation gesellschaftlicher Probleme an. Diese unterscheiden sich von Land zu Land, nicht nur in ihren Ausprägungen, sondern auch in der Art und Weise, wie mit ihnen umgegangen wird. Allein die relative Toleranz gegenüber Gewalt gepaart mit einer gewissen Empfindlichkeit gegenüber Erotik kennzeichnet die amerikanische Sichtweise deutlich – und unterscheidet sie von der deutschen.

In der Prime Time der großen TV-Sender werden vornehmlich Eigenproduktionen gezeigt, denn nur damit kann man ein Massenpublikum erreichen. Sie bieten dem Zuschauer ein größeres Identifikationspotenzial und dem Sender die Möglichkeit, das eigene Profil deutlich zu markieren. Amerikanische Kaufformate können kaum dazu beitragen, ein senderspezifisches Gesicht zu prägen, vor allem, da auch die Gefahr besteht, dass z.B. alte Staffeln derselben Serie in anderen Sendern laufen oder dass Spin Offs der Serie plötzlich auf anderen Kanälen zu sehen sind. *C.S.I.* ist im Jahre 2005/2006 ein solches Beispiel gewesen. Von der Ur-Serie *C.S.I.* gibt es zwei „Ableger", *C.S.I. Miami* und *C.S.I. New York*. Ursprünglich liefen beide Spin Offs ebenfalls auf VOX, dort fuhren sie allerdings so gute Quoten ein, dass hier eins der seltenen Beispiele für senderfamilienübergreifende Programmierung (vgl. Kap. Senderfamilien) vorliegt. *C.S.I. Miami*, das mit Abstand bunteste und auffälligste Format der drei, wurde ins Programm von RTL gehoben und erlebte dort einen wahrhaften Boom (2006 durchschnittlich 24,4 % in der werberelevanten Zielgruppe). Auch bei anderen Sendern waren Kaufserien erfolgreich: Ob *Lost* oder *Desperate Housewifes, Sex and the City, House, Emergency Room, Monk, Navy CIS* usw. – die Deutschen lassen sich gerne auf die hochwertige Lizenzware ein.

Auch inhaltlich werden amerikanische Serien hoch bewertet: Die angesprochenen *Sopranos, Six Feet Under* oder auch *24* gelten als meisterhafte Erzählungen, deren Qualität kaum eine deutsche Serie erreicht. Viele dieser Serien wirken sich vor allem positiv für das Image des ausstrahlenden Senders aus – obwohl sie quotenmäßig nicht unbedingt erfolgreich sind. VOX hat z.B. mit seinen amerikanischen Kaufserien wie *Ally McBeal, Crossing Jordan, C.S.I.* oder *Gilmore Girls* seinen Ruf als hochwertiger Sender aufgebaut.

Doch auch die Kaufsituation hat sich geändert. Sind deutsche Fernsehschaffende zuvor eher gemütlich zu den May-Screenings (Vgl. Kap. Jahreszeiten) gepilgert um dort den Output der amerikanischen Produzenten zu begutachten, ist das Geschäft inzwischen härter geworden. Dies liegt nicht nur am Boom der amerikanischen Serien, sondern vor allem auch an der Medienvielfalt. Pay-TV, Video on Demand, Internet, DVD oder mobile Abspielplattformen wie Handy oder iPod: alle brauchen „content" und die Verkäufer versuchen, die Rechte für alle Plattformen im Paket zu verkaufen.

Nicht nur die Rechte an den verschiedenen Stufen der Verwertungskette einer einzelnen Serie sind im Paket zu erwerben – die amerikanischen Studios verkaufen auch die meisten Produktionen im Paket. Filme wie auch Serien werden gebündelt angeboten, so dass die Sender neben einigen herausragenden Formaten und Blockbustern auch schwächere Produktionen erwerben müssen. Hier haben Sendergruppen einen Vorteil: schwächere Programme können an die kleineren Sender übergeben werden, während der Hauptsender die ganz großen Hits ins Programm nimmt. Nicht immer jedoch floppen Filme, die an der Kinokasse erfolglos waren, auch im TV – manche laufen hier erstaunlich gut.

Für eine Episode einer US-Serie müssen deutsche TV-Sender bis zu 240.000 US Dollar bezahlen. Ein im Kino sehr erfolgreicher Hollywood Blockbuster kann bis zu acht Millionen Dollar in der Fernsehausstrahlung kosten.[74]

Hinzu kommen noch erhebliche Kosten für die Synchronisation. Im Gegensatz zu anderen Ländern legen deutsche Zuschauer großen Wert darauf, dass die Schauspieler fremdländischer Filme und Serien die deutsche Sprache sprechen – im Gegensatz beispielsweise zu den Holländern oder Skandinaviern, für die eine Untertitelung ganz normal ist.

Auch wenn man die angeführten Kosten in Betracht zieht – Eigenproduktionen sind weitaus teurer als Kaufformate. Dass letztere rentabler sind, wäre aber ein falscher Schluss. Zum einen können Sender selten genau die Zahl an Episoden kaufen, die sie eigentlich brauchen, sondern müssen mehr erwerben, als sie eigentlich senden können und wollen. Die Zahl der Wiederholungen und auch der Zeitraum innerhalb dessen sie stattfinden müssen, sind bei Kaufproduktionen vorgeschrieben. Dies erschwert oftmals eine optimale Programmierung.

Sollte sich die Serie als Flop erweisen, bleiben die Sender auf einer ganzen oder sogar mehreren Staffeln sitzen. Eigenproduktionen lassen sich dagegen vorher testen und werden bei einem schlechten Abschneiden des Piloten gar nicht erst weiterproduziert. Das Risiko für einen Flop ist also geringer. Das Abschneiden einer amerikanischen Serie auf dem heimischen Markt ist jedoch nicht unbe-

---

74 Vgl. Pieper, Claas: Wie viel sind fünf Fernsehsender wert? In: Die Zeit Nr. 49. vom 30.11.2006.

dingt ein Indikator für einen Erfolg auf dem deutschen Markt. Eigenproduzierte Serien ermöglichen, wie bereits angesprochen, eine stärkere Bindung der Zuschauer an das Format – durch die leichtere Identifikation mit Schauspielern, oder die Nähe zur Welt, in der die Geschichte spielt, also dadurch, dass die Konflikte und Inhalte enger am eigenen Erleben des Zuschauers sind (so wird z. b. das Thema Vaterlandsliebe in einer deutschen Serie wahrscheinlich deutlich anders formuliert, als in einer amerikanischen).

2.1.2 Non-Fiction

Unterscheidungen zwischen Fiction und Non-Fiction lassen sich relativ gut treffen. Früher konnte man klar zwischen „erfundenen" (also Formaten, die fiktiv waren) und „realen" (also nicht fiktiven) Formaten unterscheiden. Das eine beruhte auf Echtheit, das andere auf einer willentlichen Steuerung des Zuschauers durch eine dramatische Präsentation der Ereignisse.

In den letzten Jahren hat sich gezeigt, dass die Grenzen zwischen beiden Grundgattungen immer mehr verschwimmen. Es gibt immer mehr gescriptete (also anteilig auf einem Drehbuch basierende) Reality-Formate, die Anleihen zu beiden Gattungen aufweisen.

Hinzu kommt eine Definitions-Unterscheidung zwischen den öffentlich-rechtlichen und den privaten TV-Sendern, die eine klare Genrebestimmung nicht einfacher macht. ARD und ZDF fassen unter dem Begriff Unterhaltung ihre Quiz-, Show- und Musiksendungen, Kabarettsendungen usw. zusammen. Programme, die ebenfalls unterhaltenden Wert haben wie Fernsehfilm, Serie und Sport werden anderen Hauptredaktionen zugeordnet.

Wie alles im Fernsehen ist auch der Erfolg von non-fiktionaler Unterhaltung vom Publikumsgeschmack abhängig. In den letzten Jahren hat das Genre große Schwankungen erlebt. Nach dem Boom der Quizshows Ende der 90er Jahre und den darauf folgenden zahllosen Epigonen von *Wer wird Millionär?* ist die Welle mittlerweile ein wenig abgeebbt. Non-fiktionale Unterhaltung wie z. B. die Reality-Shows haben einen geringeren Anteil am Gesamtprogramm als die Fiktion – es sind nur rund 5 bis 10 % bei den großen Sendern und auch hier gibt es eine Differenz zwischen den Privaten und den öffentlich-rechtlichen: ARD und ZDF hatten 2004 nur rund 5 % an non-fiktionaler Unterhaltung im Angebot – News und Magazine nicht mitgerechnet.

Show
Das Ober-Genre Show unterteilt sich in Game/Quiz, Musik, Talk usw. Die meisten und vor allem die klassischen Shows beruhen auf der Grundkonstellation des Quiz' oder der Gameshow.

Alle Quizsendungen sind nur Variationen desselben Grundmusters. Immer werden Kandidaten in Situationen gebracht, in denen sie scheitern oder siegen können – während der Zuschauer sie beobachtet. Im Wesentlichen geht es hierbei also um die Ermittlung von Siegern und Verlierern, um das Etablieren von Rang- und Reihenfolgen. *Einer wird gewinnen* – die anderen nicht. Die Show, in diesem Sinne begriffen, ist immer die Darstellung von Wettkämpfen. Ein solcher birgt immer einen Konflikt in sich. Und dieser ist es auch, der den großen Reiz auf den Zuschauer auslöst. Denn ähnlich wie bei fiktionale Produktionen findet auch bei den Gameshows ein Miterleben, ein Identifizieren mit dem Handelnden statt, hier wie dort steht im Zentrum ein Grundkonflikt, der Spannung erzeugt.

Die Sendung wird in einer Form dargeboten, die es dem Publikum erlaubt, sie zeitgleich mitzuvollziehen. Dadurch entsteht Nähe. Die Zuschauer identifizieren sich mit dem Spieler, sie projizieren das eigene Selbst auf den Kandidaten. Er wird zur Hauptfigur. Mit dem Showmaster treten die Zuschauer meist in eine parasoziale Interaktion, das heißt, sie stellen zu ihm eine Verbindung her und treten mit ihm fiktiv in Kontakt. Sie kommunizieren im Rahmen eines inneren Dialogs mit ihm: alleine dadurch, dass sie die Fragen, die dem Kandidaten gestellt werden, auf sich selbst beziehen und versuchen, diese zu beantworten.[75]

Oft sind diese Fragestellungen so inszeniert, dass der Moderator in die Kamera spricht, sodass eine face-to-face-Interaktion mit dem Zuschauer stattfindet. Der Kandidat, der auf dem Schirm antwortet, ist sozusagen das Alter Ego des Zuschauers, mit dem er sich bedarfsweise identifizieren, von dem er sich aber auch lösen kann – wenn er verliert.

Die meisten Fragen bei Rateshows (abgesehen von z. B. dem *Großen Preis*, bei dem es um spezielles Wissen der Kandidaten ging) sind so ausgerichtet, dass die Zuschauer zu Hause potenziell mitraten können. Die meisten sind dem Kandidaten im Studio aber nicht ebenbürtig. Wenn sie diesem „unterliegen", bewundern sie ihn für sein Wissen und genießen gleichzeitig die Sicherheit des heimischen Sofas, denn nicht sie stehen vor der Kamera und nicht sie haben sich dort blamiert. Neben Gameshows, die „normale" Menschen oder Prominente als Kandidaten haben, gibt es auch die seltenere Variante, in der artistische oder künstlerische Darbietungen im Vordergrund stehen, die besondere körperliche und geistige Fähigkeiten demonstrieren. Dies ist u. a. die Grundlage von *Wetten, dass...?*.

Im Wesentlichen gibt es bei den Gameshows folgende Varianten:

---

75 Vgl. Plake: Handbuch Fernsehforschung. 2004, S. 167.

- Frage und Antwort-Modus – wie bei *Jeopardy*
- Gambling – Kandidaten müssen erst Dinge erraten, damit sie dadurch die Möglichkeit bekommen, bestimmte Karten aufzudecken oder an einem Rad zu drehen (*Glücksrad, Geh aufs Ganze*)
- Wort-Kommunikation – wie bei z. B. Beruferaten (*Was bin ich?*), geheimnisvolle Wörter raten usw. (*Scrabble*)
- Puzzle – durch Erraten von bestimmten Begriffen deckt man ein weiteres Rätsel auf, das anschließend zu erraten ist (Fotorätsel u. a. bei *Dalli-Klick*)
- Gruppenrätsel – Experten bzw. Prominente machen Beruferaten (*Wer bin ich?*) oder suchen gemeinsam nach des Rätsels Lösung (*Genial daneben*)
- Menschen – normale Menschen verraten (meist peinliche) Details, damit sie zusammenkommen (*Herzblatt, Traumhochzeit*)
- Stunts – die Kandidaten müssen riskante Dinge erledigen, damit sie den Preis gewinnen (*Ich bin ein Star – holt mich hier raus!* oder *Die Alm* usw.)
- Charades – die Kandidaten müssen durch Pantomime o. Ä. Begriffe erraten.[76] Dies kann auch komödiantisch aufgelöst werden, z. B. durch Improvisationstheater o. Ä. (*Frei Schnauze XXL, Karaoke Showdown*)

Manche Gameshows versuchen, einen sendungsübergreifenden Spannungsbogen zu etablieren, in dem sie den siegreichen Kandidaten so lange von Sendung zu Sendung „mitnehmen", bis dieser Champion von einem neuen Kandidaten endlich besiegt wird (*Risiko, Die Pyramide*).

Gerne werden immer wieder Prominentenspecials bei den diversen Gameshows aufgelegt. Selbstverständlich wird der Gewinn hier immer für einen guten Zweck gespendet und fließt nicht in die Taschen der VIPs, die dort um Sieg und Niederlage spielen. Das Prominentenspecial erhöht den Reiz für den Zuschauer: Hier geht es auch darum, wie viel ein Promi weiß – und vor allem: Kann sich der Zuschauer dem bekannten Kandidaten überlegen fühlen, indem er eine Frage beantwortet, die der Promi nicht weiß?

Die Zielgruppe der Gameshows ist durchaus heterogen und breit gestreut, so dass man kaum grundsätzliche Aussagen treffen kann. Einzig die Tatsache, dass das Publikum der Gameshows tendenziell eher älter ist, mag allumfassend gelten.

Gerade die täglichen Gameshows oder auch die Talk Shows sind relativ preiswert herzustellen. Ein festes Studio, wenig Effekte, ein klares Setting und eine planungssichere Regelmäßigkeit, gekoppelt mit der recht hohen Zuschauerakzeptanz macht sie für Programmplaner und auch die Werbewirtschaft reizvoll. Hier

---

76 Matelski: Daytime Television Programming. 1991, S. 30.

können gute Profite erzielt werden, gerade wenn man sie eigenproduzierten Fiction-Formaten gegenüberstellt, die ein Vielfaches teurer sind.

Die Unterscheidung zwischen Fremd- und Eigenproduktion bei Gameshows spielt kaum eine Rolle. Viele Konzepte für Shows basieren auf ausländischen Konzepten wie z. B. *Das Glücksrad*, *Wer wird Millionär?* oder auch *Deutschland sucht den Superstar*. Von diesen Shows wird das Konzept gekauft, das dann umgesetzt wird – oft nach detaillierten Vorgaben, die von der Musik bis hin zum Bühnenbild alles regeln. Produziert werden müssen die allerdings im eigenen Land – die Zuschauer wollen nationale Kandidaten und einheimische Wortspiele sehen. Nur sehr selten lassen sich fertig produzierte Gameshows aus anderen Ländern einkaufen – eine Ausnahme macht vielleicht die japanische Trash-Show *Takeshi's Castle*, die in Deutschland im DSF lief oder gewisse MTV-Shows wie *Dismissed* or *Parental Control*.

Ein weiteres großes Genre ist die Talk Show. Hier steht das Gespräch im Mittelpunkt, das der Showmaster oder Moderator mit seinen Gästen oder dem Publikum führt. Es lassen sich auch hier verschiedene Grundmuster differenzieren. Der Unterschied zwischen Talk und Diskussion wird z. B. in der Unterscheidung zwischen *Presseclub* und *Talk im Turm* oder *Sabine Christiansen* zu deutlich: Der *Presseclub* findet ohne Publikum statt und die Diskussion ist oft sachlicher und ergebnisorientierter als bei den beiden genannten Talk Shows am Abend. Bei diesen ist auch Publikum geladen und die Talk Show-Gäste nehmen gegensätzlichere Positionen ein, die zudem auch oft persönlicher sind, da sie eigene Erfahrungen betreffen und stärker mit der eigenen Person verknüpft sind: Die Politiker müssen einen Standpunkt härter vertreten als die Journalisten am Sonntagmittag, die um Distanz und Analyse bemüht sind.

Die zuvor genannten Shows unterscheiden sich deutlich vom nachmittäglichen Talk, wo die Teilnehmer persönliche Statements äußern und die Themen eher Betroffenheit und Anteilnahme erzeugen. Hier geht es eher nicht um eine intellektuelle Auseinandersetzung mit einem Sachthema. Hier wird das Publikum im Saal aktiv in die Befragung mit einbezogen und kann sich (nach den Vorstellungsrunden des Moderators) über Wohl und Wehe der Kandidaten auslassen.

Talk Shows sind von ihrem Gastgeber oder Moderator in starkem Maße abhängig. Dieser steuert die Show auf einem weitaus anspruchsvolleren Niveau als es ein Gameshow-Moderator tut – denn die Basis der Talk Show sind nun mal die Gespräche, ist die menschliche Kommunikation, ist das Miteinander. Hier ist der Host entscheidend, denn in seiner Gewalt liegt es, das zu entdecken, was vielleicht im Subtext mitschwingt. Er wird sich bemühen, den Gästen ihre Geheimnisse und Informationen zu entlocken. Er ist der Gesprächsführer, der immer den Überblick behalten muss, der eingreifen, steuern und dirigieren muss. Er muss aufmerksam sein, muss die Offenbarungen seiner Gäste immer so dirigieren, dass diese nicht vom Thema abschweifen, sondern es permanent stützen und füttern.

Die Hosts müssen diejenigen Fragen stellen, die sich im Publikum ergeben. Fragen, die der Zuschauer im Kopf selbst entwickelt aber aufgrund seiner passiven Rolle nicht fragen kann. Dies scheint selbstverständlich zu sein, ist aber extrem störend, wenn es nicht so ist. Vor allem aber darf nicht vergessen werden, dass das Publikum ein Informationsdefizit hat. Denn Hosts haben Thema und Gäste recherchiert (oder greifen vielmehr auf Recherchen ihres Teams zurück) und haben dadurch einen Wissensvorsprung. Es darf nicht passieren, dass sie diese Lücke zum Publikum nicht schließen ...

Es gab immer wieder Moderatorenpersönlichkeiten, die eine besondere emotionale Nähe zu ihren Themen zeigten, andere, die eher intellektuell-distanziert und wiederum andere, die mit einem besonderen Humor an die Sache herangingen.

Neben Game und Talk Shows gibt es noch andere Show-Typen, die aber nur kurz angerissen werden sollen. Denn zum Beispiel eignen sich reine Musiksendungen nach der Meinung des ehemaligen RTL Programmdirektors Marc Conrad nicht für das kommerzielle Fernsehen.[77] Sie haben keinen dramaturgischen Bogen, der die Zuschauer auch dazu verleitet, Werbeinseln in Kauf zu nehmen, weil sie auf den Ausgang der Sendung gespannt sind. Sie können jederzeit ein- oder aussteigen und gerade, weil verschiedene Titel von verschiedenen Interpreten hintereinander weggespielt werden, ist der Punkt, an dem Zuschauer etwas nicht gefällt, viel schneller erreicht. Da er – im Gegensatz zum Krimi – nichts verpassen kann, was für das weitere Verständnis der Sendung notwendig ist, kann er ungestört weiter zappen.

Musikshows, die einen Wettbewerbsaspekt beinhalten, haben einen stärkeren Spannungsbogen und sind vielleicht auch deswegen erfolgreicher – wie das Beispiel *Deutschland sucht den Superstar* zeigt.

Einige Shows konzentrieren sich darauf, den Zuschauern einen Mehrwert zu bieten, der sich möglichst von der reinen Mitrate- oder Mitfieberfunktion (die auf Affekte abzielt wie bei Kai Pflaume) abgrenzt: So setzen z. B. *V – Die Verbrauchershow* oder *Der große Deutschtest* auch auf praktische Tipps, die beinahe dem Magazinbereich zuzuordnen wären (vgl. das folgende Kapitel). Ähnliches bieten *Clever* oder die *Knoff-Hoff-Show*, die Wissen aus anderen Bereichen wie zum Beispiel der Physik als Show vermarkten. Ein weiterer Typ Show vermittelt Wissen und ist sehr stark praxisnah orientiert: Die Kochshows wie *Lafer! Lichter! Lecker!*, *Schmeckt nicht, gibt's nicht* oder *Kochen bei Kerner* setzen das Essen, das neben dem visuellen ja vor allem andere Sinne wie Schmecken oder Riechen anspricht,

---

77 Marc Conrad in: Bleicher: Fernseh-Programme in Deutschland. 1996, S. 198

in den Mittelpunkt und verstehen sich darüber hinaus sicher nicht ausschließlich als reine Vermittler von Kochrezepten.

2.1.3 Nachrichten und Magazine

Die Fernsehpublizistik, wie sie auch genannt wird, hat gerade bei den öffentlich-rechtlichen Sendern einen Löwenanteil im Programm. Das ZDF zeigte 2004 mehr als 56 %, die ARD um die 50 % fernsehpublizistisches Programm, dann folgt schon RTL mit rund 36 % und ProSieben und Sat.1 mit ähnlichen Werten. VOX und RTLII haben nur zu einem Fünftel bzw. Kabel Eins nur zu einem Zehntel der täglichen Sendezeit fernsehpublizistische Programme im Angebot. Die Information strukturiert das Programm von ARD und ZDF: Nachrichtensendungen sind über den ganzen Tag verteilt. Doch nicht alle Zuschauer wollen sich so häufig mit der Realität auseinandersetzen. Diese Tatsache nutzen viele andere Sender zu einer erfolgreichen Gegenprogrammierung, wie später zu sehen sein wird.

Zur Fernsehpublizistik zählen auch Magazine und Features. Letztere, wie auch Dokumentationen, beschäftigen sich mit den Themen Politik/Wirtschaft oder Kultur, Wissenschaft, Medizin oder Technik. Gerade die kleineren privaten TV-Sender haben in der letzten Zeit Wissenssendungen für sich entdeckt: Die „Sach- und Lebensweltpublizistik" macht bei VOX, RTLII, ProSieben und Kabel Eins zwischen 18 und 23 Uhr sogar einen höheren Programmanteil aus als bei der ARD.[78]

Magazine, die sich durch abgeschlossene Einzelbeiträge auszeichnen, die durch Moderation unterbrochen werden, konzentrieren sich oft auf Wissensformate (*Galileo*) oder auf Kulturthemen (*Titel, Thesen, Temperamente* oder *Aspekte*) oder lassen sich auch dem Human Interest zuordnen, wobei sie häufig boulevardeske Züge haben (*Explosiv, Extra*). Die meisten der Magazine sprechen ihr Publikum dadurch an, dass sie praxisnahe Themen darbieten und diskutieren wie zum Beispiel die Reisemagazine *Voxtours* oder *Wolkenlos*. Gerade auch die *ARD-Ratgeber* mit ihren monothematischen Sendungen wie *Auto & Verkehr, Bauen & Wohnen, Geld, Reise, Technik, Gesundheit, Heim & Garten, Recht* sind starke Marken, die sich vorrangig als Verbraucherinformationssendung verstehen. Ein hoher und verlässlicher Informationswert und eine potenzielle Verwertbarkeit der Inhalte sind Gründe für die Publikumsansprache. Die Zuschauerbindung wird bei diesen Formaten also durch Rationalität erzielt – ganz im Gegensatz zu fiktionalen Formaten, die eher auf Emotionen setzen. Dies bedeutet nicht, dass Gefühle bei der Fernsehpublizistik ausgeschlossen wären. Emotionen spielen natürlich eine wichtige Rolle bei Sendungen wie z.B. *ML – Mona Lisa* oder *37 Grad*, die

---

78 Vgl. „Pro Wissen". In: Süddeutsche Zeitung vom 04.04.2007.

sich aktuellen Themen aus einem bestimmten Blickwinkel oder mit einem speziellen Fokus nähern, sei es als Magazin oder als Feature, wie das letztere Format.

Wichtigstes, weil häufigstes Unterelement dieser Gattung sind die Nachrichten oder auch News genannt. Sie bilden die tagesaktuelle Berichterstattung, worunter auch Sondersendungen zu Wahlabenden oder Wetterinformationen fallen.

Bei der ARD ist die *Tagesschau* eine eigenständige Abteilung mit Redaktionen in allen Landesrundfunkanstalten. Der inhaltliche Aufbau der Hauptnachrichten ist immer gleich: Das international-politische Geschehen steht im Vordergrund, Meldungen aus anderen Bereichen wie Kultur, Sport und Technik werden ebenfalls nüchtern dargeboten. Zu Anfang steht das Wichtigste (selbstverständlich nach Einschätzung der Redaktion), dann folgen die weiteren Nachrichten und schließlich das Wetter. Seit dem Beginn der Tagesschau (ab 1956) legte man Wert auf emotionslose Nüchternheit und (verhaltene) journalistische Kritik (da man sich scharf von der noch nicht lange zurückliegenden NS-Propaganda abgrenzen wollte).[79]

Die Hauptnachrichten des ZDF, die es seit 1963 gibt, unterscheiden sich von der *Tagesschau* dadurch, dass *heute* auch Unterhaltungsbedürfnisse befriedigen wollte. Die Startzeit um 19:00 Uhr kann ein gewisses Konkurrenzverhalten nicht verdecken. Das Themenspektrum ist breiter und der Moderationsstil lockerer (wenngleich er sich von dem des Privatfernsehens noch deutlich unterscheidet). Die Redakteure der Beiträge werden namentlich genannt und damit stärker personalisiert (eine Technik, die das private Fernsehen gerne nachahmt). Die strenge Abfolge der Themengewichtung wie bei der *Tagesschau* wird aufgebrochen: „Harte" und „weiche" Themen wechseln einander ab.

Die privaten Sender setzen in ihren Nachrichten auf einen geringeren Politikanteil, größere Sportblöcke und mehr *soft news*. Der Politikanteil der *Tagesschau* beläuft sich auf 51 %, der von *heute* auf 41 %, die *Sat.1 News* verzeichnen dagegen 24 %, *RTL aktuell* 19 %.[80] Die privaten Nachrichtenformate stellen alltagsnahe Themen und Human Interest in den Vordergrund. Damit wollen sie ein jüngeres Publikum erreichen, das vielleicht über ein geringeres Interesse an Nachrichten verfügt. Auch Zuschauer mit vielleicht geringeren Bildungsabschlüssen sollen sich hier wohlfühlen. Ein Trend zur Boulevardisierung ist offensichtlich.

Für öffentlich-rechtliche wie auch für private Sender gilt jedoch folgende Prämisse: Jede Nachrichtensendung hat einen bestimmten Aufbau, der jeweils einem genau festgelegten Muster folgt. Nicht nur, wie oben angesprochen, die thematische Gewichtung, sondern auch der Grundaufbau sind immer gleich. Die Länge

79 Vgl. Plake: Handbuch Fernsehforschung. 2004, S. 102f.
80 Krüger: InfoMonitor 2006: Fernsehnachrichten bei ARD, ZDF, RTL und Sat.1. In: Mediaperspektiven 2/2007, S. 60.

der einzelnen journalistischen Beiträge ist vorgegeben. Es geht darum, dem Zuschauer auch innerhalb der Sendung möglichst viel Orientierung zu verschaffen. Gerade deshalb sind die Nachrichten der Privatsender oft in einzelne – namentlich bezeichnete – Blöcke unterteilt, die einen Magazin-Charakter haben. Sie signalisieren dem Zuschauer, dass nun die „VIP-News", der „Besser Leben"-Block, der „Service" oder das „Wetter" dran ist.

Es geht den großen Sendern darum, die Nachrichten-Hoheit am Abend zu behalten. Die Menschen kommen von der Arbeit nach Hause und haben in der Mehrzahl das Bedürfnis, sich über das Geschehen seit dem Morgen (an dem sie vielleicht die Tageszeitung gelesen haben – obwohl deren Leserbindung rückläufig ist) zu informieren. Klassischerweise wurde mit der *Tagesschau* um 20:15 Uhr der Abend eingeläutet.[81] Das Abendessen hatte man hinter sich, man begab sich ins Wohnzimmer und schaltete den Fernseher ein. *Heute* setzte diese Zeit früher an, und als die privaten Sender aufkamen, hatten sie nur die Wahl, sich entweder zwischen die beiden öffentlich-rechtlichen Sender zu platzieren oder ihnen zeitlich zuvorzukommen. In den Anfangstagen spürte man dieses Bemühen deutlich: bei RTL gab es die *7 vor 7*-Nachrichten, von der man aber mit zunehmendem Anspruch an Seriosität Abstand nahm. Um 18:30 Uhr beginnt das Nachrichtenmagazin von Sat.1 (statt *18.30 – Sat.1 Nachrichten* nun *Sat.1 News* genannt), um 18:45 Uhr *RTL aktuell*. ProSieben hat als einer der großen Sender eine deutlich andere Haltung zur Nachrichtenkompetenz: Der Sender kippte Anfang 2007 seine Hauptnachrichtensendung *Newstime* um 20:00 Uhr zugunsten der Show *Liebe isst – Das Single-Dinner* und setzte sie auf 17:55 Uhr – deutlicher kann man seine Haltung zur Relevanz von Nachrichten kaum ausdrücken.

Dabei tragen die Nachrichten nicht nur aufgrund ihrer Häufigkeit wesentlich zum Image der Sender bei. Aus der Nachrichtenkompetenz werden weitere Faktoren wie Vertrauenswürdigkeit, Ernsthaftigkeit oder Verlässlichkeit abgeleitet, die die Zuschauer auf das gesamte Programm projizieren. Da die Nachrichten inhaltlich täglich wechseln, bleiben nur wenige Dinge konstant und sind daher umso entscheidender: der Sendeplatz, der Aufbau der Sendung, die Präsentation der Sendung und die Moderation. Gerade das zuletzt Genannte ist wichtig – es sind die Moderatoren, die dem Sender ein Gesicht geben.

Hollywood ging mit der Einführung des Starsystems auf die Erkenntnis ein, dass Zuschauer unsicher auf den zu erwartenden Inhalt eines neues Films reagieren, sich aber von den Erfahrungswerten, die sie von Stars in anderen Filmen erworben haben, relativ sicher leiten lassen. Schauspieler wurden daher (und

---

81 „Dies ist eins der Phänomene der deutschen Fernsehlandschaft. Die könnten die Nachrichten in Latein verlesen mit zwei brennenden Kerzen, und die Sendung hätte immer noch gute Ratings." Helmut Thoma in: Bleicher: Fernseh-Programme in Deutschland. 1996, S. 191.

später auch Regisseure) bewusst zu Marken aufgebaut. Ähnlich agieren auch TV-Sender. Sie nutzen ihre bekannten Moderatoren als Kommunikatoren für ihre eigene Marke und bei den Genres Fiction und Show auch die Schauspieler, die sie als Sendergesichter an sich binden können. Damit prägen die Sender ihr Image und definieren ihr Profil.

Bei aller Kritik an der vermeintlich sinkenden Qualität der Fernsehnachrichten ist darauf hinzuweisen, dass sich unsere Gesellschaft und damit auch der Publikumsgeschmack stark verändert haben. Es geht bei den Nachrichten heutzutage wahrscheinlich weniger darum, Bildungsbedürfnisse zu erfüllen, sondern Orientierung in einem Nachrichten- oder vielmehr Neuigkeitendschungel zu schaffen. Die Postmoderne hat sich in eine Vielzahl von unterschiedlichsten Meldungen, in politische, private, öffentliche und halböffentliche Positionen und Ideen verrannt, so dass das Bedürfnis, gleichzeitig unterhalten zu werden, Überhand nimmt. Nachrichten sind nicht mehr nur als eine ernste Anweisung zu begreifen, wie die Welt zu verstehen ist, sondern vielmehr als ein mehr oder weniger unterhaltsames Bouquet von ausgewählten Ereignissen des Tages.

Aus der Sucht nach Unterhaltung, gekoppelt mit dem Bedürfnis, sich zu informieren, entsteht auch der Erfolg der Infotainment-Formate.

2.1.4 Sport

„... es gibt fünf Sportarten: Fußball, Fußball, Fußball, dann Tennis, aber nur, wenn Boris Becker und Steffi Graf spielen, und neuerdings einen Sport, der sich Michael Schumacher nennt und mit einem Auto der Formel 1 verbunden ist."[82]

Das sagte der ehemalige RTL-Chef Helmut Thoma im Jahre 1992 und machte mit seiner überspitzten Formulierung deutlich, welche Sportarten den Deutschen ganz besonders am Herzen liegen: An erster Stelle steht der Fußball – „der Sport des kleinen Mannes" ist hierzulande wirklich **der** Massen-Breitensport.

Sport wird traditionsgemäß zum größten Teil von den öffentlich-rechtlichen Sendern ausgestrahlt. In der ARD nahm er 2004 einen Anteil von 10 % des Programms ein, im ZDF waren es 8 %. RTL und Sat.1 haben weitaus geringere Anteile. Sat.1 hat nach seiner Fußball-Bundesliga-Zeit nur noch die Champions-League und damit einen *Event* im Programm, RTL strahlt die Formel 1 aus und setzt damit ebenfalls auf eine Eventprogrammierung.

Fußball ist Trumpf: Die ARD strahlt samstags die *Sportschau* und damit als erster Sender die Bundesligaspiele im Free TV aus, das ZDF hat das *Aktuelle*

---

82 Helmut Thoma in: Bleicher: Fernseh-Programme in Deutschland. 1996, S.193.

Sportstudio. Beide Sender teilen sich die Ausstrahlungen der Spiele der deutschen Fußball-Nationalmannschaft und der Mainzer Sender hat zusätzlich den UEFA-Pokal, der damit auch immer wieder für Sonderprogrammierungen sorgt (vgl. Beispielwoche).

Nicht jede Sportart eignet sich für eine Fernsehausstrahlung. Manche Sportarten sind zu speziell und sprechen nur ein Nischenpublikum an. Die Privatsender können sich aber aufgrund ihrer Fokussierung auf ein breites Publikum nur erlauben, „große" Sportarten zu senden. Immer wieder versuchen sie, Randsportarten zum großen Event aufzubauen, was ihnen teilweise mit Skispringen gelungen, mit Basketball oder Beach Volleyball aber misslungen ist.

Große Ereignisse wie die Leichathletik-WM oder die Fußball-WM sind auf allen Sendern erfolgreich zu platzieren, allerdings ist eine Ausstrahlung dieser und anderer Sportevents wie z. B. die Tour de France nicht unproblematisch. Da letztere über einen längeren Zeitraum jeden Tag stattfindet, muss man für diesen Zeitraum seine ganze Nachmittagsschiene riskieren – eine mehrstündige tägliche Live-Sendung verdrängt alle anderen Sendungen… Das Risiko, die alten Strukturen möglicherweise nicht wieder einführen und damit eventuell Zuschauergewohnheiten nicht neu entfachen zu können, ist hoch.

Die Quoten aller Sportveranstaltungen sind jedoch davon abhängig, ob diese deutsche Teilnehmer haben und wie erfolgreich diese sind. Die Formel 1 ist nur deswegen so ein Zuschauermagnet, weil es hier deutsche Helden wie Michael Schumacher gibt. Gleiches gilt für das Tennis, das so lange die deutschen Bildschirme dominierte, wie Boris Becker und Steffi Graf in der Weltspitze spielten. Das Fehlen von Jan Ulrich bei der Tour de France 2006 machte sich auch in den Quoten der ARD negativ bemerkbar, der große Erfolg des Skispringens bei RTL 2000/2001 hatte sicherlich auch mit dem erfolgreichen Abschneiden der deutschen Springer Martin Schmitt und Sven Hannawald zu tun.

Dies belegt wieder einmal, dass die Art und Weise, wie das Fernsehen mit dem Sport und seinen Akteuren umgeht, sehr figurenzentriert ist. Im Grunde greifen hier dieselben Mechanismen wie bei fiktionalen Erzählungen, Mechanismen, die schon Aristoteles in seiner *Poetik* aufgestellt hat. Im Kern steht ein Konflikt, denn es kann nur einen Gewinner geben. Die Teilnehmer sind Helden, mit denen der Zuschauer um Sieg und Niederlage bangt.

Das grundlegende Prinzip der Sender (und der anderen Medien) ist es stets, das jeweilige Match emotional aufzuwerten, so dass der Zuschauer sich stärker mit dem Sportler identifizieren kann. Die Berichterstattung fokussiert beim Fußball immer auf einige wenige Akteure und nie auf das gesamte Team. Es wird entweder ein Trainer herausgestellt, für den es das vermeintliche „Schicksalsspiel" ist, da er kurz vor dem Rauswurf steht, oder es wird ein Spieler in den Vordergrund gerückt, der in der nächsten Saison zum heutigen Gegner wechseln wird – so dass sich die Frage stellt, ob er gegen seinen künftigen Arbeitgeber ein Tor schießt oder nicht.

2.2 Programmschemata

Der TV-Sender muss sich auf seinen Kunden, genauer: auf seinen Konsumenten einstellen. Daher muss er seine gesamte Programmplanung nach dem Tagesablauf der anvisierten Zielgruppe ausrichten. Doch die Gesellschaft ändert sich, also müssen sich die Sender auch den geänderten Lebensgewohnheiten der Zuschauer anpassen.

Gerade deren Mediennutzung ist dabei entscheidend. Sie verteilt sich über den Tag folgendermaßen: Die Zeitung ist ein Morgenmedium, das am Tagesbeginn genutzt wird. Das Radio dagegen ist ein klassisches Tagesbegleitmedium, es wird bis 17:00 Uhr stark genutzt, dann wechselt der Fokus des Konsumenten auf das Fernsehen. Dieses wird besonders am Spätnachmittag und vor allem am Abend genutzt (vgl. Grafik TV Nutzung und Grafik Mediennutzung im Tagesablauf). Das Internet dagegen wird ganztätig genutzt und wächst in seinen Nutzungsanteilen stetig. Dennoch kann es mit dem Fernsehen (noch) nicht konkurrieren.

Das Rezeptionsverhalten des Zuschauers ist anders als in den ersten Fernsehtagen. Damals wurde zusammen mit der gesamten Familie nach dem Abendessen im Wohnzimmer ferngesehen. Heute hat fast jedes Familienmitglied seinen eigenen Fernseher und die gemeinsame Zusammenkunft zum gemeinsamen Fernseherlebnis ist eher selten geworden. Die Zuschauer heute konsumieren anders. Sie sind selektiver, zappen stärker und haben einen deutlich variantenreicheres Freizeitverhalten als noch vor Jahren. Also muss sich auch das Fernsehprogramm danach richten. Es ist nicht mehr eine bloße Aneinanderreihung von einzelnen Sendungen, sondern eine detailliert auf den Zuschauer abgestimmte Matrix.

> „Die Leute brauchen eine Programmkonstanz. Ein kommerzieller Fernsehsender muss sich an den normalen Tagesablauf des durchschnittlichen Deutschen halten." [83]

Dayparting nennen die Amerikaner die Unterteilung des Tages in bestimmte Bereiche – angepasst an die Wünsche und Bedürfnisse des Publikums. Man könnte sagen, dass das normale Tagesprogramm eines Senders zu gewissen Tageszeiten einem Spartenkanal ähnelt: Die Inhalte und die Zielgruppe sind z. B. gerade beim

---

Frühstücksfernsehen deutlich aufeinander zugeschnitten. Zu Beginn des Tages hat der Zuschauer wahrscheinlich das Bedürfnis, sich zu informieren und in leichter Form auf den Tag einzustimmen. Er wird weniger Interesse an einem anspruchsvollen Drama haben, für das er zwei Stunden Zeit investieren muss.

Ebenso wird er, wenn er von der Arbeit nach Hause kommt und den Fernseher einschaltet, sich etwas Entspannendes wünschen. Das Tagwerk ist getan, man will „runterkommen", es sich gemütlich machen. Aufregendes ist hier wahrscheinlich fehl am Platz, erst später werden Formate, die *Special Interests* ansprechen, erfolgreich sein.

Solche *Dayparts* gibt es übrigens auch beim Radio – die so genannte *Drivetime* umfasst die Zeiten, an denen viele Zuhörer mit den Auto auf dem Weg zwischen Arbeit und zu Hause sind und daher in großer Zahl angesprochen werden können.

Sparten- und Digitalkanäle werden in Zukunft auf *Dayparts* möglicherweise verzichten. So können sie kleinere und vielleicht untypische Zuschauergruppen ansprechen, wie z. B. die Nachtschichtler. Denn auch diese werden sich über Sportübertragungen um 6 Uhr morgens freuen.

Nicht nur das macht deutlich, dass die Sender über den Tag verteilt verschiedene Zielgruppen ansprechen, wie gleich detailliert ausgeführt wird. Nicht immer erreicht man mit dem Programm jedoch genau die Zielgruppe, die man eigentlich ansprechen will, sondern findet Zuschauer, die man eigentlich nicht erwartet hat. Zum Beispiel sehen ältere Kinder auch gerne das Nachtprogramm, sofern sie die Möglichkeit dazu haben, weil sie sich vielleicht erwachsen fühlen wollen. Ebenso sehen vielleicht ältere Singles das frühe Abendprogramm, weil sie sich von den warmen und angenehmen Shows, die auf die jungen Zuschauer zielen, angesprochen fühlen.

2.2.1 Early Morning

Die Early Morning ist ein wichtiger Teil der Daytime. In der Zeit von 7:00 bis 10:00 Uhr finden sich vor allem zwei Zuschauergruppen vor dem Fernseher ein: Erwachsene, die sich auf den Arbeitstag vorbereiten und neben dem Frühstück die Morgentoilette erledigen und kleine Kinder, die hier Zeit verbringen, bevor sie in die Schule gehen. Insofern setzen die Sender auf Nachrichten, Information und seltener auch auf Talk. Denn die meisten Zuschauer haben morgens das Bedürfnis, sich zu informieren, eventuell auch, sich unterhalten zu lassen. Die beliebten Morgenmagazine, die ARD, ZDF, RTL und Sat.1 ausstrahlen, richten sich dementsprechend aus. Letzterer Sender hatte sein *Frühstücksfernsehen* bereits Anfang 2007 um eine Stunde verlängert, ab Mai des Jahres wurde das Format auch noch auf den Samstagvormittag gezogen, an dem die Wiederholungen der Serien keine zufriedenstellenden Werte erzielen konnten. Im Vordergrund aller Morgenmagazine stehen Fragen nach dem Tagesgeschehen, nach dem Wetter („Wie warm oder kalt ziehe ich mich an?") und allgemeinen Themen. Der Zuschauer bekommt eine erste Orientierung für seinen Tag und kann vielleicht noch etwas ins Büro mitnehmen, worüber er reden kann. Dieser Mix wird in relativ kurze, leicht konsumierbare Blöcke geteilt, die sich im Übrigen gerne auch stündlich wiederholen können. Der Zuschauer konsumiert das Fernsehprogramm morgens schließlich eher beiläufig oder in Eile. Er hat kaum länger als eine Stunde Zeit, denn er befindet sich ja meistens auf dem Weg zur Arbeit oder zur Schule. Die Chance also, dass er Beiträge doppelt sieht, ist eher gering.

2.2.2 Daytime

Die Daytime erstreckt sich von 06:00 bis 17:00 Uhr und umschließt damit auch den Early Morning. Oft steht sie im Schatten der Prime Time – dort wo vermeintlich das große, wichtige Fernsehen gemacht wird, dort wo die großen Filme und Events laufen, dort, wo sich die meisten Zuschauer am Abend des Tages einfinden. Die Daytime dagegen versammelt nur einen gewissen Teil der Bevölkerung vor den Fernsehschirmen: Rentner, Hausfrauen, Arbeitslose, Kinder – kurz alle, die tagsüber keinem (offiziellen) Job nachgehen. So ist es auch historisch gesehen verständlich, dass in den Anfangstagen des Fernsehens in fast allen Ländern zuerst eine Abendschiene eingeführt wurde und sich erst später die Daytime dazugesellte – weil man dann z. B. auf erweiterte Erlöse durch die höhere Zahl von Werbeinseln hoffte.

Die Daytime muss breitgefächerte Zuschauergruppen bedienen und das zu einem geringen Preis – es schauen ja weniger Zuschauer zu und es lassen sich dementsprechend weniger Erlöse generieren. Werden die Kosten der Programme in der Daytime nicht eingespielt, so müssen sie in der Prime Time ausgeglichen werden. Die Sender richten sich jedoch in ihrem Angebot von vornherein auf die Situation ein und programmieren hier preiswertere Formate. Fernsehen ist betriebswirtschaftlich gesehen eine Mischkalkulation – die wirklich großen Gewinne können nur abends erreicht werden.

Theoretisch kann man in zuschauerschwächeren Zeiten wie der Daytime neue Gesichter testen. Moderatoren werden hier zunächst in kleinen Formaten ausprobiert, bevor man sie abends einsetzt.

Heutzutage geschieht dies immer mehr senderübergreifend: Wenn die Moderatoren sich auf den kleineren Schwesternsendern bewiesen haben, holt man sie mit Erfolg zum großen Bruder zurück. Nicht nur Moderatoren, sondern auch Showformate werden auf diese Weise ausprobiert (vgl. Kap. Senderfamilien und die Programmplanung).

Formate, die tagsüber erfolgreich sind, müssen sich also zuerst nach den Wünschen der Zielgruppen richten, die zu dieser Zeit Fernsehen konsumieren. Aber auch hier ist die Kommunikationssituation der Zuschauer entscheidend. Denn im Gegensatz zum abendlichen Konsum, bei dem die Zuschauer sich weitgehend auf das Programm konzentrieren, findet während des Tages eben noch das Tagwerk statt. Die Hausfrauen und -männer erledigen den Haushalt und müssen sich um die Kinder kümmern. Fernsehen wird zum „Nebenbei-Medium". Insofern werden hier vorrangig Programme ausgestrahlt, die auf die auditive Rezeption abzielen: Talkshows, Soap Operas, Telenovelas. Man kann dem Handlungsverlauf auch folgen, wenn man nur „mit einem Ohr" hinhört. Gerade Soap Operas finden großen Anklang. Sie haben melodramatische Züge und setzen stark auf einen hohen Sprachanteil, damit der Konsum auch während kleinerer Tätigkeiten im Haushalt möglich ist. Gefühle werden durch die Schauspieler also nicht immer nur durch Mimik präsentiert – eine Verlautbarung seines Gefühlszustandes durch Worte ist fast immer auch nötig „Ich bin traurig, weil...". Die grundsätzlichen Rezepte der Soap Opera entstammen den USA der 30er Jahre – aus dem dortigen Radio. Über die Jahre entwickelten sich die Fernseh-Soaps (ab den 50ern) weiter, doch die Grundmuster blieben weitgehend gleich. Die Themen der Soap sind weiterhin Elternschaft und Schwangerschaft, Romanze, Liebe, eifersüchtige Liebhaber, romantische Stolpersteine und Verwirrungen, Trennungen, Leidenschaft, psychologische Probleme, Verbrechen, Arbeit, Geld.

Die Plotlines und Geschichten sind nicht immer so entscheidend. Zuschauer bestätigen immer wieder, dass sie es genießen, die Schauspieler in den Soaps in Situationen zu erleben, die denen gleichen, die sie selbst im realen Leben erlebt haben. Sie genießen es, deren Reaktionen zuzusehen.[84]

Soap-Zuschauer sind ihrem Lieblingsformat gegenüber extrem loyal. Oft sehen sie die Sendung über Jahre hinweg – weniger, weil sie sich an diesen einen bestimmten Time Slot gewöhnt haben, sondern weil sie sich mit den Charakteren identifizieren. Aber sie sind durchaus bereit, sich auf neue Soaps einzustellen, wenn ihnen diese eher zusprechen. Dann sind gute Plotlines und Figuren entscheidend.

Soaps kopieren häufig die Szenen von Prime Time- und Kino-Erfolgen. Sie adaptieren Muster von erfolgreichen Filmen wie *Flashdance* oder *Eine verhängnisvolle Affäre* und stellen diese in einem Soap-Kontext nach. Was leider auch bedeutet: mit einem viel kleineren Budget und damit einer geringeren Qualität in Bezug auf Look, Ausstattung, Anspruch und schauspielerische Qualität.

Auch wenn die Qualität von Soaps oft beklagt wird und viele dem Genre eher abschätzig gegenüberstehen, weil es billig gemacht und vermeintlich nur bil-

---

84 Matelski: Daytime Television Programming. 1991, S. 41.

dungsschwache Zuschauer anspricht – die zweitstärkste Gruppe der Soap-zuschauer sind Studentinnen.[85]

Neben den Soaps gibt es mittägliche Magazine, die sich ebenfalls stark an Hausfrauen orientieren. Sie setzen primär auf Informationen wie „Was koche ich?", Pflegetipps für den Garten, Ratgeber zur Haustierhaltung, Reisetipps usw. Auch Themen wie Gesundheit oder Serviceangebote wie der Wetterbericht spielen eine Rolle.

Seit einiger Zeit sind Gerichtsshows ein Trend, der die nachmittägliche Daytime dominiert. Sie sind der Nachfolger der Talk Show, die lange Jahre den Nachmittag dominiert hatte, wenden aber andere Mittel an. Doch auch hier werden die Themen spektakulär präsentiert, die Teilnehmer werden bloßgestellt, das Private sichtbar gemacht, kleine Skandale provoziert und manchmal Abgründe aufgedeckt.

2.2.2.1 Kinderprogramme

Kinder sind eine klar definierte Zielgruppe, die sich gut erreichen und gezielt ansprechen lässt. War man anfangs überzeugt, dass sie unaufmerksam, unbeständig und ohnehin ohne Kaufkraft waren, wurde man nach dem Erfolg der ersten Kinderprogramme in den USA schnell vom Gegenteil überzeugt.

Gerade Kinder sind unter einem hohen Druck ihrer *peer groups*, also der Gruppe der Freunde, Kindergarten- und Klassenkameraden. Der Austausch über das Fernsehprogramm und dessen Helden findet hier viel intensiver als in der Erwachsenenwelt statt. Mitsamt dem Programm werden auch die darin beworbenen Dinge interessant und ebenfalls Gegenstand von Gesprächen und Wünschen. Ganz abgesehen von Vorbehalten gegenüber der Werbung hat sich die Einstellung zu Kinderformaten offensichtlich geändert. Waren diese in den Anfangstagen noch sehr pädagogisch (und die Diskussion darüber, ob Kinder fernsehen dürfen oder nicht, mitunter heftig), hat sich ganz allgemein eine entspanntere Haltung dem Sujet gegenüber entwickelt.

Kinderformate sind aber in vielen Fällen mit Werbung verbunden, die nicht gleich ins Auge fällt. Die *Teenage Mutant Ninja Turtles* oder die *He-Man and the Masters of the Universe* lieferten gleich die entsprechenden Spielfiguren mit. Allerdings bevorzugen auch schon Kinder spannende Geschichten, gute Charaktere und qualitativ hochwertige Animation. Sie erkennen sehr wohl Differenzen in den verschiedenen Formaten und die damit verbundenen Verkaufsversuche.[86]

In den USA kam es nach großen Erfolgen im Kinderfernsehen in den 80er Jahren zu zwei großen, weitreichenden Erkenntnissen. Zum einen musste man fest-

---

stellen, dass die Fernsehquoten bei den Kinderprogrammen stellenweise extrem inakkurat waren. Denn die Kinder nutzten das *People Meter* der Nielsen Company, das amerikanische Pendant zur Quotenerhebung zur GfK, nicht so, wie es intendiert war, sondern wie ein Spielzeug: Z.B. verloren sie nach einer Zeit das Interesse und legten das People Meter zur Seite – obwohl es vielleicht noch eingeloggt war. Daraus ergaben sich schwere Fehler bei der Quotenmessung.[87]

Zum anderen feierte der Kinofilm *Roger Rabbit* überraschend gute Erfolge. Daraus folgerte man, dass Animationsfilme keineswegs vom Aussterben bedroht waren, sondern dass man im Gegenteil noch eine Zielgruppe hinzu gewonnen hatte: Die Erwachsenen. Filme wie *Shrek* oder *Toy Soldiers* sind natürliche Weiterentwicklungen dieses Konzepts, nicht nur Kinder, sondern auch Erwachsenen mit vermeintlichen Kinderstoffen anzusprechen. Im Fernsehen werden diese großen Blockbuster selbstverständlich in die Prime Time gesetzt...

Allerdings verteilt sich der Anteil an Kinderprogrammen relativ heterogen im deutschen TV. Bei den öffentlich-rechtlichen Sendern, die aufgrund ihres Programmauftrags Kinderprogramme anbieten wollen und müssen, werden Kindersendungen am Wochenende gezeigt. Herausragende Formate wie *Die Sendung mit der Maus* oder *Löwenzahn* dominieren den Sonntagmorgen, doch die Nachmittage, die früher konkrete und größere Kinderprogrammschienen hatten, wurden umgestaltet. Heute laufen hier Programme, die *auch* Kinder sehen können, aber keine, die diese Zielgruppe konkret ansprechen. Dies tun Spartensender wie Super RTL hingegen ganz gezielt. Der Sender fokussiert sich während der ganzen Daytime stark, dagegen weniger deutlich am Abend, auf die ganz jungen Zuschauer mit einem konsequent durchgestrippten Programmkonzept.

Fast alle Privatsender haben am Wochenende Programmschienen geschaffen, auf denen Kinderformate laufen. Am Samstag- und Sonntagmorgen gibt es dort beispielsweise viele Zeichentrickserien, doch am Nachmittag wird dem großen Publikum Platz gemacht und eine breitere Zuschauerschicht angesprochen. Gerne werden neuerdings anstelle des Kinderprogramms auch Wiederholungen von Formaten aus der Woche ausgestrahlt – der Trend zur Zweitverwertung innerhalb der Daytime zeichnet sich nun auch am Wochenende ab.

2.2.3 Access Prime Time

Zwischen 17:00 und 20:00 Uhr dreht sich der Zuschauerkreis erneut. Viele Zuschauer kommen nach Hause, Kinder kommen vom Spielen zurück, Studenten und Schüler machen jetzt vielleicht ihre Aufgaben. Den einen bieten die Sender

---

87 Matelski: Daytime Television Programming. 1991, S.53.

leichtes Programm zur Entspannung, den anderen Informationen. So ist die Access Prime Time wichtig zur Erholung und zur Orientierung, sie zeigt Nachrichten, Soaps und Magazine ebenso leichte Krimiserien.

Die Access Prime Time lässt sich zudem in zwei Unterkategorien unterscheiden. Die *Early Fringe* erstreckt sich von 18:00 bis 19:00 Uhr. Das primäre Zielpublikum sind hier Erwachsene, die gerade von der Arbeit nach Hause kommen. Ihnen werden Nachrichten und Magazine geboten, die den Tag nochmals inhaltlich Revue passieren lassen. In der *Prime Access* von 19:00 bis 20:00 Uhr findet man einerseits Zuschauer, die noch im Haushalt arbeiten, das Abendessen vorbereiten oder die Kinder ins Bett bringen sowie andererseits Zuschauer, die sich schon für den Fernsehabend vor dem Bildschirm versammelt haben. Mit Infotainment, Gameshows und Comedies versuchen die Sender, in diesem *Time Slot* die Zuschaueransprüche zu vereinen. Vor allem aber setzen die Sender auf Daily Soaps, um ihren Gesamtabend schon zu diesem Zeitpunkt vorzubereiten. Denn diese langlaufenden Serienformate sorgen für die höchste Zuschauerbindung. Die Fans der Soaps und Telenovelas sind, wie bereits dargestellt, extrem loyal. Der habitualisierte Genuss der Daily Soaps und die gewisse Trägheit des Zuschauers, was das Umschalten betrifft (vgl. Kap. *Audience Flow*), erklären die hohe Relevanz der Access Prime Time für die Fernsehsender. Denn haben sie ihre Zielgruppe erst einmal gewonnen, stehen die Chancen gut, eine genügend große Zuschauerzahl in die darauffolgenden Sendungen „mitzunehmen". Während der Formate wird konzentriert auf das Nachfolgeprogramm in der Prime Time hingewiesen und die Zuschauer darauf neugierig gemacht. Die Zuschauerfluktuation zwischen Access Prime Time und Prime Time kann damit entscheidend für den Erfolg des ganzen Abends sein.

Für das öffentlich-rechtliche Fernsehen spielt die Access Prime Time eine ganz besondere Rolle. Dies ist die einzige Zeit des Tages, in der es Werbung schalten kann und damit seiner Aufgabe, neben den GEZ-Gebühren zusätzliche Einnahmequellen zu erschließen, nachkommen kann.

„Die ‚Programmleiste' der Daily Soaps (erstmals von RTL mit ‚Gute Zeiten, schlechte Zeiten' getestet) wird ab 1995 auch von den Öffentlich-Rechtlichen übernommen und signalisiert am deutlichsten die Konvergenz zwischen den Systemen. Der Zuschauer, so das Kalkül, soll bei der ‚Leiste' und mit Hilfe der Leiste auch gleich beim Sender bleiben."[88]

---

88 Kreimeier, Klaus: Fernsehen. In: Hans-Otto Hügel: Handbuch der populären Kultur. Stuttgart 2003.

2.2.4 Prime Time

Womit beginnt das Abendprogramm? Das ZDF beginnt seinen Hauptabend mit der *heute*-Sendung um 19:00 Uhr, die Hauptnachrichten der ARD kommen jedoch um 20:00 Uhr. Letzteres hat für eine Fixierung des Prime Time von 20:00 bis 23:15 Uhr gesorgt. Die *Tagesschau* läutet seit mehr als 50 Jahren die Prime Time ein und hat damit eine Art Monopol geschaffen. Sat.1 und ProSieben haben vor Jahren erfolglos versucht, dieses zu brechen – nicht durch eigene Nachrichten, sondern durch eine Gegenprogrammierung von erfolgreichen Kinofilmen und Serien – und sind damit gescheitert. Die Fernsehgewohnheiten der Deutschen sind in dieser Hinsicht kaum zu ändern. Sie haben die *Tagesschau*, und wenn nicht diese, dann den Beginn des Abendprogramms um 20:15 Uhr als feste Struktur in ihren Tagesablauf integriert.

In anderen EU-Mitgliedsstaaten finden ebenfalls größere Verschiebungen statt. Beginnen in England viele Familienserien bereits um 19:00 Uhr und bilden somit bereits den Kern des Abendprogramms, so ist in den südlicheren Ländern wie Italien oder Spanien auch die Prime Time dem „verschobenen" Lebensrhythmus angepasst: Hier beginnt sie erst gegen 21:00 Uhr. Dies ist auch beim deutsch-französischen Kanal Arte festzustellen. Dessen Prime Time-Film beginnt stets um 20:40 Uhr – ein Versuch, die Zuschauergruppen in beiden Ländern zufriedenzustellen.

In den USA beginnt die Prime Time um 20:00 Uhr, hier ist jedoch ein Peak in der Zuschauergunst um 21:00 Uhr abzulesen. Zu diesem Zeitpunkt versammeln sich die meisten Zuschauer vor dem Fernseher. Festzuhalten ist, dass die Prime Time auch in den Ländern, in denen sie erst spät beginnt, um 23:00 bzw. 23:15 Uhr endet. Die Prime Time in z. B. Spanien ist also viel kürzer als die in Deutschland.[89]

Die Prime Time ist die Sendezeit, die die meisten Zuschauer des ganzen Tages generiert (vgl. Grafik TV Nutzung im Tagesablauf, Seite 205). Damit ist sie die wichtigste Zeit für die TV-Sender. Hier erreichen besonders Arte, das ZDF und VOX die meisten Zuschauer innerhalb ihres Gesamtmarktanteils: Arte generierte 2006 37,8 %, das ZDF 37,5 % und VOX 34,4 % ihres Marktanteils. Auch bei den anderen großen Sendern zeigt sich, dass die Prime Time rund ein Drittel zum Gesamtmarktanteil der Sender beiträgt, also die höchsten Zuschauerzahlen erreicht. Aus der hohen Zuschauernutzung zu dieser Tageszeit folgt, dass die Werbetreibenden hier die größte Resonanz auf ihre Werbespots erwarten können und daraus folgt wiederum, dass die privaten Sender ihre Werbepreise in der

---

89 Müller: Der europäische Fernsehabend. 1999, S. 14.

Prime Time natürlich entsprechend hoch ansetzen. Höchste Fernsehnutzung bedingt eben auch die höchsten Preise bei den Werbespots.

Doch abgesehen von direkten finanziellen Auswirkungen: jedes Fernsehprogramm muss sich an seinen Zuschauern messen lassen. Es ist also selbstverständlich, dass auch das öffentlich-rechtliche Fernsehen, das nicht direkt auf Werbung angewiesen ist, nur am Hauptabend und keinesfalls am Nachmittag seine teuren Fiction-Produktionen zeigt.

Die Fiktion als generell stark zuschauerbindendes und unterhaltendes Genre hat einen großen und wichtigen Anteil an der Prime Time. Sie und andere Genres wie die Show ziehen die meisten Zuschauer an. Insofern setzen die TV-Sender hier auf hochwertige Eigenproduktionen und weniger auf „billige" amerikanische Kaufware, um damit ein unverwechselbares Image zu erzeugen. (Zu der C.S.I. Problematik später mehr.) Während die amerikanische Prime Time stark Comedylastig ist, spielt dieses Genre in Deutschland kaum eine Rolle. Die Deutschen konsumieren bevorzugt Krimiserien, vielleicht auch Dramen und – in anderen Genres – auch Magazine und Dokumentationen.

Jedes Format, das in der Prime Time ausgestrahlt wird, muss den hohen Zuschauerzahlen genügen. Da sich hier so viele Menschen vor den TV-Geräten versammeln, versuchen die Sender natürlich, möglichst viele ihrer Zuschauer inhaltlich zu erreichen. Ein Programm, das um 20:15 Uhr startet, muss dementsprechend „breit" aufgestellt sein, damit es möglichst viele Zuschauer interessiert. Ein Spartenprogramm, oder vielmehr ein Format, das sich durch ein zu spezielles Thema oder einen besonderen (und eventuell abwegigen) Humor ausweist, wäre hier deplatziert. Erst um 21:15 Uhr oder besser um 22:15 Uhr lassen sich solche Formate platzieren, die z. B. auf Kinder als Zuschauer, die dann – aber nicht um 20:15 Uhr – im Bett sein sollten, keine Rücksicht mehr nehmen müssen.

2.2.5 Late Night

In der *Late Night* von 23:00 bis 00:30 Uhr (die US-Amerikaner unterscheiden noch zusätzlich die *Late Fringe* (23:00 bis 23:30 Uhr) werden zumeist Informationsprogramme und, als Kontrastprogramm dazu, Kaufserien und Sitcoms ausgestrahlt. Die meisten Menschen gehen jetzt ins Bett oder sind kurz davor, andere kommen nach einem Abendessen nach Hause. Ihnen allen gemeinsam ist, dass sie sich noch kurz über das Tagesgeschehen informieren wollen. „Was ist heute passiert?" steht als Frage im Mittelpunkt und wenn der Tagesrückblick satirisch und damit amüsant ist, wird er auch gerne vom Publikum angenommen.

Nachrichten und Shows, die kurze Spannungsbögen aufweisen, sind zu diesen Tageszeiten erfolgreich. Viele Zuschauer sind müde, ihnen steht zum einen nicht der Sinn nach Aufregung, zum anderen wollen sie auch nicht mehr einem komplizierten, sich langsam aufbauenden Krimiplot folgen. Sie bevorzugen segmentierte Shows wie die *Harald Schmidt Show*, denen man kurz seine Aufmerksamkeit z. B. für ein Interview oder ein paar Gags, schenken kann.

Natürlich gibt es auch Fiction-Programme zu dieser Uhrzeit, allerdings ist dies wohl in erster Linie einer Gegenprogrammierung zu verdanken. Gerade Jugendlichen, die vielleicht doch noch etwas später ins Bett gehen, oder anderen Nachtschwärmern wird hier ein Angebot gemacht. Lange Spielfilme, die etwa um 23:15 Uhr starten, sind selten. Vielfach steigen Zuschauer gar nicht erst in einen Film ein, wenn sie von vornherein wissen, dass sie ihn nicht bis zu Ende sehen können – weil sie ihn aufgrund der späten Uhrzeit gar nicht durchhalten können. Nichtsdestotrotz hat das öffentlich-rechtliche Fernsehen einen Programmplatz am späten Abend installiert, an dem junge Spielfilme laufen: Das ZDF zeigt *Das kleine Fernsehspiel* am Dienstagabend ab 00:05 Uhr, die ARD öffnet sich solchen *Special Interest*-Themen am Donnerstagabend ab 22:45 Uhr und später. Bei den anderen Sendern werden Langfilme eher erst noch eine Stunde später ausgestrahlt.

2.2.6 Over Night

Ab 00:00 (auch 00:30 bis 07:00) Uhr setzt die Nachtschiene ein, die eine besondere Zuschauerschicht hat. In der Overnight suchen die Menschen, die jetzt – aus welchen Gründen auch immer – nicht schlafen gehen, Amüsement und Unterhaltung. Es ist allerdings nur wenige, die zu dieser Zeit fernsehen. Nachtschwärmer, Schichtarbeiter, Jugendliche, Menschen mit Schlafstörungen. Die meisten „Nacht"-Entscheidungen der Sender beruhen daher auf ökonomischen Gründen. Sie weichen auf billige Spielfilme aus oder setzen auf Wiederholungen aus der Prime Time und versuchen damit, diejenigen Zuschauer zu bedienen, die am frühen Abend nicht zu Hause waren.

2.2.7 Wochentage

Nicht nur die einzelnen Tageszeiten, sondern auch die Tage selbst haben deutliche Auswirkungen auf die Zusammensetzung der Zuschauer und deren Wünsche und Bedürfnisse.

Es gibt einen wesentlichen Unterschied zwischen den Tagen in der Woche und dem Wochenende. Während der Arbeitswoche sind das Leben und der Tagesablauf weitgehend reglementiert und strukturiert. Viele Menschen haben Rituale und Gewohnheiten, zum Beispiel Verpflichtungen durch die Mitgliedschaft in einem Kegel- oder Fußballverein oder sie gehen regelmäßig ins Kino. Der Fernsehkonsum ist zudem häufig durch einen festen Zeitrahmen gekennzeichnet: Nach dem Abendessen wird zu einer bestimmten Zeit das Fernsehen ein- und kurz vor dem Schlafengehen wieder ausgeschaltet. Am Wochenende gibt es ganz andere Rituale und andere Sehgewohnheiten. Die Zuschauer haben hier mehr frei verfügbare Zeit (vgl. Grafik TV Nutzung nach Wochentagen, Seite 206). Damit steigt der Fernsehkonsum am Wochenende auf durchschnittlich 246 Minuten, denen in der Woche nur 201 Minuten gegenüberstehen. Doch das Freizeitangebot – und damit die Konkurrenz zum Fernsehen – ist groß. Gerade am Wochenende werden z. B. gerne Videos und DVDs ausgeliehen. Die Videotheken generieren freitags 19 % und samstags sogar 40 % ihrer gesamten Verleihvorgänge, wie der Bundesverband Audiovisuelle Medien berichtet.[90] Das Leihverhalten der Kunden wird sich durch Internet und DSL verändern, nicht aber der Fokus auf das Wochenende. Junge Zuschauer sind hier zudem abends oft außer Haus und bevölkern Diskos und Clubs, ältere Zuschauer besuchen andere Veranstaltungen und vielfach treffen sich die Menschen auch im Freundes- und Familienkreis.

Die Erwartungen, die die Zuschauer an das Fernsehprogramm am Wochenende stellen, unterscheiden sich von den Präferenzen, die sie während der Woche äußern. An ihren freien Tagen erwarten die Zuschauer Entspannung, Ablenkung und etwas Besonderes, einen Event eben. Sie wollen sich von der Mühsal der Woche erholen und eine „Belohnung" bekommen.

Am Freitag freut man sich aufs Wochenende, lässt die anstrengende Arbeitswoche vielleicht Revue passieren, was im Fernsehprogramm einerseits ernst (*Bericht aus Bonn*) und andererseits humoristisch (*7 Tag, 7 Köpfe*) gespiegelt wird.[91]

Überhaupt haben RTL und SAT.1 den Freitagabend zu einem Comedy-Abend ausgebaut – mehrere lustige und kurze Formate hintereinander bieten dem Publikum leichte, entspannende und vor allem humoristische Unterhaltung: Zeit also, in der man abschalten kann.

Der Samstagmorgen gehört den Kindern, auch, um denjenigen Unterhaltung zu bieten, die schon alleine aufstehen und sich beschäftigen können und um deren Eltern eine längere Ausschlafphase zu gönnen. Aber ebenso werden hier junge Erwachsene angesprochen, denen z. B. RTLII mit seiner Programmierung von jungen Kochshows ein gezieltes, wenngleich thematisch spezialisiertes Angebot macht. Die Shows rund um *Jamie Oliver* werden als „Block" zusammengefasst. (Vgl. Kapitel Blocking)

Am späteren Samstagabend ist es kaum ratsam, Jugendsendungen zu programmieren – die Zielgruppe der 14- bis 29-Jährigen ist dann in der Mehrzahl außer Haus. Stattdessen bietet sich der Samstagabend für familienaffine Filme oder Shows an, wie es ja *Wetten, dass…?* seit Jahrzehnten vormacht. Der außerordentliche Erfolg der Show beruht aber auch darauf, dass sie altes und junges

---

90 http://www.bvv-medien.de/facts/vermiet.html

91 Vgl. Thomas Sudholt in: Paukens / Schümchen (Hrsg.): Programmplanung. 1999, S. 78.

Publikum mischt und damit insgesamt eine breite Zuschauerzahl anspricht. Es ist eine der letzten „großen" Samstagabendshows, die die ganze Familie vor dem Fernseher versammeln konnten. Junge Zuschauer verbinden mit *Wetten, dass…?* Kindheitserinnerungen und auch ältere Zuschauer haben sich an diese traditionelle Samstagabend-Unterhaltung gewöhnt. Die Show bietet einen Spagat zwischen oft hochkarätigen neuen und alten Stars, mehr oder weniger spannende Wetten und Musikdarbietungen unterschiedlichster Art, die sich vor allem an junge Zuschauer richten. Aufgrund der enorm hohen Einschaltquoten kann es sich *Wetten, dass…?* erlauben, beispielsweise Weltstars wie Robbie Williams einzuladen – und diese kommen auch, weil sie wissen, dass diese Show rund 13 Mio. Zuschauer hat und damit mehr als 40 % in der Zielgruppe der Zuschauer ab 3 Jahren (und mehr als 30 % der Zuschauer zwischen 14 und 49) vor dem Schirm versammelt.

Eines der beherrschenden Themen am Wochenende ist der Sport. Die meisten Sportveranstaltungen finden am Wochenende statt, so dass die Übertragungen in der Regel live sind – ein wichtiges Element bei allen Sportübertragungen. Schließlich geht es immer auch um die Spannung auf den Ausgang, um die Frage, wer siegt und wer verliert, und die Möglichkeit mitzufiebern kann eine Sendung „aus der Konserve" nicht adäquat bieten. Schließlich könnte das Ergebnis ja auch schon in einer Nachrichtensendung bekannt gegeben worden sein. Hinzu kommt, dass die Sender gerade am Wochenende die meisten männlichen Zuschauer erreichen, für die der Sport eine wichtige Rolle spielt.

Der Sonntag ist noch stärker als der Samstag ein „freier" Tag. Am Samstag wird oft noch im Haushalt gearbeitet oder es werden Besorgungen gemacht, die am Sonntag aufgrund der Ladenöffnungszeiten nicht mehr erledigt werden können. Auch trifft man sich eher samstags als sonntags mit Freunden, denn am Sonntag konzentrieren sich die Deutschen anscheinend auf die Familie. Trotzdem ist der Fernsehkonsum an diesem Tag höher als an allen anderen Wochentagen – vielleicht, weil die gemeinsame Zeit mit der Familie dann doch vor dem Fernseher verbracht wird. Daraus resultiert, dass die Sender gerade am Sonntagabend, an dem die Prime Time die höchsten Zuschauerzahlen zu verzeichnen hat, besonders starke und außergewöhnliche Programme zeigen – vorrangig Spielfilme. Die ARD baut hier um 20:15 Uhr auf ihre starke *Tatort*-Marke, das ZDF zum Beispiel auf *Rosamunde Pilcher*, RTL und ProSieben auf Hollywood-Blockbuster. An Tagen mit einer geringeren Zuschauerdichte wäre eine solch teure Programmierung wenig ratsam. Sat.1 hat dieses Schema 2006 mutig durchbrochen und mit der Programmierung der beiden einstündigen Serien *Navy CIS* und *Criminal Minds* große Erfolge gefeiert (vgl. Kap. 3.2.7.1).

Feiertage sind sozusagen Sonderformen der Sonntage. Neben dem erhöhten Freizeitkonsum, der sich verstärkt in gemeinsamen Unternehmungen oder familiären Zusammenkünften ausdrückt, steht auch das Fernseherlebnis im Vordergrund. Während im Nachmittagsprogramm häufig ältere Spielfilme gezeigt werden, steht am Abend das „große" Fernseherlebnis im Vordergrund: herausragende Hollywood-Blockbuster bei den privaten, besondere Eigenproduktionen bei den öffentlich-rechtlichen Sendern. Ostern 2007 wurden neben vielen thematisch passenden Filmen wie zum Beispiel *Die zehn Gebote, Am Anfang* oder *Die Passion Christi*, auch Filme wie *Herr der Ringe* Teil 3, *Shrek 2, I, Robot, Der Schuh des Manitu, Open Range, Die Liga der außergewöhnlichen Gentlemen, Saw* ältere bekannte Filme wie *Sieben, Lethal Weapon 4, Das Kartell, Der Klient, Hollywood Cops, The Body – Das geheimnisvolle Grab, Roter Drache* oder *True Lies* gezeigt. Fällt der Feiertag auf einen Montag, tendieren ARD und ZDF dazu, ihr übliches Sonntagabendprogramm auf den Montag zu legen: der *Tatort* und *Rosamunde Pilcher* schließen also, wie beim Publikum gewohnt, die freien Tage ab.

2.2.8 Jahreszeiten

Auch die Jahreszeiten spielen bei der Fernsehprogrammierung eine Rolle (vgl. Grafik TV-Nutzung im Jahresverlauf, Seite 206). Wichtig für die Sender sind natürlich die Monate, in denen aufgrund der schlechten Wetterverhältnisse mehr Zuschauer vor den Bildschirmen sitzen. Während der Sommermonate gibt es eine Vielzahl von Alternativen zum Fernsehprogramm. Also werden während des Sommers, wo Biergarten und Open Air-Kino locken, meist schwächere oder billige B-Filme oder auch Wiederholungen gezeigt. Natürlich versichern alle TV-Sender, dass es viel Hochwertiges und Neues zu sehen gibt. Dies stimmt im Grunde, allerdings mit anderen Vorzeichen: Die TV-Sender nutzen diese Zeit, um neue Formate auszuprobieren, die vermeintlich „schwächer" sind. Manchmal werden sie auch vom Erfolg dieser Formate überrascht und holen sie in der nächsten Staffel in die Prime Time der Hauptsaison.

Gerade die Privatsender beginnen die TV-Saison mit einer großen Kampagne im Herbst. Etwa Anfang September werden mit viel Aufwand neue Serien und Formate beworben, gestartet und bis Weihnachten ausgestrahlt. Die Weihnachtszeit mit ihren vielen Feiertagen ist eine besondere Zeit, in der die Familie zusammentrifft und meistens doch Ablenkung beim Fernsehen sucht. Programme, die hier ausgestrahlt werden, versuchen traditionell, die gesamte Familie anzusprechen. Früher produzierten die öffentlich-rechtlichen Anstalten immer noch klassische Kinderserien (*Silas, Timm Thaler*) für diese Jahreszeit, dies haben sie jedoch mittlerweile aufgegeben.

Rund um den März beginnen die Privatsender mit einer Frühjahrsoffensive, in der sie neue Formate ausstrahlen. Dies liegt auch am Zyklus, den die Werbewirtschaft vorgibt. Die Investitionen der großen Werbetreibenden werden nicht regelmäßig aufs Jahr verteilt, sondern das Jahresbudget, mit dem die Media-Agenturen arbeiten, wird einmal im Jahr ausgeschüttet. Dieses Budget hängt verständlicherweise mit den Ergebnissen des Vorjahres zusammen, und da gerade in der Vorweihnachtszeit ein großer Teil des Umsatzes erwirtschaftet wird, liegen konkrete Ergebnisse erst sehr viel später vor. Dann erst kann der Plan für die Werbeausgaben, der zwar schon Mitte des Vorjahres erstellt wurde, verifiziert werden. Dies bedeutet, dass im Januar, der eigentlich die höchste Fernsehnutzung hat, kaum noch Mittel zur Verfügung stehen, die in Werbung investiert werden können. Aufgrund dieser zeitlichen Differenzen hat der Januar nur eine geringe Werbeauslastung. Verständlicherweise reagieren auch die Sender darauf: Die Zahl der Neuausstrahlungen oder teuren Eventproduktionen ist in dieser Jahreszeit gering.

In den USA gibt es ein anderes System: Die amerikanische Fernsehsaison startet Mitte September und endet im Mai. Amerikanische Serien haben damit meist 24 Folgen und werden über 30 Wochen abgespielt (rund um Feiertage wie Thanksgiving, Weihnachten usw. gibt es nur Wiederholungen). Im Sommer werden, wie auch zum großen Teil in Deutschland, ausschließlich Wiederholungen gezeigt. Die Fernsehnutzung ist hier einfach zu gering, weshalb dann natürlich die Werbepreise sinken. Daher werden Programmplaner eine hochpreisige Fernsehserie keinesfalls im Sommer platzieren, sondern eher deren Ausstrahlung ähnlich wie bei uns in den Herbst oder in das Frühjahr legen, wenn die Media-Agenturen noch viel Geld zur Verfügung haben und das Werbebudget ihrer Kunden verplanen können.

In den USA werden während der May-Screenings die in den Wintermonaten entwickelten und im Februar produzierten neuen Serienideen den Werbetreibenden und der Presse präsentiert. Aus 2000 bis 3000 Ideen (pro Sender!) wurden zwischen 100 und 200 Drehbücher entwickelt und davon um die 25 bis 40 als Piloten produziert. Nun wird über die Weiterführung der Ideen entschieden und schließlich Aufträge für zwischen sechs bis elf neue Serien vergeben. Die Produktion muss möglichst schnell anlaufen, damit die Folgen rechtzeitig bis September fertig werden, wenn die neuen Serien sowie neue Folgen der laufenden Serien starten. Da nicht jedes der neuen Formate erfolgreich ist, muss im September bereits mit der Planung und Entwicklung von Ersatzformaten begonnen werden, die man anstelle von Flops senden kann. Nur durchschnittlich zwei Neustarts schaffen eine Verlängerung in die nächste *Season*, also in das nächste Programmjahr.

Eine solche strenge und genormte Planungs- und Produktionsphase gibt es in Deutschland nicht. Ebenfalls fehlt uns das Konzept der *Sweeps*. Damit sind Phasen in den Monaten Februar, Mai, Juli und November gemeint, in denen die Ratings von Nielsen (vgl. Kapitel Daytime) in besonderer Weise abgefragt werden. Bestimmten Beispielhaushalten werden Fragebögen gegeben, in denen sie über den

Fernsehkonsum in der Woche genau Buch führen müssen. Diese statistischen Daten sind die Grundlagen für die Werbepreise. Daher versuchen die Sender verständlicherweise, während dieser Phasen besondere Events zu platzieren: Es werden aufwändige Miniserien ins Programm genommen oder man versucht, in seinen laufenden Formaten besondere *Hooks*, also spezielle Events, zu kreieren. In diesen Folgen gibt es auffällig viele Hochzeiten, plötzliche Schwangerschaften oder mehr Gastauftritte von Stars (auch Prominentenspecials in Shows), ebenso Doppelfolgen oder Ähnliches.

Zwar sind solche Phasen für alle Beteiligten spannend, letztlich jedoch ist das deutsche System mit seiner kontinuierlichen Erfassung von TV-Sehgewohnheiten zu bevorzugen.

2.2.9 Der Time Slot

Was ist ein Time Slot? Begreift man den Programmablauf eines Sendetages als eine Art Regal, so ist der Time Slot eine Schublade innerhalb dieses Regals. Die Schublade hat vielleicht sogar ein Schild mit einer Beschriftung zum Inhalt. Diese Schubladen werden immer mit einem Inhalt gefüllt, so dass die Benutzer des Regals wissen, was sie finden, wenn sie eine Schublade öffnen. Im Wesentlichen erfüllt auch der Time Slot diese Funktion. An einem bestimmten Zeitabschnitt im Sendeschema wird ein bestimmtes Programm gesendet. Es gibt fixe Time Slots, deren Anfangszeit absolut zementiert zu sein scheint: 20:15 Uhr als Beginn der Prime Time oder auch 12 Uhr Mittags. Da wohl der Großteil der Formate im Fernsehen auf Längen von brutto (also ohne Werbezeit) 30, 45, 60 oder 90 Minuten angesetzt ist, verschiebt sich das folgende Zeitraster entsprecht. Auf den Abend bezogen bedeutet es, dass sich bei den Privatsendern Anfangszeiten um 21:15, 22:15 und 23:15 Uhr eingebürgert haben. Auch kurze 30er Formate werden immer im Doppelpack programmiert, so dass die nächste „reguläre" Anfangszeit gehalten werden kann. Z.B. wird der Freitagabend von Sat.1 und RTL mit Comedy-Formaten ab 21:15 Uhr bestückt. Diese 30-minütigen Formate laufen bei beiden Sendern immer im Doppelpack mit einem weiteren Comedy-Format, so dass für weitere Formate die Anfangszeit um 22:15 Uhr wieder gewährleistet ist.

Das öffentlich-rechtliche Programm kennt auch Sendeplätze um 21:45 Uhr, doch diese spielen bei dem stärker „durchgestrippten" (Vgl. Kap. Stripping) Programm der Privatsender keine Rolle.

Auch innerhalb von bestimmten Dayparts wie der Prime Time spielen die unterschiedlichen Time Slots eine wichtige Rolle. Zentral am Abend ist der Time Slot um 20:15 Uhr, denn hier ist die höchste Zuschauernutzung zu verzeichnen. Wer zu dieser Zeit die meisten Zuschauer für sich begeistern kann, hat gute Chancen, diese auch am späteren Abend in seinem Programm zu halten. Formate, die zu dieser Zeit programmiert werden, müssen dementsprechend breit aufgestellt sein und potenziell eine große Zahl von Zuschauern ansprechen.

Da das Programmangebot der Sender zu dieser Uhrzeit sehr unterschiedlich ist, muss sich ein Format mit vielen anderen messen: Es stehen einem Spielfilm auch Stundenserien gegenüber oder Filme, die eine längere Spielzeit haben sowie andere Konkurrenzprogramme, die über dieselbe Länge verfügen. In den letzten Jahren stoßen besonders kürzere Formate auf großen Zuspruch bei den Zuschauern. Vielleicht nehmen die Aufmerksamkeitsspannen generell ab, aber es ist zu früh, darüber verlässliche Aussagen zu treffen. Fest steht: Ein Langfilm muss ein bestimmtes Maß an „Event" versprechen und einen bestimmten Hook haben, damit er den Zuschauer erreicht.

Ein Time Slot um 21:15 Uhr kann eine sehr viel spezialisiertere Zuschauerschaft ansprechen und muss sich weniger den Ansprüchen der ganz breiten Masse beugen. Formate auf diesem Sendeplatz werden bei den Privatsendern aber wegen der geringeren Werbeerlöse nur ein kleineres Produktionsbudget haben. Gleiches gilt auch für Formate, die für 22:15 Uhr konzipiert werden. Manchmal werden zwar auf diesem Sendeplatz hochwertige und kostspielige Formate gezeigt – dies geschieht jedoch meist aufgrund von negativen Erwartungen an das Format. Man befürchtet, dass es zu einem früheren Zeitpunkt am Abend nicht bestehen kann – aus welchen Gründen auch immer hat es nicht die Erwartungen erfüllt, die man an es gestellt hat.

Wie wichtig ist der Time Slot für den Erfolg eines Formats? Untersuchungen zeigen: Die Hälfte aller Serien, die auf einen neuen Time Slot gelegt wurden, können sich auf dem neuen Sendeplatz nicht verbessern. Und 85 % der gut laufenden Formaten, die auf einen schlechten Sendeplatz gesetzt wurden, konnten dessen Quoten nicht anheben.[92] Man könnte also auch sagen, dass der Time Slot wichtiger ist, als das, was auf ihm läuft. Dies gilt vor allem, weil die Gewohnheiten der Zuschauer so immens einflussreich sind.

Die jeweiligen Time Slots und die damit verbundenen inhaltlichen Anforderungen sind abhängig vom jeweiligen Rahmenprogramm. Ein erfolgreicher Programmierer muss für jeden Time Slot seine Zielgruppe identifizieren können. Er muss wissen, welches Programm welche Zuschauer anzieht und wie sich die Programme auf den einzelnen Programmslots am besten kombinieren lassen.

---

92 http://www.oswego.edu/academics/colleges_and_departments/departments/ communication_studies/ condra/powerpoint/brc320/netwkprime-schedulingstrategies.ppt#281,1,SCHEDULING STRATEGIES

3 Programmplanungsstrategien

„Programs must always please, entertain, and be easily understood."[93]

Dies ist der übergreifende Ansatz für das TV-Programm, wie die meisten Macher es sehen. Erfolge im Fernsehen haben jedoch nicht nur mit dem Inhalt des jeweiligen Formats zu tun, sondern werden vielmehr dadurch beeinflusst, wie ein Format behandelt wird, wie es promotet und aufgebaut, wie es durch die Pressearbeit unterstützt wird, welche Sendung davor, welche danach läuft, an welchem Wochentag dies geschieht und zu welcher Jahreszeit. Genauso wie es bei der Produktion eines Formats auf die vielen Beteiligten ankommt, sind es ebenso viele Faktoren, die zum Erfolg bei der Ausstrahlung beitragen. Dabei unterliegen auch sie dem zeitlichen Wandel, wie die Theorie der geringsten Ablehnung zeigt.

NBCs Programmplaner Paul Klein formulierte in den 60er Jahren die Philosophie des *Least Objectionable Programmings* (LOP) folgendermaßen: „Viewers, […] will watch anything unless they are offended into changing channel."[94] Diese Theorie funktionierte gut solange es nur wenige Sender, damit eine überschaubare Zahl von weiteren Programmen und eine Massenzielgruppe gab. Doch mit der fortschreitenden Diversifizierung des Fernsehmarktes, dem Zusatzangebot an neuen Medien, mit denen TV-Sender um die Aufmerksamkeit der potenziellen Zuschauer konkurrieren, muss auch die Theorie überdacht werden. Wenn Sender kleinere Zielgruppen gezielt ansprechen oder andere gerade durch Provokation reüssieren wollen, kann die LOP-Theorie nicht gelten.

Heutzutage sind Fernsehen und Radio und Internet Medien, die ihrem Konsumenten ein größtmögliches Wahlspektrum lassen. Er kann beliebig zwischen einzelnen Programmmöglichkeiten wählen, ohne Sanktionen zu befürchten. Im Gegensatz dazu ist z.B. die Lektüre eines Buches weniger „frei". Wenn man es zuvor erworben hat – also dafür *bezahlt* hat – ist man vielleicht weniger bereit, es zur Seite zu legen, wenn man an eine langweilige Passage kommt. Stattdessen wird der Leser wahrscheinlich versuchen, sich durchzubeißen, weil er sein Geld nicht verschwenden möchte. Was Literatur betrifft, so gibt es anscheinend immer noch eine Art sozialen Drucks, der es verbietet, Bücher zur Seite zu legen, wegzuschmeißen oder sich vor der Lektüre zu drücken. Gleiches gilt für die Kinokarte. Auch sie hat man erworben und das gemeinsame Erlebnis im Kinosaal, fern von zu Hause, nur mit den Alternativen, weiter zuzusehen oder zu gehen,

---

93 Eastman / Ferguson: Broadcast / Cable / Web Programming. 2002, S. 16.
94 http://www.museum.tv/archives/etv/P/htmlP/programming/programming.htm

bindet ebenfalls. Der Kinobesucher überlegt mehrfach, ob er den Kinosaal verlässt. Beim Fernsehen aber sind die Wahlmöglichkeiten ungleich größer – und folglich auch die Herausforderungen für die Programmplaner.

Programmplanung findet nie im luftleeren Raum statt – sie geschieht immer mit dem Blick auf die Konkurrenz. Was zeigen die anderen Sender? Wie ist deren Programm strukturiert? Wie muss mein Programmangebot aussehen, damit ich gegen die Konkurrenz bestehen kann?

Ein gutes Mittel, sich von anderen TV-Sendern abzuheben ist, neue Formate zu entwickeln. Doch bei diesen Planungen und Entwicklungen spielt der Zeitgeist eine große Rolle. Diesen zu bestimmen, zu erahnen und richtig zu treffen ist äußerst schwierig. Was denken die Zuschauer, welche Bedürfnisse oder Wünsche haben sie, welche Themen sprechen sie an? Neben solchen Neuentwicklungen gibt es immer auch Programmtrends, die man erfüllen oder ausbauen sollte. Dies ist natürlich nicht nur positiv zu sehen. Es kommt immer wieder vor, dass Serien am Ende mit dem Zeitgeist nicht mehr mithalten können. Auch sie „altern", wenn sie über Jahre laufen und vielleicht immer noch den Geist ihrer Ursprungsjahre transportieren.

Neben solchen Evolutionen gibt es auch aktuelle Entwicklungen und Ereignisse, die es erfordern, dass das Programm punktuell umgestrickt wird: In zeitlicher Nähe zu einem Giftgasanschlag in Europa würde dort wohl kaum ein Sender einen Spielfilm ausstrahlen, der einen solchen Anschlag zum Thema hat.

Davon abgesehen muss Programmplanung nachhaltig sein. Es wäre nicht ratsam, seine besten und neuesten Programme einfach hintereinander zu programmieren. Zwar würde man damit größte Quotenerfolge feiern und eine wunderbare Woche oder einen hervorragenden Monat vorweisen können – allerdings steht dem der Katzenjammer im restlichen Jahr gegenüber. TV-Sender können es sich nicht leisten, auf altem Material sitzenzubleiben und nur noch Wiederholungen auf Lager zu haben, mit denen man langfristig kaum ein ansprechendes Programm stricken kann.

Was die Programmplanung angeht, muss man, wie angesprochen, grundsätzlichen zwischen zwei verschiedenen Ansätzen unterscheiden.

Die öffentlich-rechtlichen Sender, die aufgrund ihres Finanzierungsmodells weniger auf die Quote sehen müssen, können eine andere Programmierungsstrategie als die Privatsender fahren. Programmänderungen sind hier selten.[95] Der Druck ist sicher ein anderer; selbst wenn Formate nicht ganz überragend laufen, sind sie – innerhalb gewisser Grenzen – noch vertretbar. Es müssen andere Maß-

---

95 Vgl. dazu auch Meier: „Von der „Sendeplatzverwaltung" zum kompetitiven „programming". Veränderung in der Programmplanung des ZDF. Arbeitspapiere des Instituts für Rundfunkökonomie an der Universität zu Köln, Nr. 159, 2002.

stäbe erfüllt werden: „Quantitative Erfolgsziele sind relativ. Relativ zu unseren Möglichkeiten der Programmgattungen und Programmsujets."[96]

Das optimale ARD-Programm, befand ARD-Programmdirektor Günter Struve 1993, finde an einem Sonntag statt: Neben der morgendlichen Kultur- und Kindersendungen finden sich da der *Presseclub*, die *Lindenstraße*, Sport, ein Kirchentermin und dann in der Prime Time Spannung mit dem *Tatort* und später Kultur und Politik. Hier sei der Anspruch geglückt, dem Programmauftrag inhaltlich qualitativ gemäß zu agieren und gleichzeitig Quotenmäßig erfolgreich zu agieren – mit einer gelungen Mischung.[97]

Private Sender unterscheiden sich in ihrer Programmierung deutlich von den öffentlich-rechtlichen. Sie achten deutlicher auf ein stringent durchgeplantes Programm (vgl. Stripping im folgenden Kapitel) – nicht nur strukturell, sondern auch inhaltlich. Die privaten Sender legen Wert darauf, dass sie nur solche Formate ausstrahlen, die auch zu ihrem Profil passen. Gleichzeitig senden sie diese Programme so aus, dass der Zuschauer sich optimal orientieren kann. Nur so können die Sender Wiedererkennbarkeit schaffen – und das muss das höchste Ziel sein.

Eine erfolgreiche Programmierung unterliegt vielen Faktoren, vor allem aber einer ständigen Analyse der Erfolge und Misserfolge. Die gesellschaftlichen Bedingungen und damit der Geschmack des Publikums ändern sich permanent. Es kann sein, dass im Gegensatz zu früher (in einem weitaus geringeren Konkurrenzumfeld und mit geringerer Mediennutzung) Sendungen und Formate heute schneller langweilig werden. Dies ist eventuell auch durch die zahlreichen Wiederholungen, Adaptionen oder Variationen in anderen Medien bedingt. Vielleicht hat auch die Aufmerksamkeitsspanne der Zuschauer (und gerade der jungen, für die Sender so interessanten Zielgruppe) nachgelassen.

Es stellt sich grundsätzlich die Frage, wie lange die Sender neuen Formaten Zeit geben, bevor man sie bei schwachen Quoten absetzt. Diese Entscheidung wird aus sehr unterschiedlichen Gründen getroffen. Sie ist abhängig von den Erwartungen, die an das Format gestellt wurden. Sie ist auch abhängig von den Kosten, der Gegenprogrammierung der anderen Sender und von den potenziellen Ersatzprogrammen, die auf Lager sind. Auch die Entwicklungsgeschichte des Formats spielt eine Rolle, sowie die nachhaltige Gefährdung des Sendeplatzes – denn wenn ein Programm über einen längeren Zeitraum nur wenige Zuschauer erreicht, besteht die Gefahr, dass man den Time Slot an andere Sender verliert. Wenn die Zuschauer sich erst an das Programm der anderen Sender gewöhnt haben, werden sie nur schwer wieder zu ihrem ursprünglichen Sendeplatz zurückkehren.

---

96 Martin Berthoud in: Paukens/Schümchen (Hrsg.): Programmplanung. 1999, S. 33.
97 Günter Struve in: Bleicher: Fernseh-Programme in Deutschland. 1996, S. 220f.

Doch neben diesen – zumeist kurzfristigen – Programmierungsentscheidungen spielt die langfristige Ausrichtung der Sender eine ungleich größere Rolle. Das einmal festgelegte Programmschema bestimmt die Programmplanung bis ins Detail. Es werden so genannte Dreijahrespläne erstellt, die festhalten, welches Genre zu welcher Zeit an welchem Tag gesendet werden soll. Damit ist die Dreijahresplanung ein gutes Mittel für das Controlling (vgl. Kap. Wirtschaftliche Aspekte), sie ist aber auch Grundlage für eine sich daraus ergebende 52-Wochen-Planung. Diese gibt an, zu welchen Zeiten an welchen Tagen welche dem Sender bis zu diesem Zeitpunkt bekannten Formate ausgestrahlt werden sollen. Hiermit kann viel exakter der konkrete Programmbedarf abgelesen werden und erst, wenn solche Planungen feststehen, können Planungsstrategien, wie die in den folgenden Kapiteln vorgestellten, angedacht werden.

Programmierung im Fernsehen ist sehr komplex. Es erfordert Erfahrung und Routine, ebenso aber Wagemut und Experimentierfreude – in Maßen.

> „Vom Programmschema hängt es ab, was das Publikum von dem jeweiligen Kanal zu erwarten lernt, ob und wie viele Zuschauer für mehrere Sendungen hintereinander an dem Programm Interesse finden, ob zur richtigen Zeit Angebote an die richtigen Leute gemacht werden und wie sich das Publikum generell in dem dargebotenen Programmumfeld orientieren kann. Allein durch eine geschickte Programmierung kann ein Sender bei gleichbleibenden Programminhalten einen spürbar höheren Gesamtmarktanteil erzielen."[98]

3.1 Stripping

> „Das perfekte Programm ist das Programm, welches der Zuschauer kennt, ohne in die TV-Zeitschrift zu schauen."[99]

Unter Stripping versteht man die horizontale Programmierung. Hier wird täglich zu denselben Zeiten der Wochentage ein gleiches, oder zumindest ähnliches Format gesendet (*same place, same show*). So werden ganze Programmleisten geschaffen, die den Zuschauern die Orientierung erleichtern soll.

> „Wir haben vor zwei Jahren [1990 Anm. d. A.] damit angefangen, dass wir bei RTL alles entsprechend gestrippt haben: also jeden Tag das gleiche um die gleiche

---

98 Karstens / Schütte: Firma Fernsehen. 1999, S. 163f.
99 Körberlin in: Paukens / Schümchen (Hrsg.): Programmplanung. 1999, S. 20.

Uhrzeit. Das macht uns jetzt jeder nach. Ich glaube aber, dass wir schon so weit sind, dass unsere Zuschauer zum Teil auf Programmzeitschriften verzichten können."[100]

Damit wird eins der beiden Primärziele des Strippings erreicht: Die Zuschauer wissen, was im Fernsehen kommt, ohne dass sie sich extra durch eine Programmzeitschrift, das Internet oder eine Vorschau über das Programm informieren müssen. Die TV-Sender versuchen so, Gewohnheiten zu bedienen und damit verlässlich zu sein – Gewohnheiten allerdings, die sie zuvor selbst etabliert haben. Durch Stripping erreicht man ein habituelles Muster beim Zuschauer, sofern dieser sich darauf einlässt. Das Fernsehen ist also in allererster Stelle ein Gewohnheitsmedium.

„Die Tagesschau ist ja nur deshalb so erfolgreich, weil sie seit Jahren jeden Tag um die gleiche Zeit kommt, und nicht, weil sie so außergewöhnlich gut wäre."[101]

Gewohnheiten werden zur Automatie und darauf kalkulieren die TV-Sender. Sie selbst sind verlässlich und ebenso ist es das Verhalten ihrer Zuschauer.

Nicht immer sind die Zuschauer mit den Formaten, die sie regelmäßig einschalten, einverstanden. Verständlich, denn z.B. nicht jeder *Tatort* ist gleich gut. Dennoch schalten sie immer wieder ein – weil die Marke bekannt ist, weil sich das Sehmuster etabliert hat und weil der Zuschauer in der Regel solide Krimis erwarten kann. Gefährlich wird es, wenn ein bestimmtes Format die Erwartungen der Zuschauer längerfristig nicht mehr erfüllt. An den Quoten ist das zuerst nur schleichend abzusehen und aufgrund der langen Produktionsphasen ist es für die Sender oft schwierig, rechtzeitig Nachjustierungen am Format zu treffen.

Stripping reduziert das Risiko, dass ein Zuschauer abwandert und einen anderen Sender einschaltet. Er weiß, was er zu einem bestimmten Zeitpunkt im Programm bekommt, er muss sich nicht zusätzlich noch informieren, er kann Angewohnheiten bilden, z.B. jeden Dienstagabend ein bestimmtes Format zu sehen. Steht das Format hoch in seiner Gunst und würde er sich sogar als „Fan" bezeichnen, wird er sich wahrscheinlich diesen Abend freihalten wollen und alle anderen Verabredungen absagen, damit er sein Programm sehen kann.

Manche Fans sind so loyal, dass sie große Anstrengungen auf sich nehmen, um ihr Lieblingsprogramm zu verfolgen. Gerade Daily Soaps und Telenovelas profitieren davon. Durch ihre tägliche Ausstrahlung schaffen sie ein anderes Gewohnheitsmuster als ihre (inhaltlich) verwandte Weekly, die wie die meisten Serien auch, nur einmal wöchentlich ausgestrahlt wird. Die tägliche Dosis an

100 Marc Conrad in: Bleicher: Fernseh-Programme in Deutschland. 1996, S. 197.
101 Marc Conrad in: Bleicher: Fernseh-Programme in Deutschland. 1996, S. 197.

Herz-Schmerz-Drama und menschlichen Verwicklungen mit den aufeinander aufbauenden Storylines schafft ein großes Abhängigkeitsverhältnis bei den Stammsehern – und deren Bedürfnisse werden von den Sendern auch entsprechend gepflegt. Neben einer inhaltlichen Kontinuität bieten die Sender auch eine strukturelle: Jeden Tag zur selben Zeit gibt es eine neue Folge. Experimente mit verschobenen Anfangszeiten oder Sondersendungen an besonderen Tagen sind tabu.

Ab einer Ausstrahlung von vier Folgen oder Sendungen in der Woche spricht man von Stripping. Non-stripped bedeutet dementsprechend, dass weniger als vier Sendungen in der Woche an einem festen Sendeplatz ausgestrahlt werden. Es wird deutlich, dass sich gerade die Woche für ein stark durchgestripptes Programm anbietet – an den Wochenenden sind die Gewohnheiten der Zuschauer so unterschiedlich zu denen an den Arbeitstagen, dass hier andere Muster aufgebaut werden. Diese allerdings ändern sich von Woche zu Woche nicht (es wird also jeden Sonntagabend den *Tatort* oder zumindest eine Strecke mit einem ähnlich ausgerichteten Format geben).

Stripping findet man vor allem in der Daytime stärker als in der Prime Time (vgl. Beispielwoche). Am Abend müssen die Sender mehr Abwechslung, neben der Verlässlichkeit auch mehr „Event" bieten. Eine täglich gleiche Abfolge von immer denselben Serien oder Shows würde auf die Dauer einfallslos wirken und langweilig werden und damit dem Bedürfnis des Zuschauers widersprechen, durch „etwas Besonderes" aus dem täglichen Trott gerissen zu werden.

Stripping in der Prime Time ist grundsätzlich schwierig – sofern man es im streng „täglichen" Sinne begreift.[102] Dies gelingt eigentlich nur mit Nachrichten, aber kaum mit fiktionalen Formaten oder Shows. Stripping würde ja auch bedeuten, dass die Sender einen riesigen Pool von teuren Formaten aufbauen müssten, den sie kaum finanzieren könnten. Mit den billig eingekauften Daily Soaps der Daytime oder den ebenfalls billigen Talk- oder Gerichtsshowformaten gelingt dies jedoch gut. Die Sender machen sich mit einer derart durchgestrippten Prime Time auch äußerst angreifbar. Wenn ein Format nicht funktioniert, kann langfristig der gesamte Abend in Gefahr geraten. Ein durchgestripptes Muster in der immens wichtigen Prime Time macht die Sender manövrierunfähig. So haben sie keine Möglichkeiten auf die Programmstrategien der anderen Sender zu reagieren (vgl. Kap. Counterprogramming).

Wie bereits angesprochen setzen TV-Sender also in der Mehrzahl auf durchgestrippte Wochentage. In der Daytime sind sich alle Wochentage ähnlich, aber

---

102 Je nach Definitionsweise würde man die Methode, nach der die die Privatsender in Deutschland ihre Prime Time ausrichten, auch nicht als *Stripping* sondern als *Checkerboarding* bezeichnen – im strengen Sinne würde Stripping bedeuten, dass jeden Abend zur selben Uhrzeit dieselbe Serie ausgestrahlt würde.

Abend unterscheiden sich die Tage voneinander. Dennoch bleiben sie in sich konstant. Jeden Montag folgt die Abendschiene einem bestimmten Mustern, ebenso der Dienstag, der Mittwoch usw. Stripping fördert also alle seriellen Formate.

> „Dieser Rhythmus ist ein Grund, warum wir immer weniger Spielfilme ausstrahlen: Dafür muss man ja immer extra in der Programmzeitschrift nachgucken, was dann kommt." [103]

Stripping verursacht jedoch Schwierigkeiten mit singulären Formaten. Im Extremfall kann Stripping bedeuten, dass Sender mitunter weniger Spielfilme ausstrahlen – weil diese nur einmalig zu programmieren, inhaltlich oft sehr unterschiedlich und damit schwer zu bewerben sind. Die Sender behelfen sich damit, Sendeplätze unter ein bestimmtes Motto zu stellen. Dies soll dem Publikum die Orientierung erleichtern. Dafür müssen die Sendeplätze markiert werden. Solches *Labeling* wird durch die Prägung der Sendeplätze mit bestimmten Namen geschaffen, wie etwa dem „Fernsehfilm der Woche", „Das kleine Fernsehspiel", dem „FilmFilm" und dem „MontagsMovie" bei Sat.1 und sogar dem „Grossen Sat.1 Film", dem „made by" ProSieben oder auch „Der Samstagskrimi" im ZDF. Die Inhalte hinter diesen Labels mögen wechseln, nach außen wird das Erscheinungsbild durch ein konsequentes Marketing geprägt und gehalten. Kabel Eins vermarktet am Sonntagabend (vgl. Beispielwoche) die Doppelprogrammierung von Spielfilmen – im konkreten Beispiel *Vertrauter Feind* und danach *Fight Club* – unter dem Label „Die besten Filme aller Zeiten".

Nicht immer werden solche Labels unter solch breit gefassten oder rein technischen Namen subsumiert. Wenn es möglich ist, den Filmen einen inhaltlichen Oberbegriff zu geben, der sich vielleicht nicht nur auf das Genre bezieht, wird dies verständlicherweise präferiert: Die „Sommernachtsfantasien" am Montagabend im ZDF beinhalten Erotikfilme, „Die Sat.1 Familienpackung" dagegen Filme, die für die gesamte Familie konzipiert sind.

Neben dem klassischen Sonntagabend-Blockbuster, den Sat.1, ProSieben und auch RTL mit wechselnden Erfolgen programmieren, haben die Sender auch einen Movie-Sendeplatz während der Woche im Programm. Dieser wird mit den oben genannten Etiketten beworben und mit immer ähnlichen Inhalten gefüllt. Wenn junge Zuschauer donnerstags bei ProSieben einschalten, wissen sie, dass sie dort vornehmlich Thriller oder Teenie-Komödien erwarten. Sat.1-Zuschauer wissen, dass sie hier dienstags den Sat.1-Film bekommen – oftmals Romantische

---

103 Marc Conrad in: Bleicher: Fernseh-Programme in Deutschland. 1996, S. 197.

Komödien, Dramen und seltener Krimis. Diese Formatierungen beruhen im Grunde noch auf dem Prinzip des *Movie of the Week* (MOW) – ein amerikanisches Produkt, das sich inhaltlich primär an weibliche Zuschauer richtet. „Kleine" Fernsehfilme, die stark genreorientiert sind und sich mit frauenaffinen Themen beschäftigen. Liebe, Humor, Familie, Krimispannung – in früheren Ausprägungen gab es Erzählmuster wie die „Disease of the Week" (eine möglichst schlimme Krankheit, unter der die Protagonistin oder ein Familienmitglied zu leiden hatte) oder „Woman in Jeopardy" (eine Frau in Gefahr).

Die Zahl der klassischen MOWs hat abgenommen, wohl auch, weil RTL eine Erfahrung machen musste, die Sat.1 womöglich noch bevorsteht: Durch den Kauf der *Champions League* und der damit verbundenen Verpflichtung, bestimmte Spiele zu senden, die unregelmäßig dienstags und mittwochs stattfanden, konnte RTL nicht die Regelmäßigkeit aufbauen, die die Zuschauer erwarteten. Denn der Mittwochabend war bei RTL durch einen eigenproduzierten Movie of the Week definiert – den primär Frauen einschalteten. Wenn hier nun unregelmäßig Fußballspiele übertragen wurden, die ja primär männliche Zuschauer ansprechen, tauschte sich an diesen Abenden die Zuschauergruppe nahezu komplett aus – und auf lange Sicht gesehen, wurde der Movie-Rhythmus heftig gestört.

Gewohnheiten aufzubauen kann lange dauern – hier müssen Sender Ausdauer beweisen. Gelingt dies, kann es für alle Beteiligten (die Sender, die Konsumenten, die Produzenten) positiv sein – misslingt es, so sind möglicherweise extreme finanzielle Verluste die Folge. Sender hüten sich auch aus diesem Grund, die Programmstruktur zu oft (und in diesem Kontext) zu deutlich zu verändern. Damit riskieren sie, die ganzen mühsam aufgebauten Zuschauergewohnheiten zu verlieren und bei den Konsumenten Irritationen zu schaffen.

Ein weiteres Argument, das für eine *Stripping*-Struktur steht, ist ein ökonomisches – Lizenzen für Kaufserien werden zum Teil in so großen Stückzahlen abgegeben, dass nur eine tägliche Programmierung Sinn macht. Andernfalls würde man auf Folgen sitzenbleiben oder müsste diese auf Schwesternsender verteilen.

Grundsätzlich muss man auch hier zwischen öffentlich-rechtlichen und privaten Sendern unterscheiden. Auch wenn viele Techniken der Programmplanung bei beiden Gruppen verwendet werden und beide eine starke Formatierung des Programms aufweisen – stärker durchgestrippt sind die privaten Sender. Zwar gibt es gleichbleibende Formate zu gleichbleibenden Sendezeiten bei allen Sendern, jedoch haben die öffentlich-rechtlichen Sender viel größere Variationen im Programm. Inhaltlich kann das positiv gewertet werden, quotenmäßig ist es sicherlich hinderlich (vgl. Kap. *Audience Flow*). ARD und ZDF sind aufgrund ihres Programmauftrags viel stärker reglementiert und bei der Optimierung ihrer Programmstrategien viel stärkeren Einschränkungen unterlegen. Die privaten Sender können ihren Werbekunden dagegen optimale Umfelder und eine ideale

Programmierungsstrategie bieten – sind im Gegenzug dazu aber deutlich quoten-abhängiger als die öffentlich-rechtlichen.

Der Fernsehmarkt unterscheidet sich hinsichtlich des Strippings in Deutschland und den USA beträchtlich. In den USA mit ihrem sehr großen Fernsehmarkt gibt es neben den großen sechs Kanälen auch viele Kleinstsender, die nicht den Networks angehören. Sie finden ihre Chance darin, dass sie lokale und regionale Themen ansprechen. Dennoch aber konkurrieren sie (vor allem in der Prime Time) mit CBS, ABC und wie sie alle heißen. Eine Chance, das Interesse für ihr Programmangebot zu wecken ist, das Stripping in einem besondern Maße zu betreiben: Hier wird eine erfolgreiche Serie, die man von den großen Networks nach dem dritten oder vierten Run gekauft hat, nicht wie üblich einmal in der Woche programmiert, sondern z.B. jeden Abend in der Woche um 20:15 Uhr gesendet. Prime Time-Drama-Serien werden sozusagen zur Daily Soap. Der Zuschauer muss also nicht eine ganze Woche warten, bis es weiter geht, sondern er kann gleich am nächsten Abend die nächste Folge sehen. TV-Sender in Deutschland können sich eine derartige Praxis kaum erlauben. Sie sind auf ein zu großes Publikum angewiesen – denn immer steht dahinter die bange Frage, was passiert, wenn die Serie nicht ankommt.

Eine andere Praxis, die in den USA verbreitet, in Deutschland aber nur selten ist, ist das Programmieren von *Marathons*. Hier werden – gerne an Wochenenden – ganze Abende nur einer Serie gewidmet. Fans können sich hier sechs oder acht Stunden lang Folgen ihrer Lieblingsserie hintereinander ansehen. Klar, dass hiermit nur loyale Zuschauer angesprochen werden können.

Hierzulande hat RTLII dies mit der Serie *24* versucht. Diese extrem spannende Serie, die in Echtzeit (eine Minute Film entspricht einer Minute realer Zeit) ihren Krimiplot erzählt, bietet sich dazu an, hintereinander gesehen zu werden. Gleichzeitig ist die Serie hochkomplex, so dass neuen Zuschauern, die sie nicht von Anfang an gesehen haben, der Einstieg schwer fällt. Aus diesem Grund wandte RTLII 2003 folgende Strategie an:

Es wurden immer Doppelfolgen gesendet, z.B. Dienstag um 20:15 und 21:10 Uhr. Diese wurden dann am Tag vor den nächsten neuen Folgen (Freitag um 20:15 und 21:10 Uhr) wiederholt (Donnerstag um 22:15 und 23:10 Uhr), damit auch Neueinsteiger eine Chance hatten. Am Samstag wurden die Freitagsfolgen wiederholt, da am Sonntag zwei neue Folgen starteten usw. Das Programmierungskonzept ging nicht auf. Zum einen waren die Quotenwerte bald nur noch einstellig (was aber sicherlich auch an der Zielgruppe und der geringen Chance einer solch anspruchsvollen Serienerzählweise in Deutschland überhaupt liegt), zum anderen musste die gesamte Programmstruktur in der Prime Time umgeschmissen werden – loyale Zuschauer, die an das bisherige gestrippte Programmschema gewöhnt waren, mussten sich umgewöhnen. Bei der zweiten Staffel stellte man das Prinzip um und sendete dienstags ab 20:15 Uhr drei Folgen hintereinander, die dritte Staffel wurde auf Mittwoch, 22:20 Uhr, verlegt, wo jeweils nur noch eine Folge ausgestrahlt wurde.

Bei der vierten Staffel versuchte man es wieder mit der Block-Programmierung: Freitags liefen drei Folgen hintereinander (die direkt danach wiederholt wurden), samstags liefen die nächsten drei. Dieses Konzept hielt man aber auch nicht konsequent durch. Die Zuschauerzahlen waren am Ende relativ stabil – allerdings nicht wirklich hoch. *24* erweist sich damit als ein interessantes Experiment, das zeigt, was Programmierung ausrichten oder eben nicht ausrichten kann und dass Inhalte durchaus mit Sendeplänen konform gehen müssen. Viele Fans besorgten sich die Serie, die ja einen ausgesprochen hohen Suchtfaktor hat, ohnehin auf DVD...

3.2 Der Audience-Flow

„The movement of the audience between programs and stations. By scheduling programs consecutively that appeal to similar audiences, the networks and local stations try to maintain the same audience and minimize the flow to other networks or stations." [104]

Alle Programmierungsstrategien beruhen auf dem Wunsch, das Publikum möglichst lange halten zu wollen. Der Audience Flow bietet sozusagen die Grundkonstante, nach der sich alle Techniken richten müssen.

Das Publikum ist eine heterogene Masse, die oft in Bewegung ist. Sie „fließt" von einem Format zum nächsten, aber auch von diesem zu einem anderen Sender und von einem anderen Sender zu diesem. Das sind die Grundkonzepte, die bei allen Programmplanungsstrategien berücksichtigt werden.

Der Audience Flow bestimmt die vertikale Programmierung, die Dramaturgie des einzelnen Tages. Die zentralen Überlegungen sind hier: Welche Sendungen folgen aufeinander? Sprechen sie dieselben Zielgruppen an? Wann erreiche ich welche Zielgruppe? Der Audience Flow ist entscheidend für die Marktanteile eines Senders und daher werden alle Programmentscheidungen mit einem Blick auf das mögliche Zuschauerverhalten getroffen.

Grundsätzlich tendieren Zuschauer dazu, bei einem Kanal zu bleiben, wenn sie ihn erst einmal eingeschaltet haben. Es sei denn, sie bekommen einen guten Grund dafür, umzuschalten (siehe auch: *Least Objectionable Programming*): „people tend to leave the channel selector alone unless stimulated into action by some

---

104 http://www.psaresearch.com/glossarytv.htm

forceful reason to change."[105] Ein solcher Grund kann zum Beispiel sein, dass der Film langweilt oder dass die Zuschauer ihm vielleicht nicht mehr folgen können, weil sie etwas nicht verstanden haben. Es kann auch sein, dass ein bestimmtes Thema in einer Magazinsendung sie nicht interessiert oder dass sie einen bestimmten Aspekt – vielleicht eine blutige Operation – vermeiden wollen, weil sie ihn, in diesem Fall, eklig finden. Gibt es solche „Störfaktoren" nicht, wird ein Großteil der Zuschauer bei dem Programm haften bleiben, schließlich werden sie gut unterhalten oder informiert.

Versetzen Sie sich einige Jahre zurück: Als es noch keine Fernbedienungen gab, war der Drang umzuschalten mit einem viel größeren Aufwand verbunden, man musste aufstehen, den warmen Sessel verlassen, zum Gerät gehen und dann auf einem der anderen wenigen Kanäle etwas Interessanteres finden. Heutzutage ist das Umschalten einfacher, auch die Anzahl der Kanäle ist explodiert und wird es in Zukunft weiter tun, aber die Chance, etwas Ansprechenderes auf einem anderen Kanal zu finden, hat sich nicht im gleichen Maß potenziert. Denn auch wer wild zappt, hat es schwer, einen richtigen Einstieg in ein anderes Programm zu finden. Programme starten in festen Programmschienen (vgl. Kap. Programmschemata). Es gibt ganz neuralgische Punkte im deutschen Fernsehprogramm, die senderübergreifend wichtig sind. Um 20:15 Uhr findet häufig eine Neuorientierung des Publikums statt, das bislang ferngesehen hat. Ebenso kommen zu diesem Zeitpunkt viele Neuseher hinzu, die sich ebenfalls orientieren. Ein guter Audience Flow bedeutet hier, möglichst viele Seher zu halten – was aufgrund der starken Umschichtung schwierig ist – schwieriger als zu anderen Tageszeiten. Zapper und Umschalter haben es schwer, in Formate einzusteigen, bei denen sie den Anfang verpasst haben. Einstiege in laufende fiktionale Formate zu finden ist schwierig. Bei Shows oder Informationssendungen ist dies oft einfacher, schließlich werden Spannungsbögen dort kürzer gesetzt. Mörderrätsel bei Kriminalfilmen sind ohne den entsprechenden Einstieg oft gar nicht nachzuvollziehen.

Der Audience Flow fokussiert sich nicht nur auf ein Format im Mittelpunkt, sondern auf das entsprechende Programmumfeld. Audience Flow-Programmierung bedeutet, um ein Format herum bestimmte andere Formate zu gruppieren, die möglichst dieselben Zuschauer ansprechen. Diese Programme sollen im positiven Fall kaum für Verluste in den Marktanteilen sorgen, wenn das neue Format beginnt. Deswegen ist die Abfolge der Sendungen entscheidend. Es zeigt sich, dass rund 50 % der Zuschauer von einem Programm auf das folgende vererbt werden.[106] Diese Vererbung ist deutlich geringer, wenn die Programme nicht zueinander passen. Außerhalb der Prime Time ist die Vererbung seltener, außer zu

105 Eastman / Ferguson: Broadcast / Cable / Web Programming. 2002, S. 16.
106 Vgl. Eastman / Ferguson: Broadcast / Cable / Web Programming. 2002, S. 20.

109

Zeitpunkten wo z.B. zwei Soaps hintereinander gesetzt wurden (Beispiel: die Abfolge von *Verbotene Liebe* und *Marienhof* in der ARD) – sie sprechen ein im Grunde identisches Publikum an, das sich vielleicht nur in Geschmacksfragen unterscheidet. Um für einen guten Audience Flow zu sorgen, sollten die aufeinanderfolgenden Sendungen möglichst homogen sein bzw. ähnliche Vorlieben ansprechen. Von einem Boulevard-Magazin schalten Zuschauer unter Umständen gerne in die Nachrichten, ebenso von einer Krimiserie in die nächste. Auch Übergänge von einer Sitcom in eine Spielshow sind möglich – sofern beide eine ähnliche Zielgruppe ansprechen.

Nach einem Format, das vornehmlich Frauen anspricht wie z.B. *Rosamunde Pilcher* die Samstagabend Sportschau mit allen Fußball-Bundesligaspielen zu setzen, wäre eine ziemlich schlechte Idee. Denn die Zuschauergruppen würden sich in diesem Fall von einer Sendung zur nächsten komplett austauschen. Solche Entfremdungen sind dringend zu vermeiden.

> „Der Zuschauer mag keine Brüche, oder harten Schnitte in der Programmfarbe, er bevorzugt ‚weiche' Übergänge und subtile Wendungen." [107]

Die öffentlich-rechtlichen Sender haben es aufgrund ihres Programmauftrags unter Umständen schwerer, für einen idealen Audience Flow zu sorgen. Da sie eine gewisse Vielfalt bieten müssen und beispielsweise ihre Informationsprogramme nicht nur in der Daytime „verstecken" können, sondern auch in der Prime Time senden wollen, können sie hier nicht die idealen Übergänge schaffen, die die privaten Sender programmieren können. Diese nutzen den Audience Flow optimal, indem sie z.B. mehrere fiktionale Formate hintereinander programmieren und damit einen „Krimi-Dienstag" schaffen. Solche langen Strecken mit derselben Programmfarbe sind im öffentlich-rechtlichen Fernsehen nicht möglich. Doch:

> „Es gibt natürlich *time slots*, in denen wir versuchen, das Publikum eine gewisse Zeit bei uns zu behalten, z.B. die Vorabendstrecke und auch in den Tagesbereichen, in denen es ein ritualisiertes Zuschauerverhalten gibt, wo man auch eine gewisse Zuschauerklasse vor dem Fernsehprogramm erwartet. Da bedient das Programm die Zuschauerschichten sowohl in horizontaler als auch in vertikaler Richtung gut." [108]

Die öffentlich-rechtlichen Sender haben trotz der Schwierigkeiten, die ihnen das Programmschema vorgibt, innerhalb ihrer Zielgruppe einen relativ guten Audi-

---

107 Körberlin in: Paukens/Schümchen: Programmplanung. 1999, S. 20.
108 Andrea Wich (Leiterin Planung ARD) in: Park: Programm-Promotion. 2004, S. 63.

110

ence Flow, wie die Untersuchung von Kuchenbuch / Auer zeigt.[109] Dies liegt allerdings primär an der Zusammensetzung der Zielgruppe: Da die Zuschauer hier deutlich älter sind, lassen sie sich stärker von einem Programmablauf binden und tendieren weniger dazu herumzuzappen. Die jüngere Zielgruppe, also die Kernzielgruppe der Privatsender, verfügt im Gegensatz dazu aber über ein breiteres Spektrum an für sie relevanten Sendern und damit über eine größere Tendenz zum „Channel Hopping".

Shopping-Sender setzen auch darauf, dass ihnen das Publikum über einen langen Zeitraum folgt. Sie bieten jedoch keine Spannungsdramaturgie, sondern vielmehr einen ständigen, durchgehenden Flow von Kaufangeboten, die sich nur leicht durch Themenschwerpunkte unterscheiden. Männer- und Frauenkleidung, Kleidung für Übergewichtige, Technik, Haushalt usw. Da es bei Shopping-Sendern kaum Spannungsbögen gibt, ist die Orientierung für Neueinsteiger äußerst einfach. Allerdings ist die grundlegende Art des Konsums hier auch anders – Shopping TV wird deutlich mehr nebenbei konsumiert und erfordert nur geringe Aufmerksamkeit des Zuschauers. Das Publikum bleibt hier relativ homogen.

Ein guter Audience Flow hängt auch von der Verlässlichkeit des Programms ab, wie Kuchenbuch herausstellt. Je konsequenter ein Programmslot mit immer denselben aufeinander folgenden Sendungen bestückt wird, desto besser funktioniert die Übergabe des Publikums von einer Sendung auf die nächste[110] – ein gestripptes Programmschema zeigt also auch hier seine Überlegenheit.

Mit einem idealen Audience Flow kann man das Gesamtpublikum des Senders steuern. Denn vier von zehn Zuschauern des Lead-Ins (also des vorangegangenen Programms) sehen sich auch das darauf folgende Programm an. Der frühere Programmdirektor von RTL, Marc Conrad, nahm 1992 die beiden Gameshows Riskant und Der Preis ist heiß aus dem Vorabendprogramm. Nicht, weil sie schlecht liefen, sondern weil sie ein zu altes Publikum anzogen und damit ein schlechtes Lead-In für die Prime Time boten. Der Audience Flow war nicht ideal. Die beiden Shows wurden auf den Vormittag gelegt und liefen dort weiterhin gut. Ihre Stelle am Vorabend nahmen die Sitcoms Eine schrecklich nette Familie und Who's the Boss ein, die hier den besseren Audience Flow schufen.[111]

Nach den beiden einführenden Themen über das Publikumsverhalten und strukturelle Gesamtprogrammplanung werden nun Spezialtechniken im Mittelpunkt stehen – zu Anfang die bereits erwähnte Lead-In -Programmierung.

---

109 Kuchenbuch / Auer: Audience Flow bei ARD, ZDF, RTL und Sat.1. Mediaperspektiven 3/2006, S. 158.
110 Kuchenbuch / Auer: Audience Flow bei ARD, ZDF, RTL und Sat.1. Mediaperspektiven 3/2006, S. 169.
111 Vgl. Bleicher: Fernseh-Programme in Deutschland. 1996, S. 196.

3.2.1 Lead-In/Lead-Out

Die meisten TV-Sender wenden die *Lead-In*-Programmierung an. Sie alle versuchen, die wichtige Prime Time mit einem besonders starken Programm zu beginnen. Daher starten die Sender den Abend um 20:15 Uhr mit einem potenziell besonders erfolgreichen, auf die breite Masse zielenden Programm. Große Blockbuster oder bekannte Shows werden vorrangig zu diesen Zeitpunkten gesendet. Teure Sportveranstaltungen wie z.B. die *Champions League*, die europaweit um 20:45 Uhr beginnen, werden daher durch eine vermeintlich wichtige Vorabsendung mit Expertengesprächen um 20:15 Uhr verknüpft, um hier schon das Publikum an sich zu binden.

Im Idealfall versuchen TV-Sender also, mit einem starken Lead-In den Abend zu beginnen und die folgenden Sendungen so zu strukturieren, dass das Publikum dem gesamten Programmplan folgt. „Beginnen" bedeutet bei einem 24-Stunden-Programm natürlich, dass man zu bestimmten, elementar wichtigen Zeitpunkten, also etwa um 20:15 Uhr, ein solches Lead-In setzt.

Dies ist nicht immer möglich. Gerade kleinere Sender haben gegen große Hollywood-Blockbuster oft keine Chance und es wäre Verschwendung, wenn sie ihre eigenen „großen" Filme als Konkurrenz zu den etablierten Sendern programmieren würden.

Auch die öffentlich-rechtlichen Sender setzen ihre wichtigen Produktionen auf die 20:15-Schiene und die Sendungen, die weniger Publikum ansprechen, durchaus auf spätere Zeitpunkte wie 21:15 Uhr.

In der Beispielwoche (siehe Seite 180) wird deutlich, dass *Deutschland sucht den Superstar* am Samstagabend bei RTL ein gutes Lead-In für das nachfolgende Boxen ist (das durch die nachfolgende Sendung *DSDS – Die Entscheidung* zudem „geklammert" wird) oder dass *Spider Man 2* am Sonntagabend bei ProSieben gut als Lead In für das darauffolgende *The Punisher* ist.

Das wichtigste Lead-In für die Prime Time in Deutschland bieten aber zwei gänzlich unterschiedliche Formate: Die *Tagesschau* in der ARD um 20:00 Uhr hat seit Jahrzehnten stabile Reichweiten beim älteren Publikum (durchschnittlich 6,2 Millionen Zuschauer ab drei Jahren mit 19,2 % Marktanteil, beim jüngeren Publikum um die 9 %). Die jüngere Zielgruppe der 14- bis 49-Jährigen stattdessen interessiert sich in der Mehrzahl für *Gute Zeiten, schlechte Zeiten*, das ab 19:45 Uhr mit über 20 % Marktanteil in der werberelevanten Zielgruppe ein sehr gutes, konstantes Lead-In für die Prime Time bei RTL liefert.

Von einem Lead-In spricht man auch im generellen Sinne, wenn man eine starke Show vor einer schwächeren oder einer neuen Show platziert, um letzterer einen *Jump-Start* zu geben. Denn gerade Neueinführungen profitieren von einem großen Anfangsinput. Um diesen zu erzeugen, eignen sich sämtliche erfolgreichen

Formate, seien es Events oder Serien oder Shows. Allerdings kann es schon eine Rolle spielen, welches Programmgenre gewählt wird. Eine Lead-In-Konstruktion funktioniert zum Teil über Assoziation: Das, was nach dem Programm kommt, welches mir gefallen hat, wird mir ebenfalls gut gefallen. Dies spiegelt sich im Audience Flow wieder.

NBC hat herausgefunden, dass die Hälfte aller Zuschauer, die eine Serie überhaupt längerfristig schauen, diese Bindung während einer der beiden ersten Episoden etabliert.[112] Anders gesagt: Je schneller ein Sender das Publikum seiner neuen Serie anspricht, desto besser. Finden die ersten beiden Folgen keine große Resonanz bei den Zuschauern, wird es schwierig. Sicherlich können auch Serien „in the long run" zum Erfolg werden, aber dies ist seltener und erfordert vor allem genug Geduld seitens der Programmverantwortlichen.

Die Beispielwoche zeigt, dass der Mittwochabend bei VOX durch die Abfolge *Criminal Intent, The Closer* und *Boston Legal* geblockt ist (siehe Kapitel *Blocking*). Im November 2006 sah das *Line up*, also die Programmabfolge noch anders aus: *C.S.I.* um 20:15 Uhr, danach *Criminal Intent* und um 22:15 Uhr *Boston Legal*. Aufgrund der senderübergreifenden Planungsstrategie der RTL-Gruppe die *C.S.I.*-Spin Offs betreffend (siehe Kap. Senderfamilien und die Programmplanung), wurde die Prime Time von VOX umgestrickt: *The Closer* startete am 08.11.2006 auf dem Sendeplatz von *Criminal Intent* um 21:15 Uhr und konnte damit von dem guten Lead-In von *C.S.I.* (18,1 % in der werberelevanten Zielgruppe) profitieren (15,8 %). Eine Woche später wurde *C.S.I.* um 20:15 Uhr durch *Criminal Intent* ersetzt, was fortan als Lead-In für *The Closer* dienen sollte. Mit zunächst schwächeren Quoten (12,5 % und 11,2 % gegen ein Fußballländerspiel in der folgenden Woche) startete diese Kombination letztlich gut durch und erreichte im Durchschnitt Quoten um die 15 % in der Zielgruppe – allerdings nie wieder in der Höhe von *C.S.I. Criminal Intent*, das langfristig nach *C.S.I.* aufgebaut worden war, konnte nach der Sendeplatzverlegung also gut als Lead-In für ein weiteres Format dienen.

Eine andere Art des Lead-Ins bietet auch folgende Überlegung: „Programmers believe that children can be used as a kind of stalking horse: Adults will tend to leave the set tuned to whatever channel the children chose from an earlier program."[113]

Historisch gesehen sind Lead-Ins erfolgreicher als Lead-Outs. Dies beschreibt die Programmierungsstrategie, nach einem schwach laufenden Format ein starkes zu programmieren. Dieses soll die Quoten sozusagen im Vorhinein heben, weil die Zuschauer womöglich „vorauseilend" einschalten. Zu Recht wird diese Methode eher selten angewandt. Beide Methoden kombiniert jedoch die folgende Strategie:

---

112 Perebinossof / Gross / Gross: Programming. 2005, S. 219.
113 Eastman / Ferguson: Broadcast / Cable / Web Programming. 2002, S. 16.

3.2.2 Hammocking

Unter *Hammocking* versteht man das Prinzip, ein neues, unbekanntes Format zwischen zwei etablierte und erfolgreiche Formate zu platzieren. Der Ausdruck hat bildliche Kraft: Zwischen zwei standfeste Pfosten wird eine Hängematte gespannt, in der das neue Format sicher gebettet wird.

Auch diese Strategie geht von der Annahme aus, dass der Zuschauer eher träge agiert – er möchte nach dem ersten das an dritter Stelle folgende Format sehen, und anstatt umzuschalten und vielleicht in ein laufendes anderes Format zu schalten, in das er sich nur schwer einfinden kann, bleibt er lieber bei dem einmal ausgewählten Sender und vertraut dem, was da kommen mag. Vielleicht spielt hier auch eine psychologische Komponente eine Rolle – ein gewisses Vertrauen, dass der Sender zwischen zwei beliebte (und damit positiv eingeordnete) Programme kein schlechtes setzen wird. Der Ruhm strahlt sozusagen ab...

Die zuvor schon angesprochene ProSieben-Show *Liebe isst...* kann als Beispiel für einen klassischen Hammocking-Versuch dienen. Die Show lief ursprünglich in der Access Prime Time um 19:45 Uhr, konnte dort aber mit oft einstelligen Werten nicht überzeugen. Wie die Beispielwoche zeigt, wurde das Format am 15.03.2007 in die Prime Time verlegt: auf den Donnerstagabend zwischen die Quotengaranten *Germany's next Topmodel by Heidi Klum* und *TV Total*. Dort schien das Format sicher aufgehoben zu sein, denn die guten Werte von Topmodel (mit über 19 % Marktanteil und die stabilen Werte von Stefan Raab (rund 15 %) sollten zwei stabile Stützpfosten der Hängematte sein. Ebenso sollte der Audience Flow aufgrund der Ähnlichkeit des Genres (es handelt sich durchweg durch Showformate) gewährleistet sein und zwischen Modelcasting und Spaßformat könnte durchaus Platz für eine Single-Kochshow sein, so das Kalkül der Planer. Leider erfüllte die Show die Erwartungen nicht und die Hammocking-Strategie schlug fehl. Zum Start sahen die Quoten folgendermaßen aus: *Topmodel* 18,6 %, *Liebe isst...* 11,7 % und *TV Total* 12,1 %. In der Folgewoche: *Topmodel* 19,7 %, *Liebe isst...* 11,6 % und *TV Total* 10,3 %. Gerade die letzten schwachen Quoten der Raab-Show zeigen, dass damit auch das nachfolgende Format angegriffen wurde. Hinzu kommt, dass der Audience Flow nicht optimal funktionierte: Betrachtet man nur einmal die sehr starke Gruppe der 14- bis 29-Jährigen Frauen so erreichen diese 41,1 % Marktanteil bei *Topmodel*, bei *Liebe isst...* halbiert sich dieser Wert auf 22,0 % – schwierig für einen Privatsender, der diese Zuschauer als seine Kernzielgruppe betrachtet. Aber es könnte durchaus naheliegen, dass die Themen „Model" und „Essen" inkompatibel sind.

Hammocking hat sich in verschiedenen Ländern als erfolgreich erwiesen. Es ist auch historisch gesehen eine verlässliche Strategie, die Quoten der „mittleren" Show zu steigern. Auf Fernsehmärkten mit einer geringen Senderdichte kann

Hammocking besser funktionieren als bei Märkten mit vielen TV-Sendern, da es dort mehr Alternativangebote gibt.

Es besteht natürlich das Risiko, dass eine schwache Show in der Mitte das Publikum der anderen Shows drum herum reduziert. Gerade wenn man die beiden starken Shows Schulter an Schulter programmieren würde, würden sie in vielen Fällen noch besser laufen. Allerdings könnten sie dann nicht die Aufgabe erfüllen, eine neue Show zu etablieren.

Es ist zu beobachten, dass gerade neue und unbekannte Sender vor allem die Strategie verfolgt haben, einen minimalen Block von zwei oder drei Formaten zu schaffen, mit denen sie einen Erfolg hatten. Dann wurde dieser Erfolg durch Hammocking ausgedehnt, indem man nun eine neue Show dazwischen setzte, die von den Quoten der anderen profitierte.

Der amerikanische ABC-Chef Leonard Goldenson beobachtete in den Anfangstagen des Senders diese erfolgreiche Strategie bei anderen Sendern und fragte dann seinen Programmchef, warum sie selbst dies nicht tun würden. Die Antwort: weil sie keine zwei erfolgreichen Programme hatten.[114]

3.2.3   Tentpoling

Tentpoling könnte man als das Gegenbeispiel zu Hammocking bezeichnen. Statt eines schwachen Formats, das von gut laufenden Formaten umrahmt wird, gibt es hier ein besonders starkes Format, um das mehrere schwächere Formate herum platziert werden. Wie ein Zeltstab, der die Plane hält, orientiert sich alles an dieser einen Show – immer in der Hoffnung, dass das die Quoten des vorangegangenen und folgenden Formats erhöht. Wenn zwei starke Shows erhältlich sind, würden die Programmplaner natürlich die Strategie des Hammocking wählen.

Die Art und Weise, wie ProSieben mit seiner Serie *Emergency Room* agiert, unterstreicht das Prinzip des Tentpoling. Das Format läuft seit mehr als zehn Jahren und hat mehrere Sendeplatzwechsel durchlebt. Neben einem Sendeplatz am Mittwochabend um 20:15 Uhr und am Dienstag um 21:15 Uhr, wurde das Format zuletzt 2006 in Doppelfolgen am Dienstagabend um 20:15 und 21:15 Uhr ausgestrahlt. Im Frühjahr 2007 stellte ProSieben seinen Mittwochabend als Serienabend neu auf. Dafür rückte das langlaufende Format mit seiner loyalen Fangemeinschaft auf den Mittwoch um 21:15 Uhr – ein Schritt, den die Fans verzeihen konnten. Vor allem aber sollte so die vorangehende „neue" Serie *Cold Case* mitgezogen werden. (*Cold Case* ist übrigens auch ein Beispiel für senderübergreifende Programmierung: Der kleine Schwestersender Kabel Eins hatte das Format

---

114 Vgl. Perebinossof / Gross / Gross: Programming. 2005, S. 222.

seit 2004 im Programm, mit – für diesen Sender – überdurchschnittlichen Quoten.) Auch das nachfolgende Format sollte von dem zu erwartenden stabilen Erfolg von *Emergency Room* profitieren: Die neue Serie *Weeds*, die eigentlich nur Episoden mit einer halbstündigen Länge aufweist. Die Resultate des neuen „Serien am Mittwoch"-Abends waren zu Anfang nur bedingt überzeugend: 8,2 % für *Cold Case*, was nicht viel mehr ist als zuvor bei Kabel Eins und enttäuschend für ProSieben, gewohnte 11,3 % für *Emergency Room* und gute 12 % für den Neustart von *Weeds*. Die Quoten von *Cold Case* blieben auf dem Niveau, die von *Weeds* wurden bald einstellig.

Vom Tentpoling können besonders Formate profitieren, die an anderen Sendeplätzen schwächeln. Normalerweise agieren Sender ja sehr konservativ, was Programmumstellungen betrifft. Allerdings werden die Risiken, einen angestammten Sendeplatz eines Formats zu verlegen, durch das neue, zuschauerreichere Umfeld ausgewogen. Viele Sendungen finden so ein neues Publikum und können sich „erholen".

Eine erweiterte Strategie, die es aber wohl nur in den USA mit ihrem großen Programmangebot gibt, ist das *Ridgepoling*. Hier werden Shows zu einem erfolgreichen Block zusammengefasst, der an mehren Tagen in der Woche ausgestrahlt wird. Der gesamte Block dient als Lead-In oder Lead-Out für neue Formate.[115]

3.2.4 Blocking

> „Die Zuschauer [...] müssen an einem Abend schlüssig ein Programmpaket und -block bekommen. Wir wollen das alles nicht als ein Paket bezeichnen, aber es bildet auf jeden Fall eine inhaltliche Klammer. In der Prime Time bietet die Blockbildung eine gewisse Sicherheit, die Zuschauer zu generieren."[116]

Blocking hat sich historisch gesehen als sehr erfolgreich erwiesen. Die Technik kalkuliert den Audience Flow und die bereits angesprochene „Trägheit" der Zuschauer mit ein. Ein Block, also eine Abfolge von möglichst ähnlichen Programmen, wird programmiert, um eine größere Zuschauerabwanderung zu verhindern.

Wenn sich Zuschauer einem bestimmten Format zugewandt haben, ist die Wahrscheinlichkeit groß, dass sie einem folgenden Format, das thematisch oder inhaltlich ähnlich ausgerichtet ist, ebenfalls folgen werden. Wenn man sogar drei oder vier ähnliche Formate hintereinander programmiert, kann man eine starke Gruppe bilden, die die Zuschauer über einen längeren Zeitraum an sich bindet.

---

115 http://producerscraft.pbwiki.com/TvProgramming
116 Jürgen Hörner (Leiter Planung ProSieben) in: Park: Programm-Promotion. 2004, S. 65.

Blocking findet man z. B. beim Krimi-Dienstag bei RTL, an dem ab 20:15 Uhr zuerst *C.S.I. Miami*, dann zeitweise *Im Namen des Gesetzes*, dann *Monk* und schließlich *Law and Order* aufeinander folgen. *Im Namen des Gesetzes* hat man ab Juli 2007 mit *Dr. House* ersetzt, was zuvor auf einem späteren Sendeplatz geschützt gestartet war. Die Taktik hat überaus erfolgreich funktioniert. Zwar ist letztgenanntes Format kein Krimi, jedoch steht auch hier ein spannendes Rätsel (um die jeweilige Krankheit der Episodenhauptrolle) im Vordergrund. Ähnlichkeiten zu der vorangehenden Serie bestehen darüber hinaus im Look sowie auch in der Nationalität – der Dienstag bei RTL wird also komplett von amerikanischen Serien dominiert.

Ähnlich thematisch gestrickt ist auch der Donnerstag bei RTL, an dem neben *Alarm für Cobra 11* auch *C.S.I., Bones* und *Die Cleveren* laufen, die ebenfalls einen starken Krimiblock bilden. Gleiches macht Kabel Eins am Freitagabend, der auch auf Krimi ausgerichtet ist, jedoch noch einen starken inhaltlichen Zusammenhang hat: um 20:15 Uhr *Ghost Whisperer*, 21:15 Uhr *Medium*, 22:15 Uhr *Cold Case* und 23:15 Uhr *Without a Trace*. Zwischen den beiden ersten Serien sollte es kaum Zuschauerabwanderungen geben, da *Ghost Whisperer* und *Medium* thematisch eng beieinander liegen – beide fokussieren sich auf Krimigeschichten mit einem leicht paranormalen Thema. Auch der Übergang von *Medium* zu *Cold Case* ist gut gewählt: Bei beiden Serien spielen Tote eine besondere Rolle, sei es, weil sie „Tipps geben", oder weil abgeschlossene Untersuchungen zu Todesfällen neu aufgerollt werden. Der einzige Wermutstropfen für den Sender: die Erstausstrahlungen von *Cold Case* laufen bei ProSieben und die Erstausstrahlungen von *Without a Trace* bei Sat.1 – bei Kabel Eins gibt es nur die Wiederholungen (vgl. Kap. Senderfamilien und die Programmplanung).

RTLII setzt mittwochs ebenfalls eine Blocking-Strategie ein und sendet Doppelfolgen von *Stargate* ab 20:15 Uhr und ab 22:15 Uhr Doppelfolgen von *Andromeda*. Damit wird nur eine spezielle Zielgruppe angesprochen, diese kann man aber – sofern die Quoten grundsätzlich befriedigend sind – über die lange Strecke des Abends für sich verpflichten, da kaum Gründe für einen Senderwechsel gegeben werden.

Sat.1 hat – wie die Beispielwoche zeigt – einen thematischen Blocking-Versuch in der Prime Time: Nach der *GSG 9*-Serie wurde *The Unit* programmiert, also ebenfalls ein actionreiches Format, das sich rund um eine Spezialeinheit dreht. Ein guter Audience Flow sollte damit gewährleistet sein, große Verluste wegen inhaltlicher Inkompatibilität sind nicht zu erwarten. Tatsächlich funktionierte die Übergabe von der einen auf die andere Serie relativ gut – von 8,6 % auf 7,1 % und von 9,3 % auf 8,1 % in der darauffolgenden Woche – aber insgesamt waren die Quoten zu schlecht (vgl. Kap. Programmänderung).

Blocking gibt es nicht nur am Abend und am Nachmittag, auch in der Access Prime Time bei VOX z. B. tritt es wochentags auf: Die erfolgreiche Show *Schmeckt*

117

nicht, gibt's nicht wird umrahmt von *Wissenshunger* und *Das perfekte Dinner* bzw. das *Promi Dinner*.

Auch in der Daytime gibt es starke Blocks, z. B. am Samstagmorgen bei RTLII. Dort werden die Jamie Oliver-Show *Olivers Twist* als Doppelfolgen und danach *Die Kochprofis – Hausbesuch* ausgestrahlt: ein zweistündiger Programmblock, der sich mit dem Thema Kochen auseinandersetzt. Noch viel prominenteres Blocking-Beispiel ist der durchgestrippte Nachtmittag der Privatsender Sat.1 und RTL. Beide beginnen ab 14:00 Uhr mit *Court*-Shows (vgl. dazu Kapitel *Stacking*), nachdem ihre Vorgänger, die *Daily-Talk*-Shows, über lange Jahre einen ähnlichen konstanten Block gebildet hatten.

Bei öffentlich-rechtlichen Sendern findet man nur wenige Blocking-Versuche, aber zumindest am Freitagabend sendet das ZDF zwei Krimiformate hintereinander und erreicht damit sehr stabile Marktanteile zwischen 15 % und 20 % in der Zielgruppe der Zuschauer ab drei Jahren: Auf dem Sendeplatz um 20:15 Uhr wechseln sich *Ein Fall für zwei, Der Kriminalist, Siska, Der Alte* und *Stolberg* ab. Auf diese folgen um 21:15 Uhr *Soko Leipzig* und *Der letzte Zeuge* bzw. *KDD-Kriminaldauerdienst*. Die Übergabe zwischen den beiden Time Slots funktioniert gut und es sind nur wenig Quotenschwankungen zu verzeichnen – außer bei *KDD*, das womöglich etwas zu „jung" ist.

In manchen Fällen ist Blocking auch der Versuch, dem Zuschauer Programm über vermeintliche Gemeinsamkeiten zu verkaufen, auf die er gar nicht alleine gekommen wäre. Diese Versuche entstehen meist aus der Not, sind aber auch nur bedingt erfolgreich.

Eine ganz andere Art von Blocking war die „must see" -Strategie von NBC Anfang der 80er Jahre.[117] Fred Silverman erfand die *NBC Thursday Night*, die 20 Jahre das Geschäft dominierte. Die Grundidee ist simpel: *Must See TV* bedeutet, einen Abend in der Prime Time ganz zu „besitzen". NBC dominierte diesen Abend mit einem sehr hochwertigen Programmblock, der die Zuschauer dazu anhielt, von 20 Uhr an bis zur Late Night bei diesem Sender zu bleiben. Wenn dies gelingt, beginnt man, einen zweiten Abend zu etablieren – indem man während des ersten konzentriert seine Programme für den zweiten bewirbt. Wenn man dann einen zweiten Abend etabliert hat, folgt der dritte usw. Silverman etablierte damals einen Abend mit vier Sitcoms und einer Drama-Serie, der bis 2004 hielt – und durch eine Reality Show aufgebrochen wurde.

Eine ähnliche – wenngleich abgeschwächte – Strategie fuhr VOX mit seinem erfolgreichen *C.S.I.*. Seit 2001 wurde das Format am Mittwochabend um 20:15 Uhr programmiert und erreichte dort 2004 sogar zweistellige Werte – so gute Werte,

---

117 Vgl. auch www.medialifemagazine.com/News2005/jul05/jul18/1_mon/ news3monday.html

dass das Format nun auch am Montagabend um 20:15 Uhr eingeplant wurde. Auch dort blieb das Format erfolgreich – bis es vom großen Schwestersender RTL entdeckt und Spin Offs davon ins eigene Programm geholt wurden.

3.2.5 Theming

Unter *Theming* versteht man die Bündelung von aufeinander folgenden Programmen unter einem Thema. Der Themenabend auf Arte ist ein Paradebeispiel dafür, der mittlerweile auf drei Abende in der Woche mit jeweils unterschiedlichen Themengebieten ausgebaut wurde. So wurde z. B. am Sonntag, dem 14. Mai 2006, ein Themenabend unter dem Namen „Aus Liebe zum Kino" programmiert, der um 20:40 Uhr mit dem Film *Stadt der Illusionen* begann und danach zwei Dokumentationen über die legendären Warner-Brüder und den französischen Produzenten Humbert Balsan zeigte. Hier wird die Mischung deutlich: Themenabende setzen nicht auf ein Genre, das durchgezogen wird, sondern bieten gerade eine Vielfalt von verschiedenen Programmgenres wie Kinofilm, Dokumentationen oder Talk Shows, die das eine Thema aus verschiedenen Aspekten beleuchten. So wird dem Zuschauer auch eine Palette von Hintergrundinformationen geboten und die Chance ist groß, dass er die verschiedenen Aspekte des einen Grundthemas, das ihn interessiert, goutiert. Besonders gelungen ist es, wenn solche Themenabende auch mit anderen Ereignissen kombiniert werden. Der angesprochene Themenabend lief kurz von den Filmfestspielen in Cannes…

Die Themenabende bei Arte sind so erfolgreich, dass der Sender sein Angebot von ursprünglich einem Themenabend pro Woche auf drei Tage, nämlich Sonntag, Dienstag und Donnerstag, ausgebaut hat. Gerade am Sonntag kann der Sender damit zu den anderen großen, die den *Tatort*, die *Rosamunde Pilcher*-Reihe oder Hollywood-Blockbuster zeigen, eine gute Alternative sein – obwohl die Konkurrenz sehr stark ist.

Wie das Beispiel zeigt sind es vor allem kleinere Sender, die auf Theming setzen. Größere Sender können nur in Ausnahmefällen Thementage einrichten und höchstens Eventproduktionen wie z. B. *Die Flucht* mit entsprechenden Begleitprogrammen wie *Die Flucht der Frauen* und *Hitlers letzte Opfer* umgeben. Doch nur Spartensendern ist es möglich, Thementage zu etablieren. So strahlt z. B. Tele 5 ganze Westerntage aus, die stark beworben werden. Bei genauerem Hinsehen stellt sich jedoch heraus, dass es eigentlich nur Western*abende* sind. Aber zumindest von 20:00 bis 01:00 Uhr nachts gibt es auf diesem Sender nur Western zu sehen.

Theoretisch sind sogar ganze Themenwochen möglich – die man unter einem Label wie die *James Bond*-Woche oder ähnliches verkaufen könnte und in denen man an jedem Abend einen Bond-Film zeigen würde. Großen Sendern ist dies fast unmöglich[118], aber kleinere Spartensender könnten darauf setzen. Mit der baldigen Digitalisierung wird dies sicher kommen.

Eine Sonderform des Themings besteht darin, einen Sendeplatz mit der gewohnten Programmfarbe zu füllen. Die langlaufende Serie *Der Bulle von Tölz* bei Sat.1 wurde im Herbst 2006 durch eine neue Serie abgelöst – *Stadt, Land, Mord* ist inhaltlich ähnlich aufgebaut und weist auch starke Parallelen im Erzählton auf. Die Serie spielt ebenfalls auf dem Land, sogar nur wenige Kilometer von Bad Tölz entfernt, und die Macher haben sogar einen *Crossover* zwischen beiden Formaten versucht: In der ersten Folge spielen der Bulle von Tölz und seine Mutter mit. Dennoch hat das neue Format mit nur 12,5 %, 10,5 % und 8,7 % in den ersten drei Folgen im Herbst 2006 nicht funktioniert.

3.2.6 Stacking

Eine Abwandlung des Blockings ist das *Stacking*. Auch diese Technik spielt mit der „Trägheit" des Zuschauers. Hier wird eine bestimmte Abfolge von Formaten gewählt, die extrem aufeinander zugeschnitten sind und kaum Abwanderungen in der Zuschauerschaft befürchten lassen. Im Gegensatz zum Blocking bedeutet Stacking aber, eine ganze Programmleiste mit Shows der gleichen Gattung, also z. B. mit mehreren aufeinanderfolgenden Sitcoms, zu füllen. Diese Bündelung von gleichen Formaten soll Zuschauer über eine längere Strecke hinweg mit gleichem Input versorgen und die Tendenz zum Umschalten durch von Inhalt, Ton und Genre ähnlichen Shows gering halten – Zuschauer, die sich amüsieren wollen und die kurzfristige Lacherfolge einem längeren Spielfilm vorziehen.

Sowohl RTL als auch Sat.1 haben den Freitagabend als Comedy-Unterhaltung durchprogrammiert. Einer Sitcom folgt die nächste, egal ob es sich jetzt um klassische fiktionale Sitcoms oder um Comedy-Shows handelt. Die Quoten sind wechselhaft. Während der eine Sender mehr auf Sketch-Comedy setzt, versucht der andere, mit einer eigenen Form der klassischen Sitcom zu reüssieren. (Eine eigene Form deshalb, weil die Ursprungs-Sitcom vor einem Publikum an einem festen Set aufgezeichnet wird und dies bei den RTL-Produktionen nicht so ist.) Sketch Comedies machen es dem Publikum aufgrund des fehlenden übergreifenden Spannungsbogens natürlich einfach, einen Einstieg zu finden, wenn sie in einer Werbepause zuschalten. Dies ist ein Vorteil, aber auch eine Gefahr. Denn die Bindung der Zuschauer an das Format mag ohne Zielspannung geringer sein – das einzige, was ihn hält, ist die Qualität der Gags und der Schauspieler. So wird

---

118 Ausnahmen waren z. B. im Programm des Ersten 2006 die Themenwoche Krebs („Leben – was sonst?") und 2007 die Themenwoche „Kinder sind Zukunft", die das Thema jeweils in verschiedenen Formaten und Beiträgen widerspiegelten.

er unter Umständen gerne wieder zurückschalten, um die angefangene Sendung zu Ende zu verfolgen.

Die Parallelprogrammierung der Sender an den Freitagen birgt aber auch Schwierigkeiten in sich – ähnlich wie bei den Nachmittagsshows, die durch die Abfolge von *Das Strafgericht*, *Das Familiengericht* und *Das Jugendgericht* bei RTL und *Richterin Barbara Salesch* und *Richter Alexander Hold* einen starken Block bilden. Hier wird deutlich, dass die Zuschauer offensichtlich von (Krimi-)Fall zu Fall entscheiden, welchem Format sie nun folgen wollen. Stärkere Bindungen an die Protagonisten gibt es kaum. Dieselben Anfangs- und Endzeiten machen es dem Zuschauer einfach, zum anderen Sender umzusteigen, wenn auch da ein thematisch ähnliches, aber womöglich witzigeres oder spannenderes Format läuft.

Auch beim Stacking wird auf Lead-In und Lead-Off geachtet. Gerade bei den langen Sitcom-Strecken am Freitagabend wird es deutlich. Es wird versucht, mit einem möglichst starken Format die Strecke zu eröffnen (also z. B. *Nikola* oder *Was guckst du?*) und mit einem guten Format eine Überleitung zu den nächsten Programmen zu schaffen, die nicht mehr Sitcoms sind. Schwache Programme werden möglichst in der Mitte des Blocks gesendet. Allerdings sollten sie nicht zu schwach sein, denn es besteht immerhin die Möglichkeit, dass Zuschauer verloren gehen. Vielleicht ist eine Positionierung des schwachen Programms am Ende des *Stacks* besser.

3.2.7 Counterprogramming / Konkurrenzprogrammierung

Die genannten Beispiele bezogen sich bislang auf eine Programmstrategie, die die Sender aus eigenem Interesse heraus entwickeln, ohne sich in erster Linie am Programm der anderen Sender zu orientieren. Doch Programmplanung geschieht fast immer mit dem Blick auf das Konkurrenzprogramm.

Counterprogramming, also Konkurrenzprogrammierung, muss mitnichten von Grund auf aggressiv sein. Im Wesentlichen kann es auch nur bedeuten, dass man sich am Gegenprogramm orientiert. Da ja nun kein Programm jeden Zuschauer anspricht, ist es nur natürlich, dass sich das Publikum vom einen Sender abwendet, um zu einem anderen zu schalten. TV-Sender nutzen dieses bewusst, indem sie dem Publikum, das sich „nicht gut behandelt" fühlt, konkrete Angebote machen.

Solche Angebote müssen Alternativen anbieten oder genau dasselbe Publikum ansprechen. Eine Gegenprogrammierung kann also z. B. auf Basis des Genres (also ein Action-Film vs. eine Liebesromanze) oder auf Basis der Demographie (Männer vs. Frauen, Jung vs. Alt) erfolgen. *Counterprogramming by Lead-In*, also im Verbund mit anderen Techniken, kann sehr erfolgreich sein, indem man seiner Konkurrenz gar nicht erst die Möglichkeit bietet, einen guten Startpunkt für das Programm zu etablieren.

Besonders bei Neustarts von Formaten werden die Counterprogramming-Strategien deutlich. Der Sender, der das neue Format starten möchte, muss sich für den richtigen Time Slot entscheiden. Welches Datum/welcher Tag? Wählt man eine aggressive Strategie oder versucht man, das Programm „geschützt", also innerhalb eines Blocks, zu starten?

Die privaten Sender setzen häufig auf Gegenprogrammierung. So torpedierte RTL den Start der SAT.1-Serie *Without a Trace* im Frühjahr 2007 mit außerplanmäßigen Doppelfolgen des Erfolgsformats *C.S.I. Las Vegas* und anschließend die neue ProSieben-Serie *Verrückt nach Clara* mit dem gleichen Prinzip – und Erfolg. *Verrückt nach Clara* hatte einen desaströsen Start (vgl. Kap. Programmänderung).

Die öffentlich-rechtlichen Sender legen sich hier, wie auch bei den anderen aggressiven Programmplanungs-Strategien, eine gewisse Zurückhaltung auf, gerade wenn andere öffentlich-rechtliche Sender davon betroffen wären. Man erinnere sich an die Diskussion zwischen ZDF-Programmdirektor Thomas Bellut und ARD-Programmdirektor Günter Struve im Jahre 2004, als die ARD die *Tagesthemen* von 22:30 auf 22:15 Uhr vorziehen wollte und sich damit die vorangehenden, auf eine halbe Stunde reduzierten Politmagazine der ARD direkt mit dem *heute journal* des ZDF messen mussten. Bellut fand, dies sei eine „Kampfprogrammierung" und erinnerte: „Bei aller Konkurrenz sollten wir nicht gegeneinander arbeiten – das gilt auch für den Wettbewerb um die jüngeren Zuschauer, von denen wir beide nicht viele haben."[119] Dies weist nicht unbedingt auf eine reizbare oder aggressive Programmplanungs-Strategie bei den öffentlich-rechtlichen Anstalten hin.

Nicht nur bei Neustarts, sondern auch im täglichen Programm müssen Sender unter Umständen ihre Programmstrategie aufgrund des Konkurrenzprogramms ändern und anpassen. Wenn sich ein bestimmtes Format der Konkurrenz als besonderer Erfolg erweist, stellt sich die Frage, was man gegen ein solches Hit-Programm setzen möchte. Immens erfolgreiche Programme wie z. B. *Wetten, dass...?*, *Wer wird Millionär?*, *C.S.I.*, der *Tatort* oder diverse Hollywood-Blockbuster machen es dem Gegner schwer. Tendenziell ist man angesichts einer solchen Übermacht eher versucht, ein Testbild zu senden und zu warten, bis es vorbei ist. Aber dies ist natürlich keine realistische Alternative. Viele Mitbewerber reagieren darauf, indem sie möglichst billige Formate dagegen setzen, in der Hoffnung, dass sich damit die finanziellen Einbußen gering halten lassen. Allerdings sollte man solche Versuche nicht zu offensichtlich machen. Denn schließlich soll auch in dieser Zeit Werbung verkauft werden. Sich ganz aus dem Wettbewerb zu ziehen, ist das falsche Signal an die Werbekunden.

---

119 http://www.faz.net/s/RubF7538E273FAA4006925CC36BB8AFE338/Doc~
E0E4A379591594FF4AD8A863B39579E5B~ATpl~Ecommon~Scontent.html

Oftmals wird die Strategie gewählt, bei Konkurrenzprogrammierung auf Experimentelles zu setzen. Denn selbst wenn das nicht erfolgreich ist, kann man eventuell auf einen Imagegewinn in der Presse und bei der Kritik hoffen.

Spartensender und kleinere Sender müssen eigentlich grundsätzlich eine Counterprogramming-Strategie fahren. Sie sind immer darauf angewiesen, sich am Programm der großen Sender auszurichten. Eine solche Orientierung kann zwei unterschiedliche Formen annehmen.

3.2.7.1 Blunting

Von *Blunting* spricht man, wenn gegen ein Format der Konkurrenz ein eigenes Format gesetzt wird, das ein identisches Publikum adressiert. Dies ist eine aggressive Form der Gegenprogrammierung, die darauf setzt, mit dem eigenen Format mit einer besseren Qualität oder womöglich durch eine höhere Aufmerksamkeit oder intensiveren Publikumszuspruch gegen das Konkurrenzprogramm zu reüssieren.

Da man mit dieser Technik keine neuen Zuschauergruppen anspricht, sondern sich zunächst „denselben Kuchen" mit der Konkurrenz teilt – denn schließlich geht es ja um die gleiche Zuschauergruppe, die von beiden umworben wird – zeigen solche Programmierungen eher langfristige Effekte als Überraschungen. Zu Beginn einer solchen Gegenprogrammierung muss das Publikum zunächst einen Eindruck gewinnen und dann über einen gewissen Zeitraum Präferenzen für das eine oder andere Format entwickeln. Es ist sicherlich so, dass sich Qualität hier langfristig durchsetzt.

Obwohl die meisten Programmierungsstrategien bei den öffentlich-rechtlichen Sendern weniger stark vertreten sind, sind auch hier Blunting-Strategien zu bemerken. Z. B. versuchte die ARD, Nachrichten gegen das damals neue RTL-Mittagsmagazin *Punkt 12* zu programmieren, weil die eigene Sendung *Mittagsmagazin* um 13:00 Uhr nicht unter Quoteneinbrüchen leiden sollte. Dabei war die Positionierung von *Punkt 12* von RTL an sich schon eine Gegenprogrammierungsstrategie (allerdings eine *Avoidance-Strategie*). Man ging der direkten Konkurrenz aus dem Weg, indem man sein mittägliches Magazin eine Stunde früher als diese startete. Die Gegenoffensive der ARD war, zur selben Startzeit wie das RTL-Magazin eine kurze *Tagesschau* zu senden, die ebenfalls schon die wichtigsten Nachrichten des Tages bot.[120]

Die Beispielwoche zeigt, wie sich RTL und ProSieben am Sonntagabend ein heißes Duell lieferten. Beide strahlen an diesem Sendeplatz Hollywood-Block-

---

120 Vgl. auch Ulrich Anschütz in Paukens / Schümchen: Programmplanung. 1999, S. 50f.

buster aus, die nicht immer so konträr gegeneinander positioniert werden, wie an diesem Wochenende. Meistens wird genau darauf geachtet, keine „Perlen" gegen andere zu setzen, stattdessen vielleicht einen schwächeren Film gegen einen Hit. An diesem Sonntag aber setzte man auf Kampf: *The Day After Tomorrow* lief auf RTL gegen *Spider Man 2* auf ProSieben. Beide Kinoerfolge adressieren im Grunde ein ähnliches Publikum, wobei der Popcorn-Film *Spider Man 2* ein jüngeres Publikum anspricht – die Quoten in der Zielgruppe der 14- bis 29-Jährigen zeigen dies deutlich: 31,3 % schauten den Superhelden, 24,8 % den Weltuntergang.

In der werberelevanten Zielgruppe der 14- bis 49-Jährigen war RTL mit 27,8 % Marktanteil Sieger im Duell, ProSieben konnte hier nur 18,3 % erringen. Der sonst so starke *Tatort* war übrigens mit 13,9 % chancenlos, *Fjorde der Sehnsucht* im ZDF kam in der jungen Zielgruppe nur auf 6,2 %. Der Sat.1-Quotenerfolg am Sonntagabend, *Navy CIS*, hatte jedoch trotz der hohen Konkurrenz stabile 15,7 %. Das zeigt, dass Sender mit Blick auf das Gegenprogramm andere erfolgreiche Strategien wählen können: Wenn zwei Sender sich in einem Time Slot mit einer Blunting-Strategie begegnen, so kann ein dritter Sender durch Counterprogramming mit einer *Avoidance*-Strategie oft erfolgreich sein.

3.2.7.2 Avoidance

Die so genannte Alternativplanung der *Avoidance*-Strategie berücksichtigt die Planung konkurrierender Sender und versucht, Doppelungen zu vermeiden. Dramaturgisch gesehen will man dem Gegenprogramm einen Kontrapunkt entgegensetzen.

So würden TV-Sender nach dieser Strategie gegen ein Sportprogramm kaum ein weiteres Sportprogramm ausstrahlen. Stattdessen würde man Alternativen anbieten. Solche Alternativen könnten sich z.B. besonders an weibliche Zuschauer richten, die sich eher nicht für den Sport interessieren. Ihnen „serviert" man vielleicht einen Spielfilm, der darüber hinaus wahrscheinlich weniger actionlastig und gewalttätig ist, sondern eher emotionale Schwerpunkte setzt – etwa eine Liebeskomödie oder womöglich auch ein Drama. Ebenfalls ist es natürlich möglich, Alternativen für männliche Zuschauer bieten, die sich nicht für sportliche Events interessieren, oder man adressiert die gesamte Familie. Solche Programmierungsstrategien sind immer dann zu beobachten, wenn z.B. die *Champions League* abends ausgestrahlt wird oder andere Sportsendungen das normale Programmmuster aufbrechen.

Eine Counterprogramming-Strategie muss sich aber nicht nur an einer männlich/weiblich Unterscheidung ausrichten. Es ist selbstverständlich ebenso möglich, gegen ein Programm, das ältere Zuschauer anspricht, gezielt eins für eine jüngere Zielgruppe zu setzen. Man kann natürlich nicht immer von ganz klassischen „Gegensatzpaaren" sprechen. Manchmal kann es vielversprechend sein, mit einem Format zu kontern, das eine Zielgruppe anspricht, die weniger ‚sophisticated' ist.

Gegen die sonst fast unschlagbare *Wetten, dass...?*-Sendung am Samstagabend, die rund 13 Mio. Zuschauer vor den Bildschirmen versammelt und auch in der Zielgruppe der Privatsender Quoten von beinahe 40 % holt, setzte RTL 2006 die Wiederholung des Dieter Bohlen-Films *Dieter – Der Film*, der in der Zielgruppe des Privatsenders überraschend hohe 30,5 % hatte. Gerade die jüngere Zielgruppe wurde damit vom Mainzer Sender weggelockt. Im März 2007 sollte eine weitere Kampfprogrammierung für gute Quoten sorgen – gegen Gottschalk wurden *Deutschland sucht den Superstar* und das Comeback von Boxer Henry Maske gesetzt – zum einen also eine junge Zielgruppe angesprochen, zum anderen auf einen Sportevent gesetzt, der potenziell viele Männer anzieht. *Wetten, dass...?* konnte sich zwar gegen *DSDS* durchsetzen, doch die ZDF-Show erreichte die zweitniedrigste Zuschauerzahl aller Zeiten.

Auch die Länge eines Formats kann für eine Counterprogramming-Strategie angewendet werden. Sat.1 hat 2006 gezeigt, dass der Sonntagabend doch nicht ganz in der Hand von Hollywood-Blockbustern, dem *Tatort* und *Rosamunde Pilcher* ist. Diesen zwischen 90 bis 240 Minuten langen Filmen setzt Sat.1 zwei kürzere Formate entgegen, die dem Zuschauer eine kürzere Aufmerksamkeitsspanne abfordern. Mit der Umprogrammierung des erfolgreichen Formats *Navy CIS* vom Donnerstag auf den Sonntagabend um 20:15 Uhr hat der Sender Mut bewiesen – und großen Erfolg gehabt. Der Stundenserie (die hier als etabliertes und gut laufendes Format eine klassische Lead-In-Funktion hat) folgt mit *Criminal Minds* um 21:15 Uhr eine weitere Stundenserie. Beide laufen über dem Senderschnitt – sind aber vom Gegenprogramm abhängig: Gegen ganz große Blockbuster können sie sich nicht durchsetzen.

Wie die Beispielwoche zeigt, hat sich Kabel Eins am Freitagabend mit einem Crime-Serien-Block gut als Konkurrenz zum Programm der anderen Sender aufgestellt und bietet hier mit seinen Serien *Cold Case, Without a Trace, Missing – Verzweifelt gesucht* dem Zuschauer Alternativen zur Show (*Wer wird Millionär?*, RTL), Comedy (*Schillerstraße*, Sat.1), zu gekauften oder eigenproduzierten Spielfilmen (*Godzilla*, ProSieben und *Hilfe, die Familie kommt*, ARD) sowie eigenproduzierten Serien (*Der Alte, KDD-Kriminaldauerdienst*, ZDF) an. Eine klassische Avoidance-Strategie, gegen die nun aber auch VOX angeht: Der Sender hat seine Erfolgsserie *Crossing Jordan* vom Montagabend auf Freitag 20:15 Uhr verlegt und mit *Close to Home* einen starken Crime-Block etabliert, der ein ähnliches Publikum adressiert wie Kabel Eins – eine klare Counterprogramming-Strategie also.

Es gibt aber auch Planungen, die auf Time Slots abzielen, die bei der Konkurrenz noch nicht, oder extrem unterschiedlich besetzt sind. So will z. B. der Spartensender *Tele 5* am Morgen des Wochenendes eine „Kinomatinee" anbieten, weil man dort hohen Zuschauerzuspruch und Quoten generieren möchte, die (wohlgemerkt bei einem Spartensender) fast einer kleinen Prime Time gleichkommen.[121] Denn auf den meisten anderen Kanälen laufen nur Wiederholungen, das Kinderprogramm oder Informationssendungen.

3.2.7.3 Stunting

Unter *Stunting* versteht man zum einen das schnelle Einprogrammieren von Sondersendungen und Specials (also z.B. den *ARD Brennpunkt* zu besonderen Themen wie dem Sturm Kyrill oder zu Terroranschlägen in London und ähnlichen Ereignissen von hohem Newswert) und zum anderen vor allem Gaststar-Auftritte von bekannten Schauspielern, Sängern, Politikern, Sportlern in Serien. Ebenso werden die Heirat der Protagonisten, die Geburt eines Babys und andere *Cliffhanger* benutzt – dies aber vorrangig in USA. Auch dort wird das Prinzip, Halbstundenformate in Sonderfällen auf Stundenformate umzusatteln, häufiger genutzt. In Deutschland sind solche Sonderformen aufgrund längerer Produktionszeiträume kaum möglich: Da hierzulande fiktional kaum industriell produziert wird, sondern viel längere Vorläufe nötig sind, ist es schwierig, solche Entwicklungen abzusehen und einzuplanen.

Einzig bei Soaps und Telenovelas sind die Zeiträume zwischen Produktion und Ausstrahlung so kurz, dass solche Techniken möglich sind. Eins der (dennoch seltenen) Beispiele ist die Rückkehr des ursprünglichen Stars in die Sat.1-Telenovela *Verliebt in Berlin.* Das immens erfolgreiche Format hatte in der ersten Staffel die Geschichte des armen Mauerblümchens Lisa Plenske erzählt, die am Ende die große Liebe (ihren Chef) findet. Die zweite Staffel fokussierte sich auf Lisas Halbbruder und dessen Geschichte, konnte aber nie an die Quoten der ersten Staffel heranreichen, die wegen des Erfolgs sogar von 225 Folgen auf 364 Folgen verlängert wurde. Um die unter dem Senderschnitt liegenden Quoten der zweiten Staffel zu heben, wurde nun Lisa Plenske für vier Wochen zurückgeholt – ein klassisches Stunting-Beispiel.

Üblicher in Deutschland sind Effekte, die man im amerikanischen mit *multiparting* bezeichnet. Damit ist gemeint, dass innerhalb bestimmter Serien Sonderfolgen produziert werden – gerne zum Staffelbeginn oder zum Staffelende. Anstatt, wie sonst, 45-minüter herzustellen, wird hier eine Doppelfolge produziert, die am Ende des ersten Teils einen Cliffhanger hat und die angerissenen Storylines in der zweiten Folge zu Ende erzählt. Solche Doppelfolgen werden manchmal an auf-

---

121 Vgl. Ludwig Bauer in Promedia: Das Konkurrenzdenken zwischen Kino und Fernsehen halte ich für überholt. Vom 03.05.2006.

einander folgenden Tagen, meist aber hintereinander ausgestrahlt. Fans der Serie begrüßen solche Sondersendungen natürlich. Schließlich handelt es sich dabei um ein „Event", ein besonderes Erlebnis, denn es ist eine besondere Geschichte, die man nicht in einer normalen Folge erzählen kann.

Im weitesten Sinne ist auch folgende Praxis dem Stunting zuzurechnen: Kabel Eins feiert 2007 seinen 15. Geburtstag und lässt seine Zuschauer das Programm eines Abends bestimmen. Aus 15 Spielfilmen können sie ihre fünf liebsten auswählen, die der Sender dann an einem bestimmten Tag ab 13:00 Uhr ausstrahlt. Dies ist aber wahrscheinlich weniger ein Mittel, gute Quoten zu erringen, sondern vielmehr eine Methode, die Kundenbindung zu stärken.

Auch in den Bereich des Eventprogrammings, aber in Deutschland nur sehr selten gebräuchlich, gehört die Idee des *Crossprogrammings*. Hier werden zwei fiktionale Formate miteinander gekreuzt, indem Plots und Schauspieler der einen in die andere Serie überwechseln. Z.B. wurden die amerikanischen Serien *Ally McBeal* und *The Practice* Storylines gekreuzt.[122] (Siehe auch das *C.S.I.*-Beispiel in Kap. Senderfamilien und die Programmplanung).

Das Crossprogramming bezieht sich verständlicherweise nur auf singuläre Events und nicht auf die gesamte Staffel. Dies wäre schließlich zu verwirrend für den Zuschauer, weil man die ursprünglichen Formate nicht verwässern sollte. Die beiden miteinander gekreuzten Formate müssen selbstverständlich zueinander passen, das heißt, die Welten, die sie entwerfen, müssen kompatibel sein. Es wäre wahrscheinlich für beide Serien schädlich, wenn man *Wir Kinder aus Bullerbü* mit *Ein Fall für zwei* verbinden würde. Aber es ist durchaus plausibel, wenn man z.B. die verschiedenen Ermittlerteams des *Tatorts* miteinander kreuzt – so geschehen in de Episode „Quartett in Leipzig" in der die beiden Leipziger Kommissare mit dem Kölner Ermittlerteam zusammentrafen. Die Folge hatte bei ihrer Erstausstrahlung 2000 hervorragende 26 % Marktanteile und 9,9 Mio. Zuschauer ab 3 Jahren und in der Zielgruppe der 14-bis 49-Jährigen gute 22,1 % Marktanteil – ein Crossprogramming also, das durchaus seinem Eventcharakter gerecht wurde. Zwei Jahre später wurde es daher wiederholt: Die Leipziger Kommissare statteten den Kölnern einen Gegenbesuch ab und waren damit auch erfolgreich (8,4 Mio. Zuschauer ab 3 Jahren und 23,2% Marktanteil. Ähnliche Überschneidungen in kleinerem Maße gibt es auch bei Formaten wie z.B. *Alarm für Cobra 11* und *Abschnitt 40*, die gegeneinander Kegelturniere spielen – ohne dass dies aber wirklich gezeigt würde.

Crossprogramming ist äußerst schwer durchzusetzen, denn es gehört ein weit vorausblickender und immenser Planungsaufwand dazu, der viele Produktions-

---

122 Perebinossoff/Gross/Gross: Programming. 2005, S.230.

pläne durcheinander werfen kann, den guten Willen und Einsatz aller Beteiligten fordert und vieles mehr dazu. Daher sind solche Crossprogramming-Versuche selten. Jedoch können mit dieser Technik neue Zuschauergruppen angesprochen werden, denn man schafft Aufmerksamkeitswerte für vielleicht unbekannte Formate – Stammzuschauer der einen Serie werden sich möglicherweise auch für das andere Format interessieren, schließlich sind die Welten ähnlich, hat man die Protagonisten mit den ursprünglichen Helden zusammen agieren sehen, kurz: Das Image des einen Formats überträgt sich auf das andere.

Ein Beispiel für einen Crossprogramming-Erfolg ist auch die sehr geschickte Verbindung der beiden VOX-Reality-Formate *Das perfekte Dinner* und *Wohnen nach Wunsch.* Die Kandidatin Jennifer war am 20.03.2007 zuerst beim *Perfekten Dinner* zu sehen, bekam dann aber in der direkt folgenden Sendung *Wohnen nach Wunsch* eine neue Küche beschert, die sie dann am Donnerstag in dem *Perfekten Dinner* einweihen konnte, als sie dran war, für alle Kandidaten zu kochen. Der Marktanteil der schwachen Deko-Soap in der werberelevanten Zielgruppe stieg in der „verknüpften" Sendung um mehr als drei Prozent an – man konnte also Zuschauer aus dem vorangehenden Format mitziehen, in Zahlen: rund 450.000 Zuschauer (ab 3 Jahren) mehr.

3.2.8 Bridging

Bridging nutzt eine bestimmte Umschaltzeitplanung, um die eigenen Quoten zu steigern oder zu halten. Bridging liegt vor, wenn man Programme zu ungewöhnlichen Zeiten startet oder beendet. Dadurch laufen sie dem Start oder Beendigungszeiten der anderen Sender entgegen.

Dies hat zwei Effekte: Zum einen wollen die Zuschauer vielleicht nicht unbedingt umschalten, wenn sie sich in einem spannenden Format befinden und auf den Ausgang fiebern. Hier muss der Reiz, das Programm zu verlassen schon ungewöhnlich hoch sein – entweder durch ein spektakuläres Event, das man nicht verpassen möchte, oder durch habitualisiertes Verhalten, weil der Zuschauer eben jede Woche eine bestimmte Sendung sieht und diese nicht verpassen möchte. Zum anderen steigen die Zuschauer, wenn sie denn umschalten, mitten in ein anderes, bereits laufendes Format ein. Sie müssen daher erst einmal den Überblick finden, versuchen, sich zu orientieren, um der vorangeschrittenen Geschichte folgen zu können.

Das Programmschema von Arte nutzt ein solches Bridging, weil man sowohl die deutschen als auch die französischen Sehgewohnheiten berücksichtigen muss (vgl. Kap. Prime Time). Arte startet folglich den Hauptabendfilm, der auf anderen Sendern um 20:15 Uhr beginnt, erst um 20:40 Uhr. Dadurch steigen die Zuschauer später ein und zu einer anderen, ungewöhnlichen Uhrzeit wieder aus.

Die Umschalt-Zeitplanung bedeutet vor allem eine Orientierung an den Anfangszeiten der Marktführer. Wie angesprochen gibt es bestimmte Fixpunkte im deutschen Fernsehen, die man nicht ignorieren kann. 20:15 Uhr für den Beginn des Hauptabends ist eine feste Größe, ebenso ist der 19:00-Uhr-Termin ein ähnlich entscheidender Wert.

Manche Sender versuchen, ihre Formate um wenige Sekunden vor den festen Umschaltzeiten zu starten, also z.B. um 20:14 Uhr. So kann man bestehende Zuschauergruppen gut an sich binden, aber nicht wirklich neue Zuschauer zu sich heranführen – denn diese müssten ja früher aus den bestehenden Formaten herausgehen, um den Anfang pünktlich mitzubekommen. Schalten sie zur gewohnten Zeit um, hat die Handlung bereits begonnen und sie werden meinen, etwas verpasst zu haben – auch wenn es nur zwei Minuten sind.

Theoretisch ist es möglich, dem Gegenprogramm auch innerhalb eines Formates selbst entgegenzuarbeiten. Nehmen wir folgenden Fall an: Auf dem Time Slot von 21:15 Uhr bis 22:15 Uhr strahlt der eine Sender zwei halbstündige Sitcoms aus, der andere Sender ein Stundenformat. Man könnte in das Stundenformat nun einen spannenden Bogen einbauen, der den Zuschauer fesselt – zu genau der Zeit, an der der andere Sender von einer zur nächsten Sitcom schaltet.[123] In den USA ist dies durch die viel schnelleren Produktionsprozesse bei fiktionalen Formaten möglich – in Deutschland kaum: Zwischen Dreh und Ausstrahlung liegt oft ein Jahr (oder mehr), sieht man einmal von industriellen Formaten wie Soaps und dergleichen ab.

Ebenfalls nur in den USA üblich ist der Effekt des *Supersizing*. Das bedeutet, bestehende Formate durch eine Extrazeit zu verlängern. Also eine Sitcom wie *Friends* um 10 Minuten oder eine einstündige Show wie *Fear Factor* um eine halbe Stunde auszudehnen.[124] Die Zuschauer werden die zusätzliche Zeit gerne annehmen und nicht umschalten. Aber letztlich funktionieren solche Supersize-Effekte nur als Gimmick und nicht als durchgehendes Konstrukt.

Als Gegenreaktion auf diese inhaltlichen Entwicklungen bietet sich eine Methode an, die man *Seamlessness* nennt.

3.2.9 Seamlessness

Nahtlose Programmierung von zwei Shows ist eigentlich ein dem *Bridging* sehr ähnliches Mittel. Es geht hier darum, den Übergang zwischen zwei Formaten so unscheinbar und kurz zu halten, dass der Zuschauer gar nicht dem Impuls folgen kann, in einer Werbepause oder während eines langen Abspanns umzuschalten.

---

123 Perebinossoff / Gross / Gross: Programming. 2005, S. 225.
124 Perebinossoff / Gross / Gross: Programming. 2005, S. 225.

Dies bedeutet also, die Zuschauerverluste durch einen möglichst verkürzten Abspann aufzufangen oder aber den Abspann mit Hilfe eines Split Screens in das gerade endende Format einzubauen, so dass der Zuschauer dranbleibt. Dass bedeutet aber auch, auf die üblichen Werbepausen zwischen zwei Sendungen zu verzichten und diese stattdessen im Format zu positionieren.

TV-Sender entwickeln jedoch immer neue Sonderwerbeformen, die diese Folgen auffangen sollen (vgl. Kap. On Air Promotion). So ist es zur Zeit üblich, in einem Split Screen-Verfahren den Werbespot sogar während des Abspanns zu zeigen.

Es gibt einige transitorische Verfahren, die die Übergänge zwischen zwei Formaten optimieren und möglichst nahtlos gestalten wollen. So ist es z. B. möglich, mit verkürzten Anfangstiteln über dem Programm zu starten, so dass die Handlung direkt im Gange ist. Auch ein Kaltstart wird so häufig verwendet, dass er schon beinahe Gewohnheit ist: Der Film fängt sofort an, dann erst kommen – grafisch abgesetzt, als *Indikativ* (Vorspann) – die Titel. Durch diese Teilung entsteht ein *Teaser*, der sich mittlerweile in fast allen fiktionalen Formaten durchgesetzt hat. Ein Teaser macht neugierig auf das zu Erzählende, er bietet immer einen *Hook*, einen Angelhaken also, der es dem Zuschauer erleichtern soll, die möglicherweise langweilige Titelsequenz zu überstehen – schließlich ist er gespannt auf das, was da nun kommen soll.

Solche Teaserstrukturen werden vor allem bei Privatsendern geschätzt, die eine viel aggressivere Programmplanungsstrategie als die öffentlich-rechtlichen Sender anwenden. Ihnen ist es wichtig, dass die Zuschauer direkt zu Beginn eines Formats „angefixt" sind – und im Konkurrenzkampf beim Zappen nicht durch einen langweiligen Vorspann abgeschreckt werden und dann zur Konkurrenz schalten.

3.2.10 Senderfamilien und die Programmplanung

Eine senderübergreifende Programmplanung findet in den letzten Jahren häufiger statt. Es waren schon immer die öffentlich-rechtlichen Sender, die erfolgreiche Programme aus den Dritten in Das Erste, dem Gemeinschaftsprogramm der ARD geholt haben, wie z. B. *Hart aber fair*, das zunächst im WDR erfolgreich war, bevor es nach langen Diskussionen 2007 in das Abendprogramm des Ersten übernommen wurde. Diese Diskussionen setzten sich nach der grundsätzlichen Entscheidung für die Übernahme fort, denn ein geeigneter Sendeplatz war nicht zu finden. Diese Diskussionen wurden öffentlich ausgetragen, denn das Feuilleton war der Meinung, dass

> „die ARD-Lenker völlig unterschätzt haben, was ein zusätzliches Talk-Format in der Zeit zwischen *Tagesschau* und *Tagesthemen* verursacht: Chaos im Pro-

grammschema. Nachdem der Montag (zu nah an [Anne] Wills künftigen Polit-talk) und der Donnerstag (wegen der Konkurrenz zu ZDF-*Illner*) sowie der Freitag (freitags will der Zuschauer entspannen) zunächst ausgeschlossen wurden, steht der Mittwoch im Gespräch. 21:05 Uhr, 70 Minuten."[125]

Aber was müsste dafür geopfert werden? Der TV-Film der Woche (FilmMittwoch im Ersten), der seit langem den Sendeplatz belegt, müsste verlegt werden, darf aber z. b. nicht am Montag gegen den ZDF-„Fernsehfilm der Woche" laufen, also müsste eventuell der Dienstag mit seinen beiden Serien auseinander gerissen werden, was ebenfalls keine gute Wahl wäre. Schließlich einigte man sich auf Mittwochabend, 21:45 bis 23:00 Uhr, so dass die *Tagesthemen* verschoben werden mussten (sie laufen im Anschluss an *Hart aber Fair*). *Die Harald Schmidt Show*, die am Mittwoch um 22:45 Uhr lief, wurde mit der Donnerstagsausgabe zusammengelegt, so dass der Entertainer nun am Donnerstag eine Stunde lang sendet. Als z. B. *Schmidteinander*, das nach 33 Ausgaben 1994 ins Erste wechselte, gab es solche Probleme nicht. Aber auch dieses Beispiel zeigt zumindest, dass Programmverschiebungen über die Sendergrenzen hinweg schon immer üblich waren, allerdings eher selten realisiert wurden.

In letzter Zeit sind jedoch die Privatsender häufiger dazu übergegangen, Formate und Programme innerhalb der Senderfamilie zu verschieben. Zum einen liegt dies an dem verstärktem Fokus auf die Senderfamilien, denn angesichts allgemein sinkender Marktanteile wird auch in der Öffentlichkeit verstärkt auf die Gesamtgruppen geachtet. Zum anderen sind es auch Kostengründe – letztlich haben die Sender einen geringeren Atem im Ausprobieren neuer Formate. Kostengründe anderer Art sind es sicherlich auch, die die Einprogrammierung von *Ups, die Pannenshow* bei RTL hatte. Bei dem kleinen Schwesternsender Super RTL gestartet, lieferte das kostengünstige Format, das Heimvideos mit lustigen Missgeschicken sammelt, einen Überraschungserfolg ab, so dass es in die Prime Time des großen Senders gezogen wurde – hinter *Deutschland sucht den Superstar* erzielte es blendende Quoten, sogar mit bis zu 35,5 % in der werberelevanten Zielgruppe. Dies war sozusagen der Vorreiter für eine wesentlichere senderübergreifende Programmierung: der Transfer von *C.S.I* von VOX zu RTL. Dazu RTL-Geschäftsführerin Anke Schäferkord:

„Es wird sicherlich immer einzelne Formate geben, die bei einem größeren Sender deutlich mehr Potenzial haben. C.S.I. Miami und C.S.I. haben bei RTL noch einmal einen deutlichen Sprung gemacht. Das ist allerdings kein Modell

---

für alle Genres. Es gibt Formate, die passen nur zu einem Sender. Boston Legal und Gilmore Girls sind perfekt bei VOX aufgehoben. Es gibt nur wenige Serien, die in der Zielgruppenausrichtung breit genug für RTL sind." [126]

Die Quoten haben tatsächlich einen großen Sprung gemacht: von durchschnittlich etwa 15 % bei VOX auf durchschnittlich 24,4 % Marktanteil in der werberelevanten Zielgruppe bei RTL. Dies beweist aber auch eindeutig, welchen großen Stellenwert das Image eines Senders beim Publikum hat und in welcher Form sich die Gesamtmarktanteile eines TV-Senders auswirken: Durch das Stammpublikum der großen Sender ist es möglich, dass Formate eine größere Aufmerksamkeit erlangen als zuvor, denn „kleinere" Sender werden grundsätzlich von weniger Menschen eingeschaltet. Die erste Folge *C.S.I. Miami* bei RTL hatte aus dem Stand 21,3 % – sechs Prozentpunkte mehr als bei dem kleineren Schwesternsender.

Ein Sonderfall fand auch bei dem Beispiel von *C.S.I.* statt, der sich unter das schon erläuterte Mittel des Stunting fassen lässt: Am 13.03.07 und 19.03.07 wurde senderübergreifend programmiert, wie unsere Beispielwoche zeigt: In *C.S.I. Miami* ermitteln die Kollegen in einem Kriminalfall, der in der *C.S.I. New York*-Folge auf VOX in der nächsten Woche aufgegriffen wird. Hier treffen alle Ermittler wieder zusammen. Ein solches *Crossover* (vgl. auch Crossprogramming) zwischen zwei Serien gibt es immer wieder – dass es aber zwischen zwei Sendern stattfindet, ist sicher ungewöhnlich. In den USA sorgte die Doppelfolge – bei einem Sender allerdings – für die höchste Einschaltquote seit Serienstart.

Crossover werden sonst oft geplant, um schwächelnden oder neustartenden Serien unter die Arme zu greifen oder letztlich auch, um neue Aufmerksamkeiten zu generieren. So gab es zwischen *Denver Clan* und den *Colbys*, zwischen *Magnum* und *Mord ist ihr Hobby* oder zwischen *Polizeiruf 110* und *Tatort* Überschneidungen in den Storylines.

Der erfolgreiche Transfer von *C.S.I.* zu RTL fand auch anderswo Nachahmer, die sich sogar konkret auf dieses Beispiel beziehen. ProSieben Senderchef Andreas Bartl:

„Wir haben natürlich verfolgt, wie die RTL-Gruppe erfolgreiche Formate von VOX zum Hauptsender geholt hat. Und dann haben wir auch bei uns geschaut, ob es Programme von Kabel Eins gibt, die bei einem der größeren Sender die Marktanteile vielleicht noch steigern könnten. Sat.1 bekam ‚Without a Trace', wir haben jetzt ‚Cold Case'. Das war eine Entscheidung im Sinne der gesamten Gruppe. Für den kleineren Sender ist das natürlich schade und als Programm-

---

126 Anke Schäferkordt in: „Ich verlasse mich nicht auf Gefühle." Süddeutsche Zeitung Nr. 37 vom 14.02.07, S. 15.

macher entschuldige ich mich auch dafür, aber wir bündeln in der Senderfamilie die Kräfte und wir bei ProSieben wollen die Position als führender Sender für US-Serien verteidigen und ausbauen."[127]

Without a Trace erzielte bei Kabel Eins relativ konstante Quoten um die 8 % in der Zielgruppe, bei Sat.1 startete die Serie am Donnerstagabend um 20:15 Uhr miserabel mit 6,8 % Marktanteil, konnte sich dann aber auf etwas über 9 % steigern. Dennoch ist diese Umprogrammierung nicht erfolgreich: Der Marktanteil bei Kabel Eins reduzierte sich entsprechend und für Sat.1 sind die Quoten zu schlecht, um damit gegen die Konkurrenz zu bestehen. Bei *Cold Case* könnte die Programmierung unter Umständen besser laufen (ProSieben zeigte die vierte Staffel ab April 2007 mittwochs um 20:15 Uhr), zumindest scheint eine Umprogrammierung auch aus anderen Gründen sinnvoll: Zuletzt lagen die Quoten am Freitag bei Kabel Eins bei stellenweise unter 5 % Marktanteil.

Das Beispiel (vgl. auch Kap. Blocking) zeigt eine schwierige Entwicklung innerhalb der Senderfamilienprogrammierung auf: Die Suche nach neuen Programmen, die Flops ersetzen müssen, der Versuch, amerikanischen Beispielen zu folgen und andere Gründe mehr, zeigen, dass das Image eines Senders dem schnellen Quotenerfolg untergeordnet wird. Denn für den Zuschauer ist die oben geschilderte Lage irritierend: Auf insgesamt drei Sendern laufen zwei Serien – und einer der drei zeigt nur Wiederholungen. Abgesehen davon, dass man einen Sender geschwächt hat, wird keiner der anderen Sender einen nennenswerten Imagegewinn davontragen können.

Wenn es um den Programmeinkauf geht, zeigen die privaten Senderfamilien ihre Stärken, denn die Vorteile, die sie durch ihre Markenstrategie haben, zahlen sich hier aus. Programmlizenzen für Spielfilme werden, wie angesprochen, in Paketen verkauft und ein solches *Bundle* beinhaltet immer auch Filme, die weniger stark sind. In ihrer Prime Time können Sender wie Sat.1, ProSieben oder RTL diese nicht programmieren, weil sie dort zu schwache Quoten unterhalb des Senderschnitts erreichen würden. Solche Programme werden an die kleineren Schwesternsender wie Kabel Eins, VOX oder Super RTL weitergereicht, wo sie – bezogen auf die Quotenerwartung dieses Senders – reüssieren und damit auch gute Werbeerlöse generieren. Hier zahlt sich die Dachmarkenstrategie (vgl. Kap. Programmmarketing) der Senderfamilien aus.

---

127 http://www.dwdl.de/article/news_9342,00.html

3.3 Programmänderung

Wie oben schon angedeutet sind die Beständigkeit und Regelmäßigkeit, mit der Sendungen programmiert werden, immens wichtig für deren Erfolg und damit auch für den Erfolg des Senders. Die Verbindung, die Zuschauer zu einer Sendung und dem entsprechenden Time Slot eingehen, ist stark und und kaum zu erschüttern. Ein häufiger Wechsel von Sendeplätzen kann gefährlich sein. Im deutschen Fernsehmarkt mit seinen vielen Kanälen, der als der stärkste in Europa gilt, verlieren die Zuschauer schnell den Überblick. Gerade in diesem sich stark ausweitenden Markt schaffen es manchmal nur noch TV-Süchtige, den Überblick zu behalten. Aufmerksamkeit bei den Zuschauern für ein bestimmtes Format und womöglich auch dessen Sendeplatzverlegung zu generieren, ist mit hohen Kosten verbunden. Nicht jedes Format wird daher mit dem gleichen Marketingdruck begleitet – dies ist immer abhängig von den Erfolgsaussichten, die man ihm einräumt.

Manchmal ist aber der Wechsel eines Sendeplatzes wichtig für den Erhalt einer Serie oder für die Optimierung des Programmschemas. Solche Entscheidungen können aus strategischen Gründen getroffen werden, wenn man z. B. die Einführung einer Telenovela plant, wie es in den Jahren 2005/06 so oft im deutschen Fernsehen der Fall war. So hat Sat.1 seinen Vorabend bei der Einführung von *Verliebt in Berlin* umstrukturieren müssen. Um den Konkurrenten RTL mit seinem wertvollen Prime Time-Lead-In *Gute Zeiten schlechte Zeiten* in der begehrten Access Prime Time von 19:45 Uhr bis 20:15 Uhr konkret anzugreifen, wurde die Sendung *K11 – Kommissare im Einsatz* von 19:15 Uhr auf 19:45 Uhr verschoben, um den Sendeplatz für die Telenovela freizumachen. Die über einen langen Zeitraum guten Quoten der Telenovela zahlten sich auch für die Doku-Soap aus – sie konnte von dem guten Lead-In profitieren.

Die Entscheidung, eine Sendung in einen neuen Time Slot zu heben, kann auch getroffen werden, weil das Format gut ist und auf einem neuen Sendeplatz eine größere Zuschauerzahl ansprechen könnte (z. B. *Ups, die Pannenshow*).

Ein Time Slot-Wechsel kann dem Format jedoch auch schaden, da vielleicht der Einfluss des ursprünglichen Lead-Ins unterschätzt wurde und folglich das Format auf dem neuen Sendeplatz schwächelt. Das ist z. B. an der RTL-Serie *Im Namen des Gesetzes* abzulesen, die nach vielen erfolgreichen Jahren auf dem Dienstag um 21:15 Uhr im Jahr 2007 auf den Montag 21:15 Uhr verlegt wurde: Trotz eines guten Lead-Ins mit *Wer wird Millionär?* konnte die Serie nicht reüssieren. Das vorige Lead-In – wechselnde fiktionale Formate – war wohl wirkungsvoller, hingegen die Serie selbst wenig zugstark.

Die Geduld, die neuen Formaten entgegengebracht wird, ist durchaus unterschiedlich groß. Auf manche werden so hohe Erwartungen gesetzt, dass die Enttäuschung und die daraus resultierende Reaktion heftig sind. Andere Formate werden eher entspannt betrachtet und die Reaktionszeit vor einem Wechsel oder dem Absetzen ist länger.

Wenn (neue oder auch altbekannte) Formate floppen, müssen die Sender angemessen reagieren. Manchmal werden Formate ganz vom Schirm genommen, wie die mit dem Deutschen Fernsehpreis gekrönte RTL-Serie *Abschnitt 40* im Herbst 2006 nach fünf Folgen der vierten Staffel, oder die *Die Familienanwältin* im Frühjahr 2007 nach nur zwei Folgen der zweiten Staffel. 10,4 % und 8,9 % in der Zielgruppe waren bei Letzterer zu wenig für die Erwartungen des Senders.

Oft werden solche Serien auf einen späteren Senderplatz gelegt, wo der Gegendruck nicht so stark ist und sich schwache Zuschauerzahlen besser verkraften lassen. Die ProSieben-Serie *Verrückt nach Clara* wurde nach einem desaströsen Start im Januar 2007 mit 6,0 % und 5,5 % in der Zielgruppe vom Sendeplatz um 20:15 auf 22:15 Uhr gesetzt. Stattdessen sollten nun Movies die Quoten zu Beginn der Prime Time wieder anheben. *Verrückt nach Clara* konnte auch zum späteren Zeitpunkt nur Werte unter 6 % erzielen und wurde nach vier Folgen sogar ins Nachtprogramm verbannt.

Gerade Neustarts vertragen eine kurzfristige Sendeplatzänderung nur schlecht, wie das folgende Beispiel zeigt. Im Frühjahr 2007 plante Sat.1 eine Neugestaltung des Fiction-Sendeplatzes mittwochs um 20:15 Uhr bis 22:15 Uhr. Der *Bulle von Tölz*, der zuvor jahrelang auf dem Mittwoch lief, wurde verlegt und hier ein neues Serienpaket gestartet: Um 20:15 Uhr (wo üblicherweise *Clever* und andere Shows liefen) zeigte man *Allein unter Bauern* und danach um 21:15 Uhr *GSG 9*. Während der *Bulle von Tölz* die Umsetzung auf den Montagabend relativ gut verkraftete und dort in den ersten beiden Ausstrahlungen 18,6 % und 14,0 % in der Zielgruppe der 14- 49-Jährigen holte, musste der Starttermin von *GSG 9* kurzfristig verschoben werden: Ein *Champions League*-Spiel zwischen Bayern München und Real Madrid machte den beabsichtigen Starttermin zunichte. Die Reaktion des Senders: Der Pilot von *GSG 9* wurde nicht etwa eine Woche später – wie ursprünglich geplant im Doppelpack mit *Allein unter Bauern* – ausgestrahlt, sondern einen Tag nach dem ursprünglichen Termin auf einem völlig anderen Sendeplatz programmiert: am Donnerstag um 20:15 Uhr. Dies war mit reichlich publizistischem Aufwand verbunden, eine Vielzahl von Trailern mussten auf den neuen Zeitpunkt aufmerksam machen und allenfalls die Tagespresse konnte man noch rechtzeitig informieren – die 14tägigen Programmzeitschriften können auf solche Verschiebungen nicht reagieren. Damit geht ein Großteil der Aufmerksamkeit, die für einen Serienneustart immens wichtig ist, verloren. Der Pilot lief mit 13,3 % in der werberelevanten Zielgruppe – kein wirklich guter Start für die Serie, die in den folgenden Wochen auf einem gänzlich anderen Time Slot eingeplant wurde: Auf diese Art und Weise kann man keine Zuschauer binden. Die erste reguläre

Folge (siehe Beispielwoche) lief dann auch nur mit unbefriedigenden 8,6 % in der Zielgruppe, die zweite mit 9,4 %. Zu wenig für einen Neustart.

Doch auch *Allein unter Bauern* hatte durch die kurzfristige Programmänderung zu leiden. In der Woche vorher war das Format mit einer Doppelfolge gestartet. Die *Blocking*-Strategie hatte zumindest befriedigend gewirkt: 14,2 % und 14,6 % Marktanteil in der Zielgruppe waren in Ordnung für den Serienstart. Doch der Komplettausfall in der nächsten Woche durch das *Champions League*-Spiel wirkte sich nicht positiv aus. Denn in der darauffolgenden Woche konnte das Format nur 7,7 % in der Zielgruppe erreichen – ein katastrophaler Wert, an dem das parallel laufende Fußballspiel im ZDF *Bremen vs. Celta Vigo* (15,3 %) nur bedingt Schuld sein kann. In der folgenden Woche erreichte das Format 8,9 %, dann 5,7 %.

Damit nicht genug – in der darauffolgenden Woche wurde das Programm erneut verschoben: *GSG9* und *Allein unter Bauern* tauschten die Plätze. Damit wollte der Sender für einen besseren Audience Flow von dem um 19:45 Uhr laufenden *K11 – Kommissare im Einsatz* auf die Crime-Serie um 20:15 Uhr sorgen. Ob allerdings die *GSG9*-Serie als Einstieg in die Prime Time „breit" genug war, darf bezweifelt werden. Denn mit 8,2 % (und nur 0,97 Mio. Zuschauer in der Zielgruppe) für *GSG9* war die Umprogrammierung kein Erfolg (in der Vorwoche 7,3 % und 0,91 Mio.), *Allein unter Bauern* erreichte nur 6,4 % und 0,78 Mio. (vormals 5,8 % und 0,71 Mio.). Am stärksten verlor das folgende *The Unit* mit nun noch 5,8 % und 0,52 Mio. (von vormals 7,6 % und 0,65 Mio.), denn der *Audience Flow* von der humorigen Politiker-Serie auf das Sondereinsatzkommando-Format funktioniert weitaus schlechter als die vorige Koppelung. Aber die Umprogrammierungen brachten keinen Erfolg – letztlich sind die Quoten der gesamten Prime Time viel zu niedrig für einen der großen Sender.

Neustarts werden manchmal aus strategischen Gründen auf spätere (und damit womöglich geschütztere) Sendeplätze gelegt, um dort sicher zu starten und eine loyale Fanbasis zu gewinnen.

> „Speziellere Serien lassen sich leichter auf einem späteren Sendeplatz etablieren und dann nach vorne holen. So haben wir das bei Dr. House gemacht. Der startete um viertel nach zehn, kommt jetzt um 21:15 Uhr und hat inzwischen bis zu sechs Millionen Zuschauer."[128]

Wenn TV-Sender Erfolge mit ihren Formaten feiern, versuchen sie oft, dieses Kapital auszuschlachten. Schnell werden Kopien nachgeschoben, schnell wird

---

128 Anke Schäferkordt in: „Ich verlasse mich nicht auf Gefühle." Süddeutsche Zeitung Nr. 37 vom 14.02.07, S. 15.

die Sendung überprogrammiert – also an mehreren Abenden gezeigt. So führte der erstaunliche Erfolg von *Wer wird Millionär?* dazu, dass die Sendung in Deutschland im Jahre 2000 am Donnerstag, Freitag, Samstag (19:15 Uhr), Sonntag (19:15 Uhr) und Montag gezeigt wurde – diesmal mit gutem Erfolg.

3.4 Programmierungsfehler

Nicht alle Programme laufen gut, nicht jedes Format kann erfolgreich sein. Das ist eine simple Tatsache, doch sie ist von den Verantwortlichen oft nur schwer zu akzeptieren. Niemand gibt gerne zu, dass er Fehler gemacht hat. Aber einige Fehler sind behebbar, andere nicht.

Wenn ein Format auf einem bestimmten Sendeplatz nicht funktioniert, muss nicht die gesamte Produktion eingestellt werden und es müssen auch nicht alle Folgen aus dem Programm genommen werden. Dies würde große Verluste verursachen, schließlich sind die Anlaufkosten hoch gewesen.

Viele Shows haben schlechte Quoten, weil sie schlecht produziert worden sind. Das ist jedoch nicht zwingend so, denn auch schlecht produzierte Shows können sehr erfolgreich sein – und andererseits ist nicht jedes Reality-Format Grimme-Preis-würdig. Manche Formate gehen auf den Schirm, obwohl die Sender mit der Qualität nicht zufrieden sind – aber vertragliche Bindungen, die Kosten oder simpel auch der Mangel an Alternativen zwingen sie dazu. Oft werden solche Formate schlechter beworben und schlechte Quoten sind dann erst recht keine Überraschung mehr.

Manche Formate bleiben trotz schwacher Quoten *on air,* andere werden mit weitaus besseren Quoten abgesagt. Hier sind die Unterschiede zwischen Privaten und öffentlich-rechtlichen Sendern deutlich zu merken. Letztere halten an Formaten mit schlechten Quoten länger fest als die Privatsender, die stärker auf jede einzelne Quote angewiesen sind.

Jedes Format (abgesehen von den Nachrichten vielleicht) hat eine grundsätzliche Laufzeit, nach der es aufgegeben werden sollte. Bei manchen Shows kann auch eine zusätzliche Prominentenrunde nicht über das unausweichliche Ende hinwegtäuschen, der Aufbau vieler Magazine ist derart oft umgearbeitet worden, dass irgendwann alle Möglichkeiten erschöpft sind und auch ein neuer Moderator nicht mehr hilft. Bei Serien hat man vielleicht noch die größten Spielräume, aber irgendwann hat man auch hier wirklich jeden Onkel, Schwester oder Nichte der Hauptdarsteller ins Spiel gebracht, so dass jede weitere Drehung am Personalkarussel die Glaubwürdigkeit der Serie schwächen würde. Viele Serien, die mit sinkenden Quoten zu kämpfen haben, setzen auf den Publicity-Effekt bekannter

Schauspieler und gerade amerikanische Serien verpflichten für Gastauftritte zum Beispiel prominente Sänger oder Moderatoren. In Deutschland ist der Einsatz solcher „Hilfsmittel" wegen der längeren Produktionszeiten seltener.

Inhaltliche Änderungen sind häufig und jede gute Serie versucht, sich permanent anzupassen und zu verändern, allerdings innerhalb eines einmal gesteckten Rahmens. Sinken die Quoten, gehen manche Serien aber auch an ihre Grundkonstellation und ändern diese. *Roseanne* beschrieb die Wirklichkeit einer Familie der Working Class, die war aber in der neunten und letzten Staffel nicht mehr glaubwürdig, als die Familie 108 Millionen Dollar erbte.

Who's the Boss? setzte auf den Grundkonflikt zwischen einer Frau und ihrem Hausangestellten, die ineinander verliebt sind, aber sich nicht kriegen können – eine Romantic Comedy als Dauerlösung sozusagen. In der achten und letzten Staffel fanden Tony und Angela zueinander, doch das war das endgültige Ende der Serie. Ähnliches gilt für *Ally McBeal*, die in den ersten Staffeln völlig ohne Gastauftritte von Stars auskam, diese später aber fast zum Erzählprinzip erhob. In der letzten Staffel wurde das Grundprinzip der Serie – die Geschichte einer jungen und erfolgreichen Single-Frau in einer Großstadt auf der Suche nach dem richtigen Mann fürs Leben – ebenfalls ad absurdum geführt, denn in der fünften Staffel erfährt Ally, dass sie (durch eine Eizellenspende) Mutter einer zehnjährigen Tochter ist. Ihretwegen verlässt sie die Kanzlei und geht nach New York.

Das Sat.1-Newsmagazin *Sat.1 am Mittag* war als Konkurrenz zu RTL *Punkt 12* gestartet worden, ursprünglich um 11:30 Uhr und als anderthalbstündige Sendung angelegt. Dafür wurde die seit zehn Jahren laufende Talkshow *Vera am Mittag* eingestellt. Nach einem schwachen Start wurde das Magazin nach 40 Folgen zunächst um eine halbe Stunde gekürzt und parallel zum Konkurrenten um 12:00 Uhr gestartet. Dies brachte aber keine wesentliche Besserung, erst eine erneute Umprogrammierung (nach wiederum knapp 40 Folgen) auf 11:00 Uhr bis 12:00 Uhr brachte den Erfolg oder zumindest stabile Marktanteile mit 12,2 % – also mehr als der Senderschnitt.

Wenn ein Format gut startet, dann aber innerhalb kurzer Zeit seine Zuschauer verliert, zeigt dies, dass das Publikum die Grundidee gut fand, aber mit der Realisierung nicht einverstanden war. Vielleicht sind es falsche Castingentscheidungen, schwache Plots oder eine mangelhafte Dramaturgie (auch bei Gameshows), ein ungeeigneter Moderator oder anderes – es gibt viele Möglichkeiten, etwas falsch zu machen. Was richtig ist, zeigt eigentlich nur der Erfolg beim Publikum.

4 Wirtschaftliche Aspekte der Programmplanung

Wie für jedes andere Unternehmen auch ist eine entsprechende Wertschöpfung für Fernsehsender die zentrale Aufgabe. Allerdings gibt es hier auch Werte anderer Art. Neben den monetären Werten schaffen TV-Sender zusätzliches „Kapital", das sich nicht in monetärer Form ausdrücken lässt – nämlich zusammen mit der erreichten Quote die „Steigerung der Markenreputation einer Medienmarke oder Aufklärung der Gesellschaft." [129]

Dennoch stehen für alle Sender wirtschaftliche Fragen im Vordergrund, denn ohne ein entsprechendes Fundament ist ein in verschiedener Hinsicht erfolgreiches Programm nicht möglich. Programmplanung umfasst ja nicht nur das, was auf dem Bildschirm zu sehen ist, sondern ist vielmehr die maßgebliche Komponente bei der Bestimmung von Strategien und Konzeption eines TV-Senders. Welche Programme wann für wen gesendet werden können bzw. sollen, kann nur aufgrund von finanziellen Taktiken entschieden werden. Wie teuer darf ein Format sein und was dürfen die einzelnen Sendeplätze kosten? Neben den inhaltlichen und kreativen Überlegungen, die zuvor schon Thema waren, werden nun also in kurzer Form die wirtschaftlichen Aspekte betrachtet.

Im Gegensatz zu öffentlich-rechtlichen Sendern müssen die privaten TV-Sender Gewinne zu erwirtschaften. Die Öffentlich-Rechtlichen fügen sich stattdessen dem öffentlichen Druck, die durch die Gebühreneinzugszentrale (GEZ) erhobenen Rundfunkgebühren optimal einzusetzen. Die können sich sehen lassen: 2005 hatte die GEZ rund 7,12 Mrd. € eingenommen, damit haben sich die Einnahmen seit 1996 fast verdoppelt.[130]

Die Rundfunkgebühr wird nach folgendem Verfahren erhoben: Die öffentlich-rechtlichen Sender melden ihren jeweiligen Finanzbedarf bei einem unabhängigen Sachverständigen-Gremium, der KEF (Kommission zur Ermittlung des Finanzbedarfs der Rundfunkanstalten). Die KEF überprüft den gemeldeten Finanzbedarf der öffentlich-rechtlichen Rundfunkanstalten und gibt den Ministerpräsidenten der Länder eine Empfehlung zur Höhe der Rundfunkgebühr ab. Die folgen allerdings nicht in jedem Fall der Empfehlung. 2005 stimmten die Länder nur einer geringeren Rundfunkgebührenerhöhung vor, als die KEF empfohlen hatte: 0,88 € anstatt 1,09 €.

---

129 Geisler: Controlling. 2001, S. 52.
130 Vgl. auch http://www.gez.de/pics/content/diverse/gesamtertraege2005.jpg

In der Öffentlichkeit kehrt die Gebührendebatte regelmäßig wieder, unter anderem deshalb, weil die Abgabe der GEZ-Gebühr auf jedes Fernsehempfangsgerät erhoben wird – unabhängig davon, ob der Besitzer nun das Programm der öffentlich-rechtlichen Sender konsumiert oder vielleicht ausschließlich private Programmanbieter nutzt. Oder weil auch für die in einem Geschäft zum Verkauf stehenden Geräte eine Händlergebühr erhoben wird, selbst wenn diese verpackt und nicht angeschlossen sind (hier gibt es länderspezifische Unterschiede). 2007 wird zudem erstmals eine Gebühr für Internetnutzer erhoben, weil Fernsehprogramme auch per Internet zu sehen sind.

Mit der schon angedeuteten Problematik des „zu alten" Zuschauerschnitts von ARD und ZDF liegt hier also viel Streitpotenzial und Munition für die öffentliche Debatte und damit ein Konfliktfeld für die öffentlich-rechtlichen Sender, die grundsätzlich unter Beweiszwang stehen, dass sie die Gebühren in erfolgreiche und/oder qualitativ Programme investieren.

Die privaten Sender finanzieren sich dagegen durch Werbegelder. Insgesamt konnten im TV-Werbemarkt 2006 rund 8.298 Mio. € eingenommen werden (vgl. Grafik Entwicklung des Werbemarktes, Seite 203) – allerdings sind die öffentlich-rechtlichen Anstalten auch an diesem Topf beteiligt: Werktags in der Zeit zwischen 18:00 und 20:00 Uhr dürfen auch sie Werbung ausstrahlen. In diesem Zeitraum sind die Anstalten daher versucht, ein möglichst junges und breites Publikum anzusprechen. Sie bieten wie das ZDF Krimis (Soko-Reihe), in der ARD Daily Soaps oder junge serielle Formate wie Berlin, Berlin, Türkisch für Anfänger, Das Quiz – mit Jörg Pilawa oder auch Doku-Soaps wie die Bräuteschule 1958. Der Finanzierungsanteil der Werbung in der ARD pendelte zwischen 20 % und 25 %, sank aber in den letzten Jahren stark, so dass die Werbeerträge 2005 nur noch 2,1 % von den Gesamterträgen der Rundfunkanstalten ausmachten.[131]

Was sich ein Sender (egal ob öffentlich-rechtlich oder privat) leisten kann, ist jährlichen Schwankungen unterworfen. Zum einen trägt die aktuelle wie auch die prognostizierte Marktlage zu Programmentscheidungen bei, ebenso aber die grundsätzliche Strategie eines Senders, etwa in welchem Feld er sich profilieren möchte oder muss. Programmplanung ist also kurz-, mittel- und langfristigen Zielen unterworfen. Eine „Aufwand-Ertragsschere"[132], also ein inhaltliches Ergebnis, das nicht durch eine entsprechend relevante und stimmige Finanzierung erreicht wird, darf sich jedoch keinesfalls auftun.

Neben solchen primären Faktoren spielen auch Aufbau und Organisation eines Senders eine Rolle. Denn Anstalten, die einen eigenen Produktionsbetrieb, der mehr als die täglichen Sendungen wie zum Beispiel die Nachrichten produziert,

---

131 http://www.ard.de/intern/finanzen/werbung/-/id=55272/1gbj7f7/index.html
132 Markus Schöneberger in: Paukens / Schümchen: Programmplanung. 1999, S. 36.

müssen auf die betriebliche Wirtschaftlichkeit achten: Die hauseigenen Produktionen des ZDF müssen ideal ausgelastet sein. Die privaten Sender sind anders strukturiert und kaufen solche Leistungen zu, vergeben also fast ausschließlich Auftragsproduktionen.

Gerade im fiktionalen Bereich werden solche Auftragsproduktionen natürlich auch von den öffentlich-rechtlichen Sendern vergeben, u. a. an die eigenen Produktionstöchter. Deren Bindung an die Sender (durch die öffentlich-rechtlichen Beteiligungen), schützt sie aber nicht vor schlechter Auftragslage oder sogar Insolvenz. Sie befinden sich wie alle anderen Produzenten in einer Marktsituation und müssen wirtschaftlich arbeiten.

Die Abteilung des Business Affairs Programm, wie sie bei den Privatsendern genannt wird, ist für die finanziellen, organisatorischen und produktionstechnischen Aspekte der Auftragsproduktionen eines Senders verantwortlich. Das bedeutet in der Praxis, dass sich die Redaktionen mit dem Produktionsmanagement zusammensetzen und mit den Auftragsproduzenten klären, ob sich ein bestimmtes Format zu einem festgesetzten Preis realisieren lässt. Möglicherweise müssen Ansprüche und Vorstellungen aller Seiten überdacht werden. Erst dann wird der Startschuss für eine Produktion gegeben.

Grundsätzlich ist zu beobachten, dass die Kosten für das Programm in den 80er und 90er Jahren zugenommen haben: Die Kosten für den Erwerb von Sportrechten oder Hollywoodfilmen sind in astronomischen Höhen gelandet. Gleichzeitig setzte eine Kostenreduktion auf anderer Seite ein: bei den fiktionalen Produktionen wird an der Preisschraube gedreht, manchmal verschwinden sogar ganze Formate. Teure Krimis wurden durch Reality-Formate und Magazine ersetzt, die viel billiger zu produzieren sind. Ebenso feierten Shows neue Erfolge – auch sie sind weitaus billiger als fiktionale Unterhaltung. In den USA ist langfristig zu beobachten, dass im Bereich Fiction besonders teuer herzustellende Genres wie Western oder Science Fiction verschwanden und stattdessen nun die vergleichsweise billigen Sitcoms den Markt dominierten (1995 mit 60 % der fiktionalen Formate).

Am besten ist es, wenn TV-Sender nur über *Cash Cows*: verfügen hervorragende Programme, die wenig kosten und immens erfolgreich bei den Zuschauern sind. Die Realität sieht leider anders aus. Solche Formate sind rar. Erfolgsprogramme, die den Zuschauer langjährig an sich binden und damit den Senderverantwortlichen und den Werbetreibenden eine Planungssicherheit bieten, lassen sich nicht einfach aus dem Hut zaubern. Die vielen, bereits in den vorangegangenen Kapiteln genannten Elemente wie Qualität, Hook, Erzählprinzip, Besetzung, Zeitgeist tragen alle zum Erfolg eines Programms bei. Insofern müssen TV-Sender in ihrem Programmportfolio auf eine Mischkalkulation setzen. *Cash Cows* müssen andere Programme mitfinanzieren. Insgesamt gibt es nach Geisler folgende Formattypen:[133] So genannte *Star*-Formate, deren Erfolg zwar groß ist, aber deren Kosten sehr hoch sind. *Poor Dog* genannte Formate sind Problemsendungen, deren Kosten hoch sind, die Zuschauerresonanz dafür aber gering. Diese sind die ersten „Abschusskandidaten" wenn es um die Programmoptimierung geht. Sie werden noch schneller gekündigt als *Question Mark*-Formate. Solche haben niedrige Kosten, aber auch einen niedrigen Erfolgsquotient, insofern ist man sich hier auf Senderseite oft unsicher, ob man diese Programme fortführt oder einstellt. Schaden im Sinne eines deutlichen Verlusts tun diese Formate nicht – deutliche Gewinne auf Quoten- oder Kostenseite erzielen sie allerdings auch nicht. Unter diesem Aspekt haben viele Sendungen viele Jahre eine Art Nischendasein gefristet.

Doch wie gehen Sender vor, wenn sie ihre Programmplanung wirtschaftlich ausrichten?

4.1 Programmplanbewertung / Bestandsmanagement

Wenn man beachtet, dass TV-Sender 24 Stunden täglich an 356 Tagen im Jahr Programm ausstrahlen, wird deutlich, dass sie große Mengen Programm produzieren müssen und dass der Umgang mit den Programmressourcen von größter Wichtigkeit ist. Die Programmressourcen sind sogar der größte Vermögenswert bei Vollprogrammen – in ihnen liegt das Erfolgpotenzial und die Ertragskraft des Senders. Der Umgang mit diesen Programmressourcen muss entsprechend effektiv und überlegt sein – er hat nämlich auch strategische Bedeutung.

Sender verwalten in Datenbanken sämtliche relevanten Daten wie z. B. vergangene und aktuelle Sendetermine, Kaufpreis, Restbuchwert, erwartete und eingetroffene Quoten und vieles andere mehr. Sie stellen Risikoanalysen über das Programmvermögen an und nutzen Datenbankmodelle zur Prognose.[134] So werden für jeden Sendeplatz anhand von Soll-Ist- und Vorjahres-Ist-Vergleichen die Soll-Größen festgelegt, die ein bestimmtes Format erreichen soll, damit es wirtschaftlich erfolgreich ist.[135] Vor allem die Privatsender verwenden gründliche Deckungsbeitragsrechnungen für die Programmgestaltung, um damit den Erfolg einer Sendung zu kontrollieren und auch zu planen. Hier werden die einzelnen Sendeplätze durchkalkuliert und damit die Kosten festgelegt.

---

133 Vgl. Geisler: Controlling. 2001, S. 190.
134 Vgl. Geisler: Controlling. 2001, S. 99.
135 Vgl. auch Horstmann: Programmcontrolling. 1997, S. 38.

Zunächst werden der ursprüngliche Wert und die Wertminderung durch die Ausstrahlung bestimmt. Täglich inhouse produzierte Nachrichtensendungen sind hier viel einfacher zu bewerten als Hollywood-Kinofilme, die meist im Paket eingekauft werden (siehe Kap. Programmeinkauf). Eine Nachrichtensendung hat ein bestimmtes festgelegtes Budget, mit dem die Redaktion inhaltlich und strukturell wirtschaften muss. Dies sind fixe Kosten, die langfristig planbar sind. Dem Wert des Programms wird der potenzielle Erlös durch Werbegelder entgegengesetzt. Denn die Preisgestaltung der Werbeblöcke richtet sich nach der Fernsehnutzung zu diesem Tageszeitpunkt und nach der Einschaltquoten der Sendung. Je mehr Einnahmen an einem bestimmten *Time Slot* möglich sind, desto hochpreisiger sind die Filme oder Formate allgemein, die hier einplant werden können.

Die Deckungsbeitragsrechnung ist für die Privatsender ein wichtiges Informationsmittel. Diese gilt nicht nur für einzelne Sendungen, sondern auch für gesamte Programmbereiche. Für einen Sendeplatz kann man nach folgendem Muster[136] die Fixkostendeckung berechnen. Anhand der verkauften Spots wird der Bruttoumsatz des Sendeplatzes berechnet. Nach Abzug von Skonto, Rabatten und Agenturprovisionen werden vom Nettoumsatz die Einzelkosten der Serie abgezogen, dann die sonstigen Kosten wie Redakteursgehalt, Synchronisation oder Vertriebseinzelkosten. Daraus errechnet sich der Deckungsbeitrag I, von dem die weiteren Kosten der Serie (Gesamtgenre oder Kosten der gesamten Serienredaktion) abgezogen werden. Aus dem Deckungsbeitrag II werden die Gemeinkosten subtrahiert (Zinsen, Abschreibungen, sonstige). Schließlich ergibt sich so der Periodenerfolg des Sendeplatzes. Verschiedene Faktoren können zur endgültigen Berechnung in Betracht gezogen werden. Sendeplatz, Zeitschiene, Wochentag, Einzelsendung, Genre usw. wirken sich auf die Kostenberechnung aus.

Eine solche Deckungsbeitragsrechnung wird nur von Privatsendern angewendet. Die öffentlich-rechtlichen Anstalten können darauf verzichten, weil sie nicht gewinnorientiert sind.

Die Abschreibung von Lizenzmaterial wie z.B. Kinofilmen geschieht nach zwei steuerrechtlich zulässigen Verfahren. Die lineare Abschreibung teilt die Gesamtsumme in gleiche Teile, also bei drei Ausstrahlungen über 33 % – 33 % – 33 %. Damit sinkt der Wert des Spielfilms nach einmaliger Ausstrahlung um ein Drittel. Bei der degressiven Ausstrahlung wird davon ausgegangen, dass ein wirtschaftliches Gut je schneller an Wert verliert desto häufiger es genutzt wird.[137] Ein Spielfilm hat bei seiner Erstausstrahlung sicherlich den höchsten Wert, bei einer Wiederholung oder bei noch häufigeren Wiederholungen verkleinert sich der Kreis der Zuschauer, der sich potenziell für ihn interessiert – viele haben ihn

---

136 Vgl. Geisler: Controlling. 2001, S. 162.
137 Vgl. Auch Karstens / Schütte: Firma Fernsehen. 1999, S. 354.

schon beim ersten Mal gesehen und die Zahl der Zuschauer, die sich generell für einen bestimmten Film interessiert, ist endlich. Die Zuschauerzahl wird also von Mal zu Mal sinken. Bei der Abschreibung nach einem degressiven Muster – für TV-Sender also eine sehr logische Maßnahme – wird ein Film z. B. über 60 % – 30 % – 10 % abgeschrieben. Bei Fernsehfilmen oder eigenproduzierten Serien mit zwei Ausstrahlungen ist das Verhältnis 60 zu 40.[138] Nachrichten und Sportsendungen werden einheitlich mit 100 % abgeschrieben. Die ARD verfährt grundsätzlich nach einem 90 zu 10-Schlüssel.

Das Lizenzbestandsmanagement und dessen Bewertung sind wichtige Elemente in der Programmplanung. Eine gute, langfristig ausgelegte Programmplanung versucht, Sonderabschreibungen zu verhindern. Solche fallen an, wenn Filme, deren Lizenzkauf eine dreimalige Ausstrahlung innerhalb eines Dreijahreszeitraums vorsieht, nur einmal ausgestrahlt wurden. Die weiteren Ausstrahlungen müssen also abgeschrieben werden und die ursprünglichen Beträge, mit denen sie bewertet wurden, als Verlust verbucht werden. Sonderabschreibungen dieser Art werden aber selten aufgrund von Nachlässigkeit, sondern vielmehr deshalb nötig, weil ein Sender über keine Sendeplätze mehr verfügt oder der Film in der Erstausstrahlung zu schlechte Quoten hatte.

Die Programmplanung muss strategisch nicht nur die Mitbewerber und deren potenzielles Programm, sondern vielmehr den eigenen künftigen Programmbedarf im Auge haben. Nur so kann ein TV-Sender wirtschaftlich erfolgreich arbeiten. Dies gilt nicht nur für Auftrags-, sondern auch für Eigenproduktionen.

4.2 Produktion

Die Eigenfertigung von Programmen bei Privatsendern unterscheidet sich von den öffentlich-rechtlichen Anstalten. Zwar haben alle Sender technisches Personal, das sie für die Produktion von Inhalten einsetzen, allerdings arbeitet z. B. das ZDF auch bei der Produktion von Shows wie *Wetten, dass...?* mit festangestellten Aufnahmeleitern usw., anstatt gänzlich auf freie Kameraleute, Regisseure, Produktionsleiter usw. zu setzen. Privatsender lassen solche Produktionen ganz von Fremdfirmen durchführen. Nachrichtensendungen oder Magazine werden jedoch von allen TV-Sendern, bis auf Ausnahmen, selbst produziert. Ihre Wiederholbarkeit – die im Vergleich zu anderen Formaten für die Wirtschaftlichkeit eines Unternehmens wichtig ist – ist aufgrund des tagesaktuellen Bezugs sehr eingeschränkt.

---

138 Vgl. Geisler: Controlling. 2001, S. 164.

Allerdings zeigen die Dritten Programme der ARD immer noch Wiederholungen der *Tagesschau*, die schon 30 Jahre alt sind. Dies ist eine Ausnahme, da sie nur unter historischen Gesichtspunkten für eine kleine Zahl von Zuschauern interessant ist und keinesfalls für die breite Masse. Die einzelnen Bildbeiträge der Nachrichten allerdings werden archiviert. Sie sind damit Material für künftige Nachrichtensendungen – denn nicht immer ist eine Kamera dabei, wenn beispielsweise der Vesuv ausbricht. Dieses Bildarchiv ist also Teil der Verwertungskette, wenngleich streng auf die Bildrechte geachtet werden muss: Denn fast alle Sender kaufen Material von den großen Presse- und Bildagenturen hinzu und schließen langfristige Nutzungsverträge darüber ab. Nicht immer jedoch kann Bildmaterial wiederholt verwendet werden; es muss gegebenenfalls neu angekauft werden.

Der Anteil von Inhouse-Produktionen bei großen öffentlich-rechtlichen Anstalten liegt zwischen 70 % und 80 %, wozu gerade Nachrichten, Magazine oder auch Programmtrailer zählen. Der beträchtliche Informationsanteil im öffentlich-rechtlichen Programm sorgt für diese hohen Zahlen. Der Anteil von Eigen- bzw. Auftragsproduktionen – sie werden im Auftrag des Senders von eigenständigen Produktionsfirmen hergestellt, aber aufgrund der redaktionellen Einflussnahme und Verantwortlichkeit von reinen Kaufformaten unterschieden – beträgt zwischen 5 % und 15 %, die Kauffilme und Lizenzmaterialien zwischen 10 % und 20 %.[139]

Bei den großen Privatsendern sieht dieses Verhältnis anders aus. Die Inhouse-Produktionen der Privaten liegen zwischen 5 % und 25 %. Eigen- und Auftragsproduktionen zwischen 35 % und 75 %, Kauffilme und Lizenzen liegen zwischen 20 % und 40 %.

Nur wenige Sender produzieren ihr Programm ausschließlich selbst – einzig einige Spartensender, die sich auf Sport, Musik oder Nachrichten spezialisieren, setzen hier auf größere eigene Anteile. Die meisten Sender fokussieren sich auf Auftragsproduktionen oder gekaufte Senderechte.

Es gibt Gemeinschaftsproduktionen, bei denen sich Sender zusammenschließen, die nicht in direkter Konkurrenz zueinander stehen, z.B. weil sie unterschiedliche Ausstrahlungsgebiete oder Ausstrahlungsweisen haben (Pay-TV und Free-TV).[140] Solche Partnerschaften gibt es bei regelmäßigen seriellen Produktionen (u.a. zwischen RTL und ORF), aber wichtiger sind die Kooperationen auf anderem Gebiet: Aufwändige Eventproduktionen lassen sich oft nur durch solche Gemeinschaftsproduktionen finanzieren. Für einen einzelnen Auftraggeber sind sie zu teuer.

Fördermittel, die von TV-Sendern bei den Förderinstitutionen beantragt werden, sind ebenfalls wichtige Bausteine in der Finanzierung von Filmen. Die großen

139 Geisler: Controlling. 2001, S. 87.
140 Vgl. auch Karstens / Schütte: Firma Fernsehen. 1999, S. 356f.

TV-Sender sind verpflichtet, sich an den Förderinstitutionen finanziell zu beteiligen und schießen jährlich zweistellige Millionenbeträge zu. So ist z. B. RTL an der FFA (Filmförderanstalt des Bundes), dem bayrischen FilmFernsehFonds und der Filmstiftung NRW beteiligt. Das ZDF ist Gesellschafter in der FilmFörderung Hamburg, dem bayrischen FilmFernsehFonds, der FFA und in der Filmstiftung NRW. Die in den Gremien verabschiedeten Förderungen kommen als Zuschüsse dem Kreislauf der Filmwirtschaft in den Ländern zu Gute, damit werden der Markt (und der Mittelstand) gestärkt und Wachstumsimpulse gegeben.

Neben Kooperationen und Gemeinschaftsproduktionen stehen die Eigenproduktionen der Sender im Vordergrund. Hier verfolgen sie unterschiedliche Ziele, die nach Programmausrichtung und intendiertem Time Slot variieren. Ziel eines Senders kann bei einer Eigenproduktion für die Prime Time sein, einen hohen *Production Value* zu generieren und diesen natürlich auch in den Vordergrund zu stellen. Viele Serien werden mit ihrem hohen Produktionswert beworben und die Promotion stellt dann den besonderen Look oder die spektakulären Bilder (vgl. *Alarm für Cobra 11*) in den Vordergrund. Mit solchen Programmen – wie mit Eventproduktionen auch – kann der Sender sich in der öffentlichen Wahrnehmung erfolgreich positionieren.

Ziel kann es ebenfalls sein, Programme zu entwickeln, die möglichst billig aber natürlich möglichst erfolgreich sind. Eine solche vornehmlich finanziell ausgerichtete Denkweise setzt z. B. stark auf vergleichsweise preiswerte Doku-Soaps, die spezielle und provokante Themen ansprechen und dadurch ein Publikum generieren. Ebenso sind Showformate tendenziell gerne gesehen, weil feste Sets die Kosten klein halten. Unter einer solchen Prämisse leiden dann die fiktionalen Produktionen der Sender. Eine Serienfolge ist sehr teuer in der Produktion und eine Show, die man zur selben Zeit ausstrahlen könnte, ist deutlich preiswerter.

Die Sender schließen mit Produktionsfirmen Produktionsverträge über einen Film, eine Serie oder auch eine Show ab. Die Zahlungen erfolgen gestaffelt nach einem Zahlungsplan, der Abschlagszahlungen bei Drehbeginn oder bei Rohschnitt und Endabnahme vorsieht. Die zuständigen Redakteure haben somit große Einflussmöglichkeiten auf den Herstellungsprozess. Insgesamt greifen die Sender also erheblich in die Produktionen ihrer Lieferanten ein und versuchen, die Prozesse in ihrem Sinn zu steuern.

Bei den fiktionalen Eigen- bzw. Auftragsproduktionen kommt ein Sonderfall hinzu. Die öffentlich-rechtlichen TV-Sender zahlen dem Drehbuchautor und dem Regisseur (früher auch für Schauspieler) häufig Wiederholungshonorare. Wird z. B. ein *Tatort* in der ARD erneut ausgestrahlt, bekommen beide 100 % des Honorars, bei Ausstrahlung in einem der Dritten Programme 30 % bis 40 %. Dies sichert den Kreativen langfristige Einnahmen, die natürlich gerne angenommen werden. Mittlerweile versuchen aber auch die öffentlich-rechtlichen Sender, sich dem

Modell der Privatsender zu nähern. Diese schließen nur *Buy Out*-Verträge ab, bei denen Autoren und Regisseure mit einer einmaligen Zahlung (die dafür natürlich höher ausfällt als ein Wiederholungshonorar) honoriert werden.

Die Rechte an den Auftragsproduktionen liegen zum größten Teil bei den Sendern selbst, nur in Ausnahmen werden Produktionsfirmen die Rechte für etwa eine Lizenzproduktion in einem außereuropäischen Markt eingeräumt, von der die Sender nicht glauben, dass sie mit dem eigenen Format kollidieren kann oder eine Chance hätte, überhaupt hergestellt zu werden. Die Rechte für das Merchandising wie Fanartikel oder z. B. für die DVD-Auswertung sowie sendungsbegleitende Buchveröffentlichungen liegen im Regelfall beim Sender, ebenso für sämtliche anderen Verwertungswege, sogar für Theaterproduktion des Stoffs. Dies ist für den Sender von Vorteil, schließlich können mit einem erfolgreichen Format auch Gewinne auf dieser – wichtigen – Zweitverwertungsebene gemacht werden. Bei Kaufproduktionen sieht das allerdings anders aus.

4.3 Programmeinkauf

Amerikanische Kinofilme und Serien dominieren die Fremdeinkäufe der deutschen TV-Sender. Selten werden Programme aus europäischen Nachbarländern und noch seltener aus außereuropäischen Ländern gekauft. Gerade die Hollywood-Kinofilme sind wertvoller Bestandteil der Programmierungsstrategien der Privatsender, während das öffentlich-rechtliche Fernsehen eher auf Eigen- und Auftragsproduktionen setzt oder sich auf wenige ausgewählte europäische Produktionen fokussiert – vor allem aber sich auf ihren Bestand vieler älterer Filmrechte verlässt.

Seit Einführung des dualen Systems hat sich der Filmrechtemarkt verändert – zum Nachteil der öffentlich-rechtlichen Sender. Waren sie anfangs noch die einzigen Käufer auf dem Markt, sind mit den privaten Sendern starke Konkurrenten aufgetreten, die bereit waren, mehr für die Filmpakete der Hollywood-Studios zu bezahlen. Einstige Zwischenhändler wie Leo Kirch haben ja sogar eigene Sender gegründet. Es gibt nur wenige Time Slots, in denen die öffentlich-rechtlichen Sender amerikanische Kaufware ausstrahlen und es stehen nicht allzu viele Mittel für deren Erwerb bereit. Umso intensiver werden z. B. Meldungen in der Presse platziert, dass das ZDF die Ausstrahlungsrechte an dem diesjährigen Oscar-Erfolg *Departed* erwerben konnte.

Der Filmmarkt hat durchaus eigene Gesetze. Die Programmeinkäufer eines TV-Senders haben durch ihre Erfahrungen ein gutes Gespür für den potenziellen Erfolg eines Formats entwickelt. Als Außenstehende können sie die ihnen vorgestellten Formate mit einem distanzierten und nüchternen Blick betrachten, der den Kreativen oftmals während eines langen Entwicklungsprozesses verloren gegangen ist. Durch ihre Erfahrungen auf den Programmmessen und mit den Einkäufern anderer Sender haben sie ein Instrumentarium entwickelt, das es ihnen erlaubt, das Potenzial eines Formats schnell zu erkennen und einzuschätzen. Sie haben darüber hinaus ein gut ausgebautes Netz an Kontakten zu den Anbietern, so dass sie zu günstigen Konditionen kaufen können. Die Einkäufer haben einen Überblick über den Markt, das Angebot und die Preise.

Auch die Stellung des Senders innerhalb seines Marktes spielt bei Verkaufsverhandlungen eine große Rolle – die Anbieter werden wichtige Kunden nicht verlieren wollen und daher Kompromisse machen. Eine solche Marktmacht kann ein Sender einerseits durch hohe Zuschauerzahlen im Gesamtmarkt erlangen, andererseits auch durch eine starke Spezialisierung: Als *der* Tierfilmsender hat man sicherlich eine große Verhandlungsmacht auf dem Gebiet der Dokumentationen.

Wie schon angesprochen werden die Filmrechte in Paketen verkauft, die für den Verkäufer den Vorteil bringen, neben den großen Erfolgsfilmen auch schwächere (d. h. weniger erfolgreiche) Produktionen loszuwerden. Solche Bundles sind für den Käufer nur schwer zu bewerten, gerade wenn es sich um langfristige *Outputdeals* handelt. Diese umfassen (meist sämtliche) Produktionen eines Hollywoodstudios über einen Zeitraum von z. B. fünf Jahren hinweg. Für den Einkäufer ist dies aber dennoch reizvoll, weil hier potenzielle Blockbuster-Hits mit großen Stars für möglicherweise weniger Geld eingekauft werden können, andererseits sind darunter auch Filme, die nicht unbedingt dem Profil eines Senders entsprechen. So versuchen die Sender, die Filme weiterzuverkaufen, die sie für zu schwach oder anderweitig nicht optimal in das Programmschema integrierbar halten, oder sie an kleine Schwestersender abzugeben. Nicht immer gelingt dies, manche Verträge mit den Studios schließen solche Verkäufe auch aus.

Doch wie schätzt man die Erfolgsaussichten eines solchen Produkts ein? Die gekauften Filme werden von der entsprechenden Redaktion zunächst einer objektiven Punktbewertung unterzogen.[141] Hierzu werden Ergebnisse aus empirischen Untersuchungen hinzugezogen. Der Produktionsaufwand, die Qualität der Schauspieler und der Regisseure (die man über die kumulierten Erfolge früherer Filme gewinnt) und die Zahl und Art der gewonnenen Preise beeinflussen die Quoten bei der Ausstrahlung deutlich. Diese Punktbewertung wird mit einem Sockelfaktor multipliziert (z. B. 0,2 bis 1,0), der sich auf die Verfügbarkeit der Zuschauer zu einem bestimmten Zeitfenster konzentriert. Die Prime Time wird hier positiv, der Vormittag sicherlich negativ bewertet.

---

141 Vgl. dazu Geisler: Controlling. 2001, S. 243ff.

Die Anzahl der Ausstrahlungen, die in dem Kaufvertrag vereinbart wurden, fügt nun ein weiteres wertbestimmendes Merkmal hinzu. Der Film kann bei jeder Ausstrahlung Quote produzieren, wobei wahrscheinlich ist, dass der Film in der ersten Auswertung die höchsten und danach schwächere Quoten generieren wird. Allerdings werden die Quoten auch durch die Zeitspanne zwischen den jeweiligen Ausstrahlungen beeinflusst. Kann ein Film z.B. drei Mal ausgestrahlt werden, so werden die Quoten insgesamt höher sein, wenn die Ausstrahlung innerhalb von drei Jahren stattfinden. Anders sieht es aus, wenn alle drei innerhalb eines Jahres erfolgen müssen. Schließlich hat das Publikum im Fall der längeren Frequenz den Inhalt womöglich wieder vergessen oder hat einfach Lust, ihn noch einmal zu sehen. Die Zusammennahme all dieser Faktoren bestimmt den Einzelscore eines Films im Paket und damit den Einzelpreis aller Filme.

Filme können grundsätzlich mehrfach ausgestrahlt und damit über ihre wirtschaftliche Lebensdauer hin abgeschrieben werden – und zu höheren Preisen eingekauft werden. Shows dagegen können nur schwerlich wiederholt werden und eignen sich fast immer nur zur einmaligen Ausstrahlung.

Wiederholungen werden von den Zuschauern jedoch unterschiedlich goutiert. Sicher werden die „großen" Sender den Anteil von Wiederholungen bekannter Spielfilme in Grenzen halten wollen, weil sie davon ausgehen, dass die Zuschauer womöglich gelangweilt sind und die Einschaltquote entsprechend sinken wird. Allerdings zeigen Sender der zweiten Generation wie Kabel Eins ganz klar, dass Wiederholungen von Filmen und Serien durchaus Potenzial haben – denn Kabel Eins strahlt kaum Erstaustrahlungen aus, sondern bedient sich in hohem Maße aus der Filmbibliothek Leo Kirchs.

Es gibt aber durchaus Sonderfälle: Bestimmte Filme wie *Die Feuerzangenbowle* oder auch *Der kleine Lord* sind Klassiker, die jedes Jahr aufs Neue wiederholt werden, ohne dass sie an Reiz für den Zuschauer verlieren – im Gegenteil. Es würde wahrscheinlich ein Aufschrei durch das Land gehen, wenn am Silvesterabend nicht *Dinner for One* ausgestrahlt würde.

Ähnliches gilt für Kaufserien. Auch diese stammen in Deutschland meist aus dem amerikanischen Ausland und werden, wie bereits angesprochen, in letzter Zeit verstärkt in der Prime Time der Privatsender eingesetzt. Normalerweise werden nur langlaufende Serien eingekauft, denn deren Menge ist es, die sie zu einem überzeugenden planerischem Gegenstand machen. Mit 50 Folgen einer Serie lassen sich längere Programmstrecken belegen als mit kurzen Serien mit nur acht oder weniger Folgen. Hinzu kommt, dass der Werbeaufwand sich eher amortisiert, wenn er auf eine längere Strecke abgeschrieben werden kann. Warum nun Sender wie Kabel Eins 2007 vier US-Serien ins Programm nehmen, die im Herkunftsland allesamt gescheitert sind, ist nicht nachzuvollziehen. *Blind Justice, The Nine, Justice* und *Revelations* sind stellenweise über acht ausgestrahlte Folgen nicht hinausgekommen und wurden sogar vorzeitig aus dem Programm genommen, was nun nicht unbedingt für Qualität bürgt. Zu vermuten ist, dass die Serien also entweder früh Teil eines Kaufpakets waren, oder dass sie zu extrem niedrigen Preisen eingekauft wurden – was allerdings nicht ganz so wahrscheinlich ist.

Im Regelfall werden Serien jedoch staffelweise verkauft. Dies bietet den Käufern die Möglichkeit, einen Fehlkauf schneller zu verschmerzen – gegebenenfalls müssen sie nur die Folgen *einer* Staffel im Keller verschwinden lassen. Allerdings erhöhen sich die Preise für eine weitere Staffel natürlich, wenn sie sich als Erfolg erweist. Wenn Käufer allerdings vor Ausstrahlung einer Serie einen langfristigen Hit erwarten, können sie einen so genannten *Lifetime-Deal* abschließen – sich also jetzt schon alle zukünftigen Folgen der Serie sichern.

Der Film- und Serieneinkauf für amerikanische Formate unterliegt jedoch immer besonderen Phänomenen, die bei jedem Kaufentscheid berücksichtigt werden müssen. Zwar ist der Markt dort der größte der Welt und der Output an TV- und Filmproduktionen gigantisch, allerdings ist die Zahl der qualitativ hochwertigen und für den deutschen Markt geeigneten Programme begrenzt. Die deutschen Einkäufer müssen daher immer ihre einheimische Konkurrenz im Auge behalten: Wenn sie ein Format nicht kaufen, kann es sein, dass es ein Konkurrenzsender erwirbt und es vielleicht erfolgreich in dessen Programm positioniert. Die Einkäufer müssen also einkalkulieren, was passiert, wenn diese bestimmte Serie nun gegen den eigenen Sender läuft.

Wenn TV-Sender zudem vielleicht selbst eine Fiction-Serie entwickeln, die sich thematisch mit einem US-Format deckt, kann auch dies ein Grund sein, sich die Formatrechte zu sichern. Man möchte verhindern, dass der Konkurrenzsender sich mit diesem Format auf dem deutschen Markt als Erster etabliert und die eigenproduzierte Serie nur als (schlechte) Kopie angesehen wird. Einen solche „Imageschaden" kann man nicht immer wettmachen.

Film- und Serieneinkauf ist damit von weitreichenden strategischen Entscheidungen geprägt, die oft über die Einschätzung der Erfolgsaussichten eines Formats hinausgehen.

4.4 Programmverkauf

Der Programmverkauf ist eine weitere Erlösquelle der Fernsehsender, wenngleich er im Gesamtkonzept nur eine untergeordnete Rolle spielt. Nachdem ein Programm produziert und ausgestrahlt wurde, kann es an Sender im In- und Ausland verkauft werden. Nicht alle Formate eignen sich für den Verkauf in andere Länder. Manche sind zu speziell auf die ureigenen nationalen Vorlieben ausgerichtet, so dass sie nur in dem entsprechenden Land funktionieren werden. Grundsätzlich ist eine gewisse Besonderheit eines Formats aber kein Manko. Manche Serien verkaufen sich gut, gerade weil sie sehr *unique* sind und mit zahlreichen Charakteristika (Look, Erzählweise, Schauspieler, Ton usw.) auf ihr Herstellungsland verweisen. Andere Formate verkaufen sich gerade deshalb gut, weil sie anscheinend universell sind und den Zuschauern keine Hinweise darauf geben, in welchem Land sie spielen. Tiersendungen sind z.B. ein solcher Sonderfall. Sie weisen natürlich immer deutlich darauf hin, in welchem Land sie gedreht werden, allerdings sind ihre Stärke weniger die Handlung und erst recht nicht der Text, sondern vielmehr die Bilder. Spektakuläre Aufnahmen von besonderen Tieren werden weltweit geschätzt und die Anstrengungen, die man unternehmen muss, um das Format erfolgreich ausstrahlen zu können, sind gering: meist reicht die Synchronisierung des Off-Textes.

Humor ist dagegen, wie schon angesprochen, kein besonders gutes Verkaufsmerkmal. Der deutsche Witz ist in andere Länder nur selten exportierbar und die Gefahr ist groß, dass die ausländischen Zuschauer nicht darüber lachen können – dies fällt natürlich bei Formaten, deren Sinn genau darin besteht, unmittelbarer negativ auf, anders, als dramaturgische Schwächen in z.B. Soaps. Der Aufwand, der für die Synchronisation betrieben werden muss, ist bei Serien und Spielfilmen ebenfalls größer als bei Dokumentationen, dennoch rechnet sich dies oft. Nicht selten laufen Prime Time-Serien aus Deutschland erfolgreich im ausländischen Fernsehen – allerdings dann meist am Nachmittag. Trotzdem werden Serien wie *Alles außer Sex*, Telenovelas wie *Verliebt in Berlin*, Event-Movies wie *Tornado*, *Die Krähen*, die *Luftbrücke* oder auch „ältere" Formate wie z.B. *Alarm für Cobra 11* in teilweise über 30 Länder verkauft – getoppt natürlich von *Derrick*, der in mehr als hundert Ländern ausgestrahlt wurde. Gerade solche langlaufenden Serien vermitteln den Käufern jene Verlässlichkeit, mit der man sie langfristig einplanen kann.

Nicht nur fertige Programme werden verkauft, sondern auch Konzepte oder Lizenzen, nach deren Muster die Käufer eigene Programme umsetzen können. *Wer wird Millionär?* ist z.B. in mehr als hundert Länder verkauft worden und ähnelt sich in allen diesen Ländern hinsichtlich Licht, Musik, Kameraführung usw. bis ins Detail. Die ursprünglichen Rechte an solchen Formaten liegen meist nicht bei den jeweiligen Sendern, sondern bei einer Produktionsfirma, in diesem Fall bei der britischen Celador. Manchmal allerdings gehören die Rechte auch einem Sender, der sein Produkt zur Adaption in einem anderen Land freigibt – gerade Spielshows lassen sich gut auf diese Weise weiterverkaufen. Der Wunsch zum Mitraten oder Rätseln ist offensichtlich überall derselbe.

5 Programmmarketing

„The best program without promotion has no audience." [142]

Das Programmmarketing spielt eine größere Rolle, als man es anfangs vermuten würde. Doch das obige Zitat zeigt sehr genau, welchen großen Einfluss das Marketing auf den Erfolg von Fernsehprogrammen hat, denn Marketing und Planung von Programm lassen sich kaum voneinander trennen. Immer geht es darum, das Senderprofil zu definieren, zu etablieren und schließlich zu transportieren.

Die Präsentation nach außen spielt eine zentrale Rolle – sei es auf der Ebene der Promotion für das Programm eines Senders, auf PR-Ebene oder auf der Ebene der Unternehmenskommunikation. Deshalb wird im Folgenden kurz auf die relevanten Punkte eingegangen und dabei deutlich gemacht, welche Mechanismen TV-Sender nutzen, um ihre Programme in einem bestimmten Licht zu positionieren.

Wie schon anfangs angeführt definiert sich ein Sender über das Programm, das er ausstrahlt. Damit versucht der Fernsehsender, sich als Marke zu positionieren – ein entscheidender Punkt für den Erfolg auf dem Fernsehmarkt (wie in jedem anderen Markt auch). Um diese Marke zu pflegen und zu stabilisieren, müssen TV-Sender gerade in der heutigen Zeit des intensiven Wettbewerbs mehr tun als je zuvor. Bevor es Privatfernsehen gab, stellte sich diese Aufgabe den öffentlich-rechtlichen Sendern nicht. Nun aber, in Zeiten der digitalisierten Fernsehwelt, sind der Aufbau und die Pflege der Marke wichtiger denn je. Wie sonst sollen Sender sich neben einer Vielzahl von Konkurrenzsendern oder auch Bewerbern auf anderen Märkten wie zum Beispiel dem Internet behaupten? Wie sonst soll er Publikum an sich heranführen und vor allem auch an sich binden? Das Publikum kann sich durch die standardisierte Struktur und Präsentation der Programme eines Senders im Dschungel der vielen Programmanbieter leichter zurechtfinden und navigieren.

Eine solide Marke schafft Unverwechselbarkeit und Aufmerksamkeit. Darüber hinaus bietet eine gut etablierte Markenwelt weitere Vorteile: Mit einem Markentransfer kann man sich neuen Märkten öffnen. Das Internet wie auch kleinere Digitalkanäle oder das Merchandising profitieren immens vom Image des Hauptsenders und auch auf anderen Gebieten ist die Diversifizierung von entscheidender Wichtigkeit für das Überleben eines Senders. Durch seine Diversifikationsgeschäfte kann ein Sender seine Marke ausbauen und stärken und dabei noch

---

142 Eastman / Ferguson: Broadcast / Cable / Web Programming. 2002, S. 13.

positive Nebeneffekte abgreifen. Zwar ist es nicht wirklich denkbar, dass man durch Publikationen auf dem Buchmarkt wie „Der Roman zur Serie" oder das „Buch zur Sendung" neue Zuschauer dazu gewinnt, jedoch wird die Marke des Senders auch auf diese Weise nach außen getragen und von Zuschauer auf neuen, nicht unbedingt vermuteten Plätzen wieder gefunden. Ein solcher Markenausbau hat positive Effekte.

Hinzu kommt, dass eine Marke Vorteile auf den Beschaffungs- wie auch den Absatzmärkten bringt. Das Image bietet nicht nur dem Publikum, sondern auch den Ver- und Einkäufern ein wichtiges Argument und Mittel zur Orientierung.

Es gibt zwei wesentliche Zielsetzungen bei TV-Sendern, was den Markenaufbau betrifft: zum einen die Präferenzbildung auf allen relevanten Märkten, um sich von den Mitbewerbern unterscheidbar zu machen, zum anderen eine langfristige Bindung der Kunden und damit eine Markentreue.[143] Die größte Gefahr besteht darin, im Ansehen des Kunden austauschbar und damit verwechselbar zu sein. TV-Sender müssen neben den Zuschauerbindung und der Differenzierung von den Wettbewerbern eine Bindung und einen Imagetransfer zu den Werbekunden aufbauen – dadurch, dass sie gleichbleibende Qualität zusichern. Dabei gibt es verschiedene Strategien für den Markenaufbau und deren Pflege.

Eine Dachmarke umfasst sämtliche Produkte und Leistungen eines Unternehmens, die unter einem starken Brand angeboten werden. Dieses *Umbrella Branding* stärkt alle Einzelmarken, weil sie als zugehörig zur starken Dachmarke positioniert werden. In dieser Strategie würde der Sendername im Mittelpunkt stehen und es würde alles versucht werden, ein stimmiges Gesamtbild der Marke darzustellen. Eine solche Strategie ist gerade für kleinere Spartensender wichtig, die sich als „Gesamtereignis" positionieren wollen, weil die Einzelmarke vielleicht nicht stark genug ist.

Einzelmarkenstrategien versuchen dagegen, einzelne Formate als Untermarken unter der Sendermarke zu etablieren. Die Tagesschau oder auch *Wetten, dass...?* haben sich als Eigenmarken etabliert.[144] Gerade große Sender setzen auf Einzelmarkenstrategien, bei denen jedes Format hervorgehoben wird und einen eigenen Auftritt bekommt – immer jedoch geklammert durch das Corporate Design. Eine starke Senderkennzeichnung durch die Sender-ID fehlt hier nie.

Promotion ist essenziell für TV-Sender, nicht nur weil sie die Marke etablieren und pflegen müssen, sondern auch, weil sie sich als Medium selbst in Erinnerung rufen. Damit arbeiten sie gegen die zwiespältige Haltung der Öffentlichkeit gegenüber ihres Lieblingsmediums an. Denn obwohl die Zuschauer viel (die Zuschauer ab 14 Jahren 2006 durchschnittlich 227 Min. am Tag, vgl. Grafik TV Sehdauer

---

143 Vgl. Park: Programm-Promotion. 2004, S. 50.
144 Vgl. Park: Programm-Promotion. 2004, S. 53.

1995–2006) und gerne fernsehen, gilt das Fernsehen selbst oft als negativ. Es habe einen schlechten Einfluss, verdumme den Zuschauer, steigere die Gewaltbereitschaft der Kinder und Jugendlichen und sende Schrott. Diese „Argumente" gibt es seit Beginn des Fernsehens und man begegnet ihnen auch nach Jahrzehnten noch in unterschiedlicher Form. Gerade Privatsender sind hier immer wieder Angriffen ausgesetzt, die aber nur bedingt rational begründet, sondern vielmehr emotional geprägt sind. Das Image RTLs z.b. ist in manchen Bevölkerungsschichten immer noch von der Erinnerung an *Tutti Frutti* geprägt, einer Erotikshow aus den Anfangsjahren des Senders. Damit konnte man früher die nötige Aufmerksamkeit und damit auch Zuschauerzahlen generieren. Heute wäre ein solches Image wenig geeignet, um damit solvente Werbekunden anzusprechen, die man als Marktführer braucht. Das Image eines Senders ist also in mehrfacher Hinsicht äußerst wichtig.

Die Sender investieren daher große Summen in die Programm-Promotion, bei den öffentlich-rechtlichen Sendern rund 10 Mio. Euro, bei den Privaten wie RTL rund 15 Mio. Euro im Jahr.[145]

5.1 Programmpositionierung

Auf die Metaebene des Senderimages wirken auch die Entscheidungen ein, die auf niedrigerer Ebene getroffen werden. Denn abgesehen von der grundsätzlichen Entscheidung, welche Zielgruppen angesprochen werden sollen, abgesehen von den verschiedene Herangehensweisen die emotionale oder informative Positionierung eines Senders betreffend, wird das Senderprogramm tagtäglich positioniert und vermarktet. Denn die Programmentscheidungen, die zuvor getroffen wurden, werden nun nach außen kommuniziert. Ein Sender kann über einen hohen Output an neuen (und erfolgreichen!) Formaten Aufmerksamkeit schaffen und sich als innovativ darstellen. Für den öffentlichen Eindruck ist es ebenso entscheidend, ob ein Sender auf Kampfprogrammierung setzt und Formate der Konkurrenz angreift, oder ob er zurücksteckt und auf Vermeidungsstrategien setzt.

Neben den Programminhalten, auf die ja schon in den vorangegangenen Kapiteln eingegangen wurde, spielt die Präsentation derselben nun eine entscheidende Rolle.

Das primäre Ziel der Sender ist es, für ihre Formate Label zu schaffen – also übergeordnete Etiketten zu finden, unter dem der Zuschauer das Programm be-

---

145 Vgl. Park: Programm-Promotion. 2004, S. 239.

greift und wiederfinden kann. Die bereits angesprochenen TV Movie-Titulierungen wie der „Fernsehfilm der Woche" oder der „Film Film" sind solche Versuche, die sich nicht nur in der bloßen Namensnennung des Etiketts wiederfinden, sondern selbstverständlich auch in einer entsprechenden audiovisuellen Umsetzung in Form eines Trailers beispielsweise.

Solche Entsprechungen findet man auf allen Gebieten des Senderprogramms. Es werden homogene Gruppen innerhalb des Gesamtprogramms definiert und unter einem Sublabel (als Markenfamilie sozusagen) vermarktet. So werden z. B. Sportsendungen zu einer Markenfamilie zusammengefasst, die alle ein gemeinsames Logo und Auftritt teilen und z. B. eine besondere „Programmfarbe" im wörtlichen Sinne zugeordnet bekommen. Dieses Label wird auf allen Ebenen der Senderverbreitung fortgeschrieben. So wird z. B. auch im Internet der Sat.1-Sportauftritt ganz in der Farbe Grün gehalten.

Ein ähnliches Labeling wird bei den Privatsendern mit ihrem durchgestrippten Programm auch an den Wochentagen versucht, die sich einer bestimmten Programmfarbe zuordnen lassen. Die schon erwähnten „Krimi-Dienstage" bei RTL, der „Crime-Sonntag" bei Sat.1 oder der „Comedy-Freitag" bei Sat.1 und RTL sind solche Anstrengungen, starke Programmmarken zu setzen. Dieser Programmfarbe wird sich jeder neue Programmierungsversuch beugen müssen. Während RTL hier noch das Lead-In von *Wer wird Millionär* nutzt, setzt Sat.1 seit Januar 2007 auf die *Schillerstraße* um 20:15 Uhr. Damit will der Sender zwei Fliegen mit einer Klappe schlagen: Zum einen wird der Comedy-Freitag inhaltlich gestärkt und ausgebaut, zum anderen hat sich gezeigt, dass die Zuschauer Show-Formate wie *You can dance* auf diesem Sendeplatz nicht annehmen und Schillerstraße hatte zuvor auf dem Donnerstag-Sendeplatz langfristig deutlich an Marktanteilen verloren. Die Positionierung eines Comedy-Formats auch am frühen Freitagabend wird nun in der Außendarstellung des Senders entsprechend beworben.

TV-Sender sind als Medienunternehmen besonders stark in der Kommunikation – kein Wunder, dass sie ihre Fähigkeiten auch im Hinblick auf die Programmwerbung besonders stark einsetzen. Doch wie genau versuchen die Sender, ihre einzelnen Formate in der Wahrnehmung des Zuschauers möglichst optimal zu positionieren? Der Werbung für das Programm, die im Folgenden betrachtet wird, geht eine grundsätzliche Analyse voraus: Was ist das Format? Was sind die Stärken? Was ist der Hook? Wer ist die Zielgruppe und wie soll diese angesprochen werden? Solche Überlegungen werden für die Positionierung jedes einzelnen Formats angestellt – auch mit Hilfe der Analyse der Medienforschung, die die Sender bei ihren neu startenden Formaten durchführen lassen – und die Ergebnisse werden entsprechend umgesetzt. Es ist zum Beispiel logisch, dass eine Serie wie *Alarm für Cobra 11* als ganz klares Actionformat mit Spannung, Dynamik und Witz positioniert wird, schließlich sind das – neben den Schauspielern – die Eckpunkte der Serie. Auf die Hauptdarsteller wird in der Werbung gesonderte Aufmerksamkeit gelegt, denn die Figuren – die ja ohnehin im Zentrum jeder Serie stehen – bieten die Möglichkeit, die Zuschauer emotional anzusprechen. Klar ist also, dass jegliche Werbung für dieses Format die Action und die Hauptdarsteller betonen muss.

Auch bei solchen Formaten, die tendenziell eher Männer anzusprechen scheinen, werden häufig Trailer produziert, die eher weibliche Zuschauer adressieren und inhaltlich innerhalb des gesteckten Rahmens eher auf emotionale Momente setzen.

Serien wie *Criminal Minds* werden also dementsprechend mit ihren abgründigen Fällen beworben werden, *Monk* mit seinem neurotischen Charakter und den unlösbaren Fällen, die *Tatort*-Reihe ganz klar mit ihren jeweiligen Kommissaren (damit keine Verwechselung auftritt) und dem einzelnen Fall. Die *Schillerstraße* oder *Genial Daneben* werden mit entsprechenden witzigen Sprüchen und den Gesichtern von bekannten Gästen oder regulären Teilnehmern präsentiert. „Normale" Teilnehmer spielen bei der Werbung für Quizsendungen natürlich eine untergeordnete Rolle, wenngleich sie nicht ausgegrenzt werden. Stattdessen stellt man hier stärker den Moderator in den Vordergrund. *Wetten, dass...?* setzt außer auf den Moderator auch auf die prominenten Gäste und Gastauftritte und bemüht sich um Bilder einer (visuell) möglichst spektakulären Wette – eine Schwierigkeit bei einer Live Show, denn sie kann ja nur zu einem geringen Maße und dann auch nur in einem knappen Zeitrahmen vorproduziert werden.

Einzelne Fernsehfilme und Movies werden stärker als langlaufende Formate mit ihren Hauptdarstellern beworben – hier steht ganz klar der Star-Charakter im Vordergrund, gefolgt von der Prämisse des Films, die ebenso eindeutig und klar sein muss. Eventfilme setzen hier natürlich auf spektakuläre Bilder und auf Emotionen.

Stellt man fest, dass bestimmte Formate nicht die Publikumsresonanz finden, die man erwartet hat, wird oft an der Positionierung gearbeitet. Die Werbung wird entsprechend neu ausgerichtet, indem man z.B. mehr auf Ernsthaftigkeit oder Spannung setzt oder sich speziell auf Zielgruppen ausrichtet, die bislang noch zu wenig auf das Format angesprochen haben. Die Gefahr dabei ist, dass ein Trailer polarisiert, also Teile der intendierten Zielgruppe anspricht, andere aber abstößt. Die Genrezuordnung des Formats muss eindeutig sein, ebenso die Aussagen über Inhalt und Sendedatum.

In der grundsätzlichen Zielgruppenansprache fährt ein TV-Sender zwei unterschiedliche Strategien, die die Art und Weise der Promotion beeinflussen. Die *acquisitive*-Strategie wird genutzt, um neue Zuschauer anzulocken. Hierbei wird oft auf andere Medien ausgewichen, um dort neue Zuschauer zu finden. Die *retentive*-Strategie will die Stammzuschauer des Senders erhalten und pflegen und ihnen versichern, dass sie das richtige Programm eingeschaltet haben – hierfür wird primär der eigene Kanal eingesetzt und der Zuschauer *On Air* informiert. Denn das primäre Medium für Programmwerbung ist das TV-Programm selbst: Die Zuschauer können dort abholt werden, wo sie sich ohnehin schon befinden. Dort strahlen Programmmarken auf andere Programmmarken ab.

5.2 On Air-Promotion

On Air-Promotion ist für TV-Sender von entscheidender Bedeutung. Zum einen ist es ein überzeugendes Mittel, um Zuschauer an den Sender weiterhin zu binden, indem Versprechungen und Hinweise auf kommende Inhalte gemacht werden. Zum anderen ist es auch aus finanzieller Sicht ideal: Abgesehen von der Produktion der Trailer fallen keine weiteren Kosten an – die Geldmittel bleiben im Unternehmen. Kein anderes Unternehmen kann sich eine ähnlich druckvolle Medienpräsenz leisten wie die TV-Sender selbst. Die On Air-Promotion gibt dem ganzen Sender einen Look. Sie etabliert die Marke und leistet damit auch den nötigen Imagetransfer von den Inhalten auf den Sender.

Im Wesentlichen ist die On Air-Promotion die Weiterführung bzw. der Ersatz des Ansager-Gedankens. Vor einigen Jahren gab es – wer erinnert sich noch? – Ansagerinnen, die die Inhalte der kommenden Sendung ankündigten. Diese Funktion haben die Programm-Trailer übernommen, die seit Anfang der 90er Jahre im Mittelpunkt der On Air Promotion stehen. Sie fungieren zwar nicht mehr als „Gesichter des Senders", weisen aber ebenfalls auf die zukünftigen Programme hin und vermitteln gleichzeitig sehr genau dessen Stil und Inhalt – unmittelbarer als die Ansager es tun konnten. Schließlich verfügten diese nicht über Bilder und Töne des Formats, sondern konnten den Inhalt nur nacherzählen bzw. vorankündigen.

Trailer gibt es schon seit den Anfangstagen des Kinofilms. Sie dienten schon damals der Programmvorschau. Das Fernsehen annektierte diese Werbeform gerne für sich und veränderte sie für seine eigenen Zwecke.

Zwar sind die Trailer im Grunde genommen Werbung, dennoch unterliegen sie nicht den Werberichtlinien – sie werden als legitimes Kommunikationsmittel aufgefasst. Sie unterscheiden sich durch ihre Inhalte und Ziele: Nach Genres geordnet werden am häufigsten fiktionale Formate beworben, dann folgen – allerdings schon abgeschlagen – bei den öffentlich-rechtlichen Sendern die Magazine, bei den privaten non-fiktionale Formate, wie eine Untersuchung von Park zeigt.[146]

---

146 Vgl. Park: Programm-Promotion. 2004, S. 200.

Daran wird aber auch deutlich, wie Sender sich generell in ihrer Außendarstellung ausrichten. Was ist ihnen wichtig und wie wollen sie wahrgenommen werden? Somit schließlich definieren TV-Sender Programmschwerpunkte und -highlights, die sie dann beworben wissen wollen. Auf diese Kernüberlegungen richtet sich dann die Promotion aus.

Bestimmte Trailer fokussieren sich nur auf den Sender selbst als Gegenstand, andere z.B. auf bestimmte Shows, wieder andere speziell auf den Inhalt bestimmter Folgen einer Serie.

Programmtrailer sind die häufigste Form der Trailer. Hier werden einzelne Sendungen und die jeweiligen Inhalte einer speziellen Folge beworben. Oft werden die Programmtrailer zu Kombi- oder Multipletrailern zusammengefasst, das heißt, es werden mehrere aufeinanderfolgende Sendungen, also eine ganze Programmstrecke, zusammen beworben. Es findet auch hier sozusagen eine Blockbildung statt. Damit wird versucht, den Tag zu *branden,* also die Programmfarbe des jeweiligen Tages deutlich zu machen: „Der Dienstag ist der Krimi-Tag."

Die Programmtrailer werden meist in verschiedenen Längen produziert (10-, 15- und 30-Sekünder), damit sie flexibel einsetzbar sind. Hinzu kommt, dass die Zuschauer dadurch auch Trailervarianten sehen können – das Risiko, sie zu langweilen, wird geringer.

Der *Teaser* ist die verkürzte Form des Trailers. Er wird primär in der vorangehenden Sendung eingesetzt, um Lust auf das Folgende zu machen. Meist wird er mit dem Hinweis „Jetzt:" oder „Gleich:" verbunden. Die Zuschauer sollen so neugierig gemacht und ein Umschalten verhindert werden.

Die *Kopfpromotion* umschreibt eine besondere Positionierung eines eigentlich „normalen" Trailers: Jedoch wird dieser noch vor Beginn des Werbebreaks platziert, wo die Zuschaueraufmerksamkeit am höchsten ist.

Programmtafeln sind die klassische Form der Programmankündigung und werden zumeist von den öffentlich-rechtlichen Sendern eingesetzt. „Heute im Ersten:..." Hier wird eine Vorschau auf die kommenden Sendungen geboten. Ursprünglich unbewegt wird heutzutage versucht, Animation in die statische Programmtafel zu bringen. Oft wird sie auch als Abschluss eines vorangehenden Trailers gebracht und summiert dann das zuvor Gesagte.

Aufsager sind kurze Trailer, in denen die Moderatoren oder andere bekannten Sendergesichter ihr Format selbst ankündigen. So wird der Inhalt für den Zuschauer stärker mit einer Figur verknüpft, die emotionale Bindung ist größer. Eine *Audio- and Video-Over*[147] wird im Abspann einer Sendung platziert und auf die folgenden Inhalte hingewiesen (Vgl. auch *Split Screen* usw.).

---

147 Vgl. Park: Programm-Promotion. 2004, S.200.

Imagetrailer dienen dazu, das „Image des Senders zu visualisieren und zu transportieren, um die Zuschauerbindung an das Programm zu verstärken."[148] Sie sind in der Regel auf das allgemeine Programm und den Senderslogan oder -claim bezogen. Eine weitere Variante der Imagetrailer bezieht sich auf ein bestimmtes Format. Diese Trailer geben dann weniger den Inhalt einer bestimmten Serienfolge wieder, sondern umschreiben eher das Image eines bestimmten Formats: Es wird z. B. herausgestellt, dass es besonders lustige oder rührende Momente hat, ferner werden bestimmte Schauspieler oder auch Moderatoren herausgehoben.

Imagetrailer im ersten Sinne sind nicht zu verwechseln mit dem *Senderkenn-spot* oder *Station ID*. Hier steht das Logo im Mittelpunkt des Spots, das den Kern der Senderausrichtung transportieren soll. Station IDs werden vor und nach den Werbeinseln eingesetzt, so dass sie wie ein Trenner funktionieren. Damit unterstreichen sie die Forderung der Gesetzgeber, dass Werbung und Programm eindeutig voneinander getrennt sein müssen. Da sie auch in den Verbindungen zwischen den Programmen eingesetzt werden, sollen sie den Audience Flow fördern und wie alle Trailer auf „Vererbungseffekte" unter den Programmen abzielen.

Insgesamt werden ca. 5 % des Programms bei den privaten Sendern mit Programmtrailern bestückt – kaum ein Werbeblock kommt ohne Programmhinweise aus. Da das öffentlich-rechtliche Programm über weniger Werbeunterbrechungen verfügt und die Sendungen außerhalb des Vorabends dadurch nicht unterbrochen werden, gibt es hier naturgemäß weniger Trailer. Bei den öffentlich-rechtlichen Sendern sind es nur 4 %. Alles in allem bemühen sich die Sender um ein dynamisches und auch einheitliches Bild des Programms, so dass auch in den Trailern ein homogener Gesamteindruck gewahrt werden muss. Die Übergänge zur folgenden Sendung sollen möglichst flüssig sein.

Die angesprochene Formatierung des TV-Programms erfordert ein gewisses Gegengewicht, das das Programm rhythmisiert und dynamisiert. Die Programmtrailer, die das Programm zusätzlich strukturieren, lockern die einzelnen Blöcke auf und vermitteln aufgrund hoher Schnittfrequenz und starker visueller Eindrücke ein insgesamt junges Image der Sender. Die Trailer sind in den letzten Jahren kürzer geworden und da sie auf das kommende Programm hinweisen, entsteht insgesamt ein kompakterer Eindruck des Gesamtprogramms. Es zeigt sich, dass die Zuschauer Programmtrailern generell nicht negativ gegenüberstehen. Vielmehr fassen sie diese als „Service" oder „Hilfestellung" auf – sofern sie nicht zu häufig eingesetzt werden oder zu lange dauern.

Trailer erzielen vor allem dann eine gute Wirkung, wenn sie Formate bewerben, die zum aktuell laufenden Format passen, wenn also innerhalb einer Daily

---

148 Park: Programm-Promotion. 2004, S. 131.

Soap für eine weitere Daily Soap geworben wird. Auch der Zeitpunkt der Betrailerung spielt eine große Rolle. Ab etwa zwei Wochen vor Ausstrahlung eines Formats kann eine Annäherung erfolgen, doch erst am Tag vor der Ausstrahlung ist eine Erinnerungsfunktion wirklich wirksam. Nicht jedes Format kann durch eine hohe Betrailerung gewinnen. Anscheinend spielt die Qualität des Formats eine große Rolle, denn unattraktive Formate gewinnen nicht unbedingt durch ein hohes Trailerpensum. Die Zuschauer lassen sich eben doch nur durch Qualität locken.

Die Trailer werden in Absprache mit vielen beteiligten Abteilungen hergestellt und platziert: Programmplanung, Sendeablaufplanung, Redaktion, Marketing, On Air-Promotion/Design. Die tatsächliche Platzierung und Häufigkeit der Ausstrahlung hängt mit strategischen Überlegungen des Senders zusammen. Es gibt nur eine begrenzte Anzahl von Trailerplätzen im Programm, um die mehrere Sendungen konkurrieren. Bei den öffentlich-rechtlichen Sendern stehen pro Tag etwa 20 Trailerplätze zur Verfügung, bei den Privaten rund 80.[149] Nicht nur die Häufigkeit der Trailer, sondern auch ihre Platzierung im Programm sind relevant für den Promotionerfolg – genau wie bei der „richtigen" Werbung. Zunächst entscheidet das geeignete Programmumfeld über die Wirkung: Kann ich die Zuschauer erreichen, die sich für das betrailerte Format interessieren würden? Spreche ich also die richtige Zielgruppe an? Des Weiteren entscheidet die Kontaktzahl, also die Häufigkeit, mit der die Zuschauer in Kontakt mit einem Trailer kommen. Der Abstand der Trailer zum Sendedatum spielt dabei auch eine Rolle. Die TV-Sender bauen dafür eine Dramaturgie auf, in der sie den zeitlichen Abstand genau definieren und langsam abbauen: „Ostern sehen Sie…", „Nächste Woche…", „Morgen bei…" oder eben „Gleich…".

Die einzelnen Sender unterscheiden sich in ihrer Programm-Promotion, wie Park darstellt.[150] Die ARD kombiniert Ansagen, Programmtafeln und -trailer und konzentriert sich nicht nur auf die Prime Time, sondern auch auf das Nachmittags- und Nachtprogramm. Ebenfalls setzt die Strategie der ARD darauf, nicht nur den heutigen Tag, sondern die drei folgenden Tage zu bewerben. Das ZDF (ebenso wie die anderen Sender) ist in dieser Hinsicht stark auf den jeweils folgenden Tag hin ausgerichtet und bewirbt mehr die Unterhaltungsformate. Auch RTL richtet sich am stärksten auf Unterhaltungsformate aus und zeigt das intensivste Programm-Marketing – gerade in der Prime Time, in der man kürzere Trailerlängen nutzt und damit mehr Promotion wagen kann. SAT.1 sendet die meisten Sendeminuten mit Trailern (täglich 73 Minuten), konzentriert sich dabei aber auf wenige Highlights. ProSieben fokussiert sich am stärksten auf fiktionale Formate, was aber aufgrund der allgemeinen Ausrichtung des „Spielfilmsenders" nicht erstaunt.

---

149 Park: Programm-Promotion. 2004, S.153.
150 Vgl. im folgenden Park: Programm-Promotion. 2004, S.231ff.

Es ist offensichtlich, dass die TV-Sender mit Hilfe ihrer Trailern ihr Image prägen. Alle Trailer haben also einen senderspezifischen Look, ein bestimmtes Design. Das Corporate Design eines Senders ist natürlich nicht nur auf dem Bildschirm präsent (obwohl die Sender ihre Möglichkeiten hier natürlich auskosten), sondern auch auf jedem Briefpapier, jedem Kugelschreiber wie auch in jeder Off Air-Promotion. Denn das Corporate Design ist das wichtigste Element bei der Markenbildung eines Senders: das Logo, die Farben, der Senderclaim oder auch Audiosignale werden genutzt, um ein ästhetisches Ganzes zu schaffen, das als Klammer für die Inhalte dient. Bei eigenproduzierten Sendungen wie den Nachrichten, Magazinen, Talkshows oder Quizsendungen ist der jeweilige Sender immer als Absender zu erkennen. Schwierig ist dies bei gekauften Formaten: Hier kann sich das Senderimage nur durch die spezifische Auswahl des Programms darstellen. Einzig das Senderlogo signalisiert beständig, welches Programm der Zuschauer gewählt hat.

Daher steht gerade das Senderlogo im Mittelpunkt aller Steuerungsprozesse. Als Markenzeichen, das ununterbrochen auf dem Bildschirm zu sehen ist und zusätzlich in die verschiedenen Trailerformen und auch im Anschluss an die einzelnen Sendungen eingeblendet wird, tut es gute Dienste. So wird das Profil des Senders ständig wiederholt und präsent gemacht. ProSieben hat sein Markenzeichen, die rote 7, zu einer der bekanntesten Marken in Deutschland gemacht – es hat einen Bekanntheitsgrad von 90 %.[151]

Der Senderclaim ist ein weiteres Mittel, mit dem TV-Sender versuchen, sich zu positionieren. Das gelingt manchmal mehr, manchmal weniger gut. „Powered by Emotion" von Sat.1 zog aufgrund der starken Anglizismen den Spott des Feuilletonisten auf sich. Mit „Sat.1 zeigt's allen" wollte man es zur TV-Saison 2004/2005 besser machen und gleichzeitig eine Kampfansage formulieren. Wohl angesichts der ausgerechnet dann schwächeren Quoten wurde der aggressive Spruch im Februar 2007 „zunächst" zurückgezogen – er sollte nur noch punktuell eingesetzt, aber auch nicht durch einen neuen ersetzt werden. „We love to entertain you" von ProSieben ist dagegen konsequent englisch: Der Sender richtet sich an ein junges, modernes Publikum, das Anglizismen akzeptiert, und ist mit seinen amerikanischen Kaufprogrammen ohnehin englischsprachig ausgerichtet. Die eigenen Stars des Senders müssen den Claim in die Kamera hauchen und damit den Zuschauer ein Gesicht zur Marke bieten.

Auffällig ist natürlich, dass einige Sender sich mit einer Zahl, die die bevorzugte oder erhoffte Belegung auf der Fernsehbedienung ausdrücken soll, positionieren: „Mit dem Zweiten sieht man besser" oder auch „Das Erste ist das Fern-

---

151 Vgl. Park: Programm-Promotion. 2004, S. 73.

sehen". „Das Vierte – Wir sind Hollywood" deutet nicht nur eine Tastenbelegung, sondern auch verstärkt eine inhaltliche Ausrichtung an. Die Gleiche übrigens wie „Wir lieben Kino" – was eigentlich eine doppelbödige Geschichte ist, denn es ist schließlich ein Fernsehsender (Tele 5), der dies für sich reklamiert. „Die besten Filme aller Zeiten" hat dagegen Kabel Eins im Programm und zeigt im Claim deutlich, wie man sich positionieren möchte. „Anders fernsehen mit 3sat" zielt auf das alternative und anspruchsvolle Programmangebot ab.

TV-Sender suchen immer wieder einen Claim, der das Programmangebot möglichst gut und prägnant abzeichnet. Sie richten große Energien darauf, sich damit alle Jahre wieder neu ins Gedächtnis des Zuschauers zu rufen.

Farben als Signalkräfte und Imageträger werden genauso von den Sendern eingesetzt. Die ARD gibt sich mit der blauen Hausfarbe einen seriösen und glaubwürdigen Anstrich, das ZDF versucht, sich mit der Umpositionierung auf Orange davon abzugrenzen. ProSieben setzt auf Rot, RTL auf die Kombination von Rot, Blau und Gelb. Es gibt immer wieder Konzepte, die die Farben innerhalb eines Senderdesigns einzelnen Programmbereichen zuordnen, um dem Zuschauer von vornherein eine emotionale Stimmung mitzugeben. Sat.1 hat die eigenen Serien in ein farbliches Konzept gebracht. Rot für Liebe und Leidenschaft in „Emotionserien"[152], Blau für Actionserien und Gelb für Comedy.

Nicht nur Visuelles, sondern auch Auditives wird zur Markenbildung genutzt. TV-Sender entwickeln große Energien auf dem Gebiet akustischer Visitenkarten. Die wenigen Töne, aus denen sich die Senderkennungsmelodie zusammensetzt, sind teuer bezahlt – weil bei jedem Einsatz GEMA-Gebühren fällig werden.

Cross Promotion durch redaktionelle Verweise in anderen Sendungen eines Senders wird gerne genutzt. Viele Sender haben eine eigene Abteilung, die als Vernetzung zwischen Programm- und Nachrichten- bzw. Magazinredaktionen fungiert und Kontakte herstellt. Gerade in den Boulevardmagazinen kann man Hinweise auf kommende Sendungen geben und personifizieren: Oft werden Schauspieler als Gäste eingeladen, die über „ihre" Sendung am Abend oder in den nächsten Tagen reden.

Cross Promotion wird innerhalb der Senderfamilien mittlerweile häufiger betrieben. Standen früher die Sender mehr oder weniger alleine in der öffentlichen Wahrnehmung da, wird heutzutage häufiger darauf geachtet, dass Sender innerhalb ihrer Familien wahrgenommen werden. Dies hat auch auf Marketingseite Vorteile. Für Neustarts wird gerne beim Schwesternsender geworben, denn dies hat gleich zwei Vorteile: Zum einen sind die Kosten geringer (zumindest in der Richtung vom „großen" zum „kleinen" Sender), zum anderen kann man auf diese

---

152 Vgl. dazu Park: Programm-Promotion. 2004, S. 76.

163

Weise auch neue Zuschauergruppen ansprechen, die sich vielleicht noch nicht für den Sender und sein Programm interessiert haben. Wenn nun allerdings Trailer für Kabel Eins auf ProSieben laufen und VOX-Trailer auf RTL, kann es bei Zuschauern zu Irritationen kommen – gerade, wenn sie eben erst zugeschaltet haben: „Bei welchem Sender bin ich denn gerade gelandet ...?" Aufgrund der anderen Vorteile nehmen Sender dies dann allerdings in Kauf.

5.3 Off Air-Promotion

Ist die On Air-Werbung die wichtigste, weil auch kostengünstigste Werbeform für TV-Sender, darf die Off Air-Promotion nicht unterschätzt werden. Denn sie ist das primäre Mittel, um neue Zuschauer zu generieren. Durch die Einschaltung eines anderen Mediums können potenzielle Zuschauergruppen angesprochen werden, die sonst kein Fernsehen oder bevorzugt andere Sender konsumieren. Die Wahl der Medien für die Werbung ist dabei entscheidend bei der Off Air-Promotion.

Printmedien sind für TV-Sender die wichtigsten Werbeträger, werden aber aufgrund ihrer Zielgruppen unterschieden. RTL und ARD nutzen bundesweite Tageszeitungen und Boulevardzeitungen wie die *Bild* für ihre Promotion und natürlich auch Programmzeitschriften wie *TV Spielfilm, TV Movie, Hörzu* usw. So wie die Sender ihre Zielgruppen definieren, versuchen sie auch, diese in den jeweiligen Publikumszeitschriften zu erreichen. Das ZDF findet seine Zuschauer eher im *Focus*, RTL bei *Fit for Fun*, die Nachrichtensender dagegen auf *Capital, Manager Magazin, Tomorrow* oder *Max*.[153] Um aber neue potenzielle Zuschauer zu erreichen, setzen die Sender auch auf Zeitungen und Zeitschriften, mit denen sie sonst kaum in Verbindung gebracht würden: Das ZDF versucht, seiner Altersproblematik mit Anzeigen in der *Bravo* oder *Prinz* zu entgegnen, die ARD will sich mit Anzeigen in der *Superillu* gegen die Privatsender ins Spiel bringen, die in den neuen Bundesländern auf besonders starke Zuschauerresonanz stoßen.

Hörfunk ist ein gutes Medium für die TV-Promotion. Die genaue Zielgruppenansprache und damit die geringen Streuverluste machen es zum beliebten Mittel. Nicht nur die Ähnlichkeit des Mediums – zumindest wird derselbe Audio-Kanal, wenn auch nicht der visuelle Kanal genutzt – macht es beliebt, sondern auch die schnelle Einsatzmöglichkeit. Große Kampagnen würde man eher über Außenwerbung durchführen, eine schnelle und punktuelle Ansprache der Zielgruppe kann man dagegen im Hörfunk erreichen. Denn gerade Hinweise auf das Pro-

---

153 Vgl. dazu auch Park: Programm-Promotion. 2004, S. 101f.

gramm desselben Tages kann man im Hörfunk ausstrahlen und das Publikum erreichen, wenn es z.B. von der Arbeit nach Hause fährt. Nicht zu vergessen ist, dass die diversen Sender zu Konzern- oder Programmfamilien gehören, die auch Radiosender haben. Kooperationen sind hier also häufig.

Außenwerbung mit Plakaten, Blow Ups und Megapostern, Infoscreens in den U-Bahnen der Großstädte wird gerade zu Programmstarts oder besonders breit aufgestellten Programmevents durchgeführt. Damit wird eine breite Öffentlichkeit angesprochen. Gerade VOX mit seinen großflächigen, in der Senderfarbe Rot gehaltenen Plakatwerbungen oder City Lights oder auch das ZDF machen damit auf sich aufmerksam. RTL und Sat.1 nutzen dagegen die Außenwerbung eher seltener und meist nur, um besondere Events anzukündigen. Die ARD nutzt diese Werbeform nur äußerst selten und auch nur für bestimmte Vorabendformate.

Kinowerbung wird eher selten eingesetzt, da die Produktion der Spots teuer und die Reichweite begrenzt ist. Allerdings eignet sich die Atmosphäre gut, um die Emotionen beim Publikum und damit die Wirksamkeit der Werbung zu fördern. Auf Inhalte wird in der Kinowerbung der TV-Sender nicht gezielt, es geht meistens um Imagemaßnahmen.

Selten wird nur eine Off Air-Promotionmaßnahme eingesetzt. Zumeist ist es ein Mix aus den verschiedenen Formen und Werbeträgern, doch dies variiert je nach Budget und nach Ziel. Denn bei Einführungen von neuen Sendungen oder Events muss eine breite Aufmerksamkeit beim Publikum erreicht werden.

Das Internet ist ein willkommenes Begleitmedium für die TV-Sender und wird dementsprechend gerne zur Promotion genutzt. Die Vorteile liegen auf der Hand. Zum einen kann hier auf audio-visuelle Kommunikation zurückgegriffen werden und damit auf eine dem Fernsehen ähnliche Form. Zum anderen kann der Zuschauer auch eine aktive Rolle spielen und auf unterschiedliche Art und Weise beteiligt werden. Hinzu kommt, dass das Internet gerade bei der jungen Zielgruppe sehr beliebt ist, die diese die sendungsbegleitenden Inhalte gerne nutzt. Es können damit außerdem auch Zuschauergruppen angesprochen werden, die eher wenig fernsehaffin sind.

Fans von Serien werden auf Homepages große Flächen angeboten, auf denen bestimmte Hintergrundinformation zu ihren Favoriten zur Verfügung stehen: Biografien der Stars, Interviews mit Cast und Crew, Fotos oder vielleicht unveröffentlichtes Material. Man befriedigt das Bedürfnis der Fans nach Informationen, engem Kontakt oder Neuigkeiten. Vor allem bietet das Internet die Möglichkeit, den Fan vom bloßen Konsumenten zum interaktiven Teilnehmer zu machen. Neben Spielen, Fragen, Rätseln oder Vorschlägen können Fans hier mit ihren Vorbildern (vermeintlich) in Kontakt treten, Hintergrundwissen abrufen und auch Merchandising-Artikel erstehen. In Zukunft sind auch Fortsetzungen der Formate im Internet auf die eine oder andere Art und Weise denkbar. All dies dient dazu, die Zuschauerbindung zu stärken, genauso wie die Möglichkeit in Foren und Chats unmittelbar die eigene Meinung zu äußern.

Im Gegensatz zum bunten und schnellen Internet scheint der Teletext ein Nischendasein zu fristen – doch die Zahlen belegen das Gegenteil. Täglich rund zwölf Millionen Zuschauer nutzen das Angebot und schätzen es wegen seiner Aktualität. Es ist rund um die Uhr verfügbar und die Produktion eines Spots ist vergleichsweise unaufwändig. Teletext kann wie das Internet auch die Zuschauerbindung stärken. Um neue Zuschauer zu gewinnen, eignet es sich weniger, da die Seiten mit dem eingeschalteten Programm verknüpft sind und in den meisten Fällen ohnehin nur die Stammseher des Senders auch dessen Teletextangebot nutzen.

Eine in den letzten Jahren häufiger genutzte Form von Promotion sind Gewinnspiele und andere Aktivitäten, bei denen die Zuschauer zur Teilnahme aufgefordert werden. Diese fördern und pflegen den Dialog mit dem Zuschauer und zugleich die Sender- und Programmbindung. Die Gewinnspiele haben außergewöhnlichen Charakter und werden vom Publikum gerne angenommen. Die Sender haben die Wahl, kostendeckend oder gewinnbringend zu arbeiten. Mit normalen Preisausschreiben werden Produkte verlost, die dem Sender oftmals gratis zur Verfügung gestellt wurden. Durch das dadurch entstehende Co-Branding profitieren beide Unternehmen. Mitrate-Spiele per Telefon, die Geldgewinne in Aussicht stellen, generieren oft genügend Gegenwert durch die Telefongebühren, so dass hier neue Erlösquellen geschaffen wurden.

Zuschauerclubs oder Sponsoring seitens der TV-Sender sind weitere Off Air-Promotionmaßnahmen, die ebenfalls das Image stärken und ausbauen sollen.

5.4 Kommunikation / Programm-PR

Die Abteilung Kommunikation und Presse stellt eine weitere wichtige Säule in der Markenkommunikation eines TV-Senders dar. Sie geht weg von reiner Werbung hin zur PR. Nur durch sie kann gewährleistet werden, dass die Zuschauer auch in entsprechendem Maße auf das Programm aufmerksam gemacht werden. Denn schließlich nützt der größte Einsatz bei der Erstellung eines Formats nichts, wenn das Publikum nichts davon weiß.

Primäres Moment in der Programm-PR ist die Arbeit mit und für die Fernsehzeitschriften und die Tagespresse. Aus diesen Medien bekommt der Zuschauer seine Informationen über das Fernsehprogramm, sofern er nicht durch andere Kanäle wie das Internet, das Radio oder durch den Sender selbst (On Air-Promotion, Off Air-Promotion, gestripptes Programmschema) darauf aufmerksam geworden ist.

Betrachtet man die Fernsehzeitschriften genauer, so wird deren Bedeutung klar: Neben den reinen Informationen darüber, was wann wo wie lange läuft, finden sich dort ausführliche Programmhinweise, die oftmals mit Wertungen und Empfehlungen verbunden sind. Natürlich sind TV-Sender daran interessiert, dass ihr Programm dort möglichst positiv erscheint, aber grundsätzlich ist es schon einmal wichtig, dass das Programm überhaupt erscheint. Dieser etwas überspitzt formulierte Ansatz ist in Zeiten immensen Konkurrenzdrucks nicht nur im eigenen Medium sehr wichtig.

Es gibt zahlreiche Programmzeitungen und -zeitschriften in Deutschland wie beispielsweise *TV Today, TV Spielfilm, TV Movie, TV Digital, Hörzu, Auf einen Blick, Bild und Funk, Fernsehwoche, Bildwoche, Funkuhr, Super TV, TV Hören und Sehen* und *TV neu*, die von den Zuschauern zur Information über das Fernsehprogramm genutzt werden. Sie alle haben unterschiedliche Ansätze, was die Präsentation und inhaltliche Ausführlichkeit oder Analyse des Fernsehprogramms betrifft, sind aber in den letzten Jahren unter wirtschaftlichen Druck geraten. Nicht nur die EPGs (Electronic Program Guides), die mittlerweile in vielen DVBT- oder Satelliten- und Kabel-Receivern enthalten sind, sondern auch das Internet nehmen ihnen Marktanteile ab. Spätestens wenn die Verbindung von Internet und Fernsehen so eng zusammengewachsen sein wird, dass nicht mehr zwei, sondern nur noch ein Empfangsgerät nötig, der PC also endgültig wohnzimmertauglich geworden ist und auch ältere Nutzer das Medium verstärkt für sich entdecken, werden die Verkaufszahlen noch stärker sinken. Es ist zwar nicht zu vermuten, dass Zeitungen und Zeitschriften als Informationsquelle ganz und gar ausfallen, nur müssen sie sich andere Nischen oder Möglichkeiten suchen.

Eine Möglichkeit ist beispielsweise, dass ein Teil der Programmzeitschriften nicht nur die reinen Informationen des Programmablaufs verbreiten, sondern darüber hinaus Hintergrundberichte, Kritiken und Starportraits liefern. Gerade diese Medien stehen im Fokus der Abteilungen Presse und Kommunikation der Sender. Sie übermitteln nicht nur die rein technischen Informationen wie Startzeiten und Inhalte der Programme, sondern bemühen sich, das Programm selbst auch in der Presse entsprechend zu positionieren.

Dazu werden den Journalisten neben den Pressemappen vorab auch Filme oder Episoden geschickt, Interviews mit den Stars vereinbart und geführt. Für diese Pressebemusterung gibt es einen Sechs-Wochen-Vorlauf, damit z.B. auch die 14tägig erscheinenden Programmzeitschriften mit langem Vorlauf entsprechende Artikel und Interviews einplanen können. Denn dieser Mantelteil der Zeitschriften wird zuerst produziert, dann erst folgt der Teil mit den Informationen und Kurzkritiken zu einzelnen Formaten und schließlich entstehen die konkreten Angaben zum detaillierten Programm der einzelnen Sender in der entsprechenden Programmwoche.

Bei allen Presseaktivitäten zeigt sich, dass qualitativ hochwertige Programme viel leichter Presse bekommen als solche, die, überspitzt formuliert, als Trash gelten. Auch hier setzt sich also Qualität durch und auch hier sind größere Sender im Vorteil gegenüber den kleineren. Natürlich richten sich die größten Interessen seitens der Presse und meistens auch innerhalb des Senders auf die besonderen Highlights und Events im Senderprogramm, wie z. B. ein *Champions League*-Spiel, einen Event-Movie, eine besondere Ausgabe einer Show. Jedoch darf der Sender nie vergessen, dass es vielmehr die täglichen Programme sind, die zum Erfolg beitragen. Die Stabilität der Quoten zählt mehr als kurzfristige Ausreißer nach oben. So besteht die Schwierigkeit darin, das Interesse für langlaufende Formate hochzuhalten und immer wieder anzufeuern – schwierig bei einer Serie, die 150 Folgen hat, schwieriger bei einem Daytime-Format wie einer Gerichtsshow, beinahe unmöglich bei der 381. Folge einer südamerikanischen Telenovela oder der Wiederholung einer Tierdokumentation.

Daraus erklärt sich, dass es nur wenige Formate gibt, die ein Sender als Presseschwerpunkte definiert. Das Interesse des Publikums ist endlich, ebenso die redaktionellen Räume, die die Presse der Informationen widmen kann. Aus den genannten Beispielen geht übrigens auch hervor, warum manche Formate sich besser, andere weniger gut für die Pressearbeit eignen: Mit Schauspielern von ausländischen Filmen und Serien lassen sich kaum Interviews führen – einzig aus den wirklich großen Hollywoodstars von Blockbustern lassen sich in der Yellow Press Geschichten bzw. Meldungen fabrizieren. Deutsche Schauspieler sind vielleicht in den eigenen Shows zu Gast (vgl. Kap. On Air-Promotion), lassen sich von (Print-) Magazinen beim Restaurant- oder Heimbesuch begleiten und stehen zumeist für viel Pressearbeit zur Verfügung.

Eine Gerichtsshow oder Talkshow ist ebenso schwierig wie ausländische Serien zu bewerben, da die einzige Konstante meist der Richter oder der Moderator ist. Und über diese eine Person lassen sich nur bedingt Geschichten etablieren, da das Material begrenzt und auch das öffentliche Interesse an der Person oft gering ist. Dokumentationen sind aufgrund fehlender Charaktere (bzw. der wenig prominenten Rolle, die sie spielen), nur schwer in der Presse unterzubringen – einzig spektakuläre und nie gesehene Aufnahmen von „außergewöhnlichen" Tieren (und zwar nicht der Buntspecht oder die Kohlmeise) oder Naturschauspielen kommen dafür in Frage. Die Sender versuchen also, der Presse eine interessante Auswahl an Themen bzw. Formaten anzubieten. Dabei stoßen sie auf unterschiedliches Gegeninteresse. Zum einen sind Programmzeitschriften, die sich inhaltlich ausschließlich mit dem Fernsehen auseinandersetzen, grundsätzlich eher offen für Neuigkeiten und Informationen der Sender. Zum anderen aber sind Tageszeitungen oder Illustrierte inhaltlich so breit aufgestellt und an so vielen anderen Themen interessiert, dass sich die Senderinformationen oft schwer tun.

Aufgrund der größeren Konkurrenz müssen sie die Zielgruppe der Zeitungen genau treffen und einen bestimmten Nachrichtenwert vermitteln, der eine über die Sendung hinausgehende Relevanz hat.

Anders als diese Medien wird eine Fernsehzeitschrift meist an dem Tag in die Hand genommen, an dem der Zuschauer fernsehen will. Er nutzt sie also mehrfach in der Woche oder am Tag, wobei er sich dabei in der Regel auf die Programminformationen des jeweiligen Tages konzentriert. Der Mantelteil wird dagegen meist zuvor konsumiert – bald nach Kauf oder zu Anfang der Woche, wenn die Zeitschrift zum ersten Mal aufgeblättert wird. Daraus erschließt sich die Bedeutung der Artikel oder der Interviews im Mantelteil: Sie sind so etwas wie die Programmvorschau, die dem Leser lange vor dem konkreten TV-Konsum schon eine Vorstellung von dem gibt, was gesendet wird, ohne dass er sich das konkrete Datum und die Uhrzeit merken wird. Doch am jeweiligen Tag findet er die Sendung im Programmteil wieder, er realisiert, dass das, was er sich diffus gemerkt hat, nun aktuell ist. Dieser doppelte Kontakt ist wichtig, denn vielleicht fühlt der Leser sich jetzt in besonderem Maße aufgefordert einzuschalten, um seine Hintergrundinformationen zu verifizieren.

6 Fazit

Warum läuft der *Tatort* am Sonntagabend in der ARD? Um diese Frage zu beantworten, sollten nach Lektüre dieses Buches nun unter anderem folgende Antworten plausibel erscheinen:

Weil es das Format mit guten Marktanteilen auf einem stabilen, langjährigen Sendeplatz ist und weil es sich damit in die Sehgewohnheiten der Zuschauer eingefunden hat. Weil Krimi das ohnehin liebste TV-Genre der Deutschen ist und weil der Sonntag der zuschauerstärkste Tag ist. Weil man die Marke gut gepflegt und durch die unterschiedlichen Ermittlerteams erfolgreich diversifiziert hat. Weil man damit ein Aushängeschild für den Sender geschaffen hat. Weil man mit der Eigenproduktion und den einheimischen Schauspielern als Identifikationsfiguren ein gutes Gegengewicht zu den amerikanischen Blockbustern der privaten Konkurrenz hat.

Es gibt sicher noch weitere Antworten, doch zumindest sollten diese zeigen, welche Kriterien für erfolgreiche Fernsehprogrammierung in diesem Buch behandelt wurden. Neben der grundsätzlich unterschiedlichen Positionierung der öffentlich-rechtlichen und der privaten Sender, neben den Ausführungen zu verschiedenen Einflüssen einzelner Senderstrategien zur Ansprache ihrer jeweiligen Zielgruppen sollten die inhaltlichen Überlegungen der TV-Sender deutlich geworden sein. Ebenso deren Argumente für oder wider die Produktion eines Formats und die anzuwendenden Strategien, mit denen die Sender versuchen, ihre „Produkte" zu vermarkten.

Die verschiedenen Techniken, die in der konkreten Programmplanung auf täglicher, wöchentlicher oder monatlicher Basis eine Rolle spielen, sollten klar geworden sein – zumindest grundsätzlich, wenn auch ohne vertiefende und ausführliche Quotenauswertungen. Programmrochaden und Planungsspiele sollten aber dennoch verständlich und nachvollziehbar sein.

Uns allen ist klar, dass sich das Fernsehen in der Zukunft ändern wird. Doch es wird eine Anpassung an die sich ständig wandelnde (Medien-)Welt sein. Befürchtungen, dass das Fernsehen abgeschafft werden könnte, sollten keine Rolle spielen. Denn auch bei dreihundert neuen digitalen Kanälen werden die wenigen Sender, die schon heute die wichtigste Rolle spielen, auch in Zukunft prägend und die erfolgreichsten Sender sein.

Bei allen Programmplanungs-Strategien, die hier aus Sender- und Produktionssicht vorgetragen wurden, darf aber eines nicht vergessen werden: Qualität setzt sich durch. Denn Fernsehen ist Programm für den Zuschauer. Und allein dieser entscheidet über Erfolg oder Misserfolg. Insofern stimmt die Behauptung, dass der Zuschauer in Zukunft sein eigener Programmdirektor sein wird – ganz einfach, weil er es immer schon war.

Anhang

Literatur

Becker, Uwe in: Wie viel sind fünf Fernsehsender wert? In: Die Zeit Nr. 49. 30.11.2006.

Beisch, Natalie / Engel, Bernhard: Wie viele Programme nutzen die Fernsehzuschauer? Mediaperspektiven 7/2006, S. 374 – 379.

Bleicher, Joan Kristin (Hrsg.): Fernsehprogramme in Deutschland. Konzeptionen, Diskussionen, Kritik. Ein Reader. Wiesbaden 1996.

Bleicher, Joan Kristin: Institutionsgeschichte des bundesrepublikanischen Fernsehens. In: Hickethier, Knut (Hrsg.): Institution, Technik und Programm. Rahmenaspekte der Programmgeschichte des Fernsehens. München 1993.

Eastman, Susan; Ferguson, Douglas: Broadcast / Cable / Web Programming. Belmont 2002.

Gehringer, Thomas: Wir können auch jung. Der WDR auf der Suche nach dem Zuschauer unter 50. In: epd medien Nr. 3 vom 13.01.2007, S. 5ff.

Geisler, Rainer M.: Controlling deutscher TV-Sender. Fernsehwirtschaftliche Grundlagen – Stand der Praxis – Weiterentwicklung. Wiesbaden 2001.

Groebel, Jo / Hoffmann-Riem, Wolfgang u. a.: Bericht zur Lage des Fernsehens. Gütersloh 1995.

Hauff, Eberhard / Meiling, Frank: Fernsehfilm Handbuch 2006. München 2006.

Holtmann, Klaus: Programmplanung im werbefinanzierten Fernsehen. Lohmar 1999.

Horstmann, Meike: Programmcontrolling bei öffentlich-rechtlichen und privatwirtschaftlichen Fernsehveranstaltern. Arbeitspapiere des Instituts für Rundfunkökonomie an der Universität zu Köln, Nr. 86, 1997.

Karstens, Erik / Schütte, Oliver: Firma Fernsehen. Wie TV-Sender arbeiten. Hamburg 1999.

Keil, Christoph: Die Einmütigen. Plasberg und die ARD. Chaostage fürs Programm. In: Süddeutsche Zeitung Nr. 69 vom 23. März 2007, S. 17.

Kloss, Ingomar: Werbung. Lehr-, Studien und Nachschlagewerk. Wien 2000.

Kreimeier, Klaus: Fernsehen. In: Hans-Otto Hügel: Handbuch der populären Kultur. Stuttgart 2003.

Krüger, Udo Michael / Zapf-Schramm, Thomas: Sparten, Sendungsformen und Inhalte im deutschen Fernsehangebot. In: Mediaperspektiven 4 / 2006, S. 201 – 221.

Krüger, Udo Michael: InfoMonitor 2006: Fernsehnachrichten bei ARD, ZDF, RTL und Sat.1. In: Mediaperspektiven 2/2007, S. 58 – 82.

Kuchenbuch, Katharina / Auer, Reiner: Audience Flow bei ARD, ZDF, RTL und Sat.1. In: Mediaperspektiven 3/2006, S. 156–170.

Matelski, Marylin J.: Daytime Television Programming. Boston 1991.

Langenstein, Gottfried in: Klasse statt Masse. Kölner Stadtanzeiger Nr. 17 vom 20./21.01.07.

Meier, Henk Erik: Von der „Sendeplatzverwaltung" zum kompetitiven „programming". Veränderung in der Programmplanung des ZDF. Arbeitspapiere des Instituts für Rundfunkökonomie an der Universität zu Köln, Nr. 159, 2002.

Meyen, Michael: Einschalten, Umschalten, Ausschalten? Das Fernsehen im DDR-Alltag. Leipzig 2003.

Müller, G. Christine: Der europäische Fernsehabend. Köln 1999.

Park, Joo-Yeun: Programm-Promotion im Fernsehen. Konstanz 2004.

Paukens, Hans / Schümchen, Andreas (Hrsg.): Programmplanung – Konzepte und Strategien der Programmierung im deutschen Fernsehen. München 1999.

Perebinossoff, Philippe / Gross, Brian / Gross, Lynne: Programming for TV, Radio & the Internet. Oxford 2005.

Plake, Klaus: Handbuch Fernsehforschung. Wiesbaden 2004.

Piel, Monika: „Kerkeling passt richtig gut". In: Kölner Stadtanzeiger Nr. 71, 24./25. März 2007, S. 27.

Piel, Monika: „Ich gebe nie kampflos auf. Die künftige WDR-Intendantin Monika Piel über Fernsehen für alle, Frauen in Führungspositionen und Fußball". In: Süddeutsche Zeitung Nr. 68 vom 22. März 2007, S. 17.

Pieper, Claas: Wie viel sind fünf Fernsehsender wert? In: Die Zeit Nr. 49 vom 30.11.2006.

„Pro Wissen". In: Süddeutsche Zeitung Nr. 79 vom 04.04.2007.

Riepl, Wolfgang: Das Nachrichtenwesen des Altertums. Hildesheim 1972.

Ronnenberger, Franz: Die Bedeutung der Programminformation aus medienwissenschaftlicher Sicht. In: Schröder, Hermann-Dieter (Hrsg.): Programminformationen in Printmedien. Baden-Baden 1988.

Schäferkordt, Anke in: „Ich verlasse mich nicht auf Gefühle." Süddeutsche Zeitung Nr. 37 vom 14.02.07, S. 15.

Struve, Günter: „Entgegen der Konjunktur bleiben wir bei unseren Eigenproduktionen". In: ProMedia 1/01.01.2007.

Thoma, Helmut in: Wir brauchen Zirkus. In: Der Spiegel 49/ 04.12.2006.

Zubayr, Camille: Der treue Zuschauer? Zur Programmbindung im deutschen Fernsehen. München 1996.

Internet
(Stand: Juni 2007)

http://www.ard.de/-/id=224832/property=download/ilt25y/index.pdf

http://www.ard.de/intern/finanzen/werbung/-/id=55272/1gbj7f7/index.html

http://artikel5.de/gesetze/rstv.html

http://www.bvv-medien.de/facts/vermiet.html

http://www.dwdl.de/article/news_9342,00.html

http://www.faz.net/s/RubF7538E273FAA4006925CC36BB8AFE338/Doc~
    E0E4A379591594FF4AD8A863B39579E5B~ATpl~Ecommon~Scontent.html

http://www.faz.net/s/RubF7538E273FAA4006925CC36BB8AFE338/Doc~
    EF699C3AD010147BDBE09D8D9C8EB1F1F~ATpl~Ecommon~Scontent.html

http://www.filmzentrale.com/essays/fernsehenkk.htm

http://www.gez.de/pics/content/diverse/gesamtertraege2005.jpg

http://www.kommwiss.fu-berlin.de/fileadmin/user_upload/oekonomie/materialien/
    Tonnemacher/hs/PrA_sentation_18_1_.12.06.pdf

http://www.museum.tv/archives/etv/P/htmlP/programming/programming.htm

http://www.media.brigitte.de/de/home/

http://www.medialifemagazine.com/News2005/jul05/jul18/1_mon/news3monday.html

http://www.nonliner-atlas.de/

http://www.oswego.edu/academics/colleges_and_departments/departments/
    communication_studies/condra/powerpoint/brc320/netwkprime-
    schedulingstrategies.ppt#281,1,SCHEDULING STRATEGIES

http://www.presseportal.de/story.htx?nr=921535

http://producerscraft.pbwiki.com/TvProgramming

http://relaunch.medialine.de/PM1D/PM1DB/PM1DBF/pm1dbf_koop.htm?snr=3297

http://www.sevenonemedia.de/imperia/md/content/content/TopThemen/Research/
    Downloads/Erlebnis_Fernsehen.pdf

http://www.sevenonemedia.de/imperia/md/content/content/Research/Downloads/
    futuretv/futuretv_07_05.pdf

http://www.tracmedia.com/content/files/Projects/ShowMeYouKnowMe.pdf

http://www.tv-wirkungstag.de/resource/16554201022006.pdf

www.uni-weimar.de/medien/archiv/ss99/tv/tv1.html

http://www.wirkstoff.tv/dranbleiben/digitale_zukunft_sender.php

Die Beispielwoche

Samstag, 10.03.2007

	ARD	ZDF	RTL	SAT.1
18:00	Tagesschau	hallo Deutschland	DSDS – Das Magazin	Die MyVideo-Show
18:15	Sportschau			
18:30	Fußball-Bundesliga Der 25. Spieltag	Leute heute		Sat.1 News
18:45			RTL Aktuell WEEK.	BLITZ
19:00		heute / Wetter	Explosiv – Weekend	
19:15				Deal or no Deal
19:30		Unser Charly Auf eigene Faust		Die Show der Glücksspirale
19:45				
20:00	Tagesschau			
20:15	Da wo es noch Treue gibt (D/A 2006)	Der Samstagskrimi Sperling und die kalte Angst	DSDS Live – Mottoshows	Die Sat.1-Familienpackun Der Kindergarte Daddy (Komödie, USA 2003)
20:30				
20:45				
21:00				
21:15				
21:30				
21:45	Tagesthemen / Das Wort zum Sonntag	heute-journal		
22:00		das aktuelle sportstudio		
22:15	Die zwölf Geschworenen (Spielfilm, USA 1997)		RTL Boxen Countdown	Genial daneben
22:30				
22:45			RTL Boxen Live: Der Kampf – KlitschK.O.	
23:00		Siska Der Mann im Garten		
23:15				Mensch Markus
23:30				
23:45			RTL Boxen Live: Highlights	Axel! will's wisse
24:00	Tagesschau	heute	DSDS – Entscheidung	

Spielfilme / Movies	Nachrichten	Serie / Soap	Show / Talk
Magazine / Doku	Comedy	Serie / Crime	Sport

O 7	VOX	KABEL 1	RTL II	
wstime	hundkatzemaus	Abenteuer Auto	(seit 16:00 Uhr): The Dome	18:00
k talk talk fun		Abenteuer Leben		18:15
				18:30
	Menschen, Tiere & Doktoren			18:45
			Big Brother VII	19:00
k talk talk	Wildes Wohn- zimmer II (Wdh.)	K1 Doku		19:15
				19:30
				19:45
			RTL II News	20:00
ınami	An deiner Seite (Drama, USA 1999)	Die Miami Cops (Komödie, USA/I 1985)	American Werewolf in Paris (Grusel-Komödie, GB/USA/L/F 1997)	20:15
:tion, D 2004)				20:30
				20:45
				21:00
				21:15
				21:30
				21:45
	dctp Special Focus TV spezial Mit Prüf und Siegel – Deutschland, deine Wa(h)ren-Tester			22:00
lileo Spezial: ınami		Night Action Demolition High (Thriller, USA 1995)	American High – probieren geht über studieren (Highschool, USA 2001)	22:15
				22:30
				22:45
				23:00
ent Horizon – n Rande des iversums :i-Fi, ›A/GB 1997)				23:15
				23:30
				23:45
	Six Feet Under V	Demolition High	Convent - Biss in alle Ewigkeit	24:00

ıder

181

Sonntag, 11.03.2007

	ARD	ZDF	RTL	SAT.1
18:00	Sportschau	ML Mona Lisa	ab 17.45 Uhr EXCLUSIV – Weekend	seit 16:00 Uhr: Verliebt in Berlin (Wdh.)
18:15				
18:30	Bericht aus Berlin	ZDF.reportage Einmal Arbeit und zurück		Sat.1 News
18:45	Lindenstraße		RTL Aktuell WEEK. + Wetter	BLITZ
19:00		heute / Wetter	V – Die Verbraucher- show	
19:15	Weltspiegel	Berlin direkt		Nur die Liebe zä
19:30		ZDF Expedition Rom		
19:45				
20:00	Tagesschau			
20:15	Tatort (NDR) Liebeshunger	*Der große ZDF Sonntagsfilm* Fjorde der Sehnsucht	*Free TV Premiere RTL Eventkino* The Day After Tomorrow	Navy CIS IV Auf der Flucht
20:30				
20:45				
21:00				
21:15				Criminal Minds Alte Freunde
21:30				
21:45	Sabine Christiansen	heute-journal		
22:00		Waking The Dead – Im Auftrag der Toten		
22:15				Sechserpack
22:30			Spiegel TV Magazin	
22:45	Tagesthemen			Planetopia
23:00	ttt - titel, thesen, temperamente			
23:15				
23:30	Woche der Brüderlichkeit		Die große Reportage	News & Stories
23:45		ZDF History		
24:00	Sportschau: Eisschnelllauf			

Spielfilme / Movies	Nachrichten	Serie / Soap	Show / Talk
Magazine/ Doku	Comedy	Serie / Crime	Sport

182

O 7	VOX	KABEL 1	RTL II	
wstime	auto motor & sport tv	(seit 17:15 Uhr): Big Trouble in Little China	Schau dich schlau!	18:00
ileo Spezial: nami dh.)	Wohnen nach Wunsch – Das Haus			18:15
				18:30
				18:45
nderwelt ssen			Welt der Wunder	19:00
		Quiz Taxi		19:15
				19:30
		Quiz Taxi		19:45
			RTL II News	20:00
ckbuster HDTV der-Man 2 tion, USA 2003) e-TV-Premiere	Hals über Kopf (Komödie, USA 2001)	Die besten Filme aller Zeiten Vertrauter Feind (Thriller, USA 1997)	Boat Trip (Komödie, USA/D 2002)	20:15
				20:30
				20:45
				21:00
				21:15
				21:30
				21:45
	Top Movie Ripper: Brief aus der Hölle (Horror, CDN 2001)		Law & Order: New York (Wdh.)	22:00
				22:15
		Die besten Filme aller Zeiten Fight Club (Thriller, USA 1999)		22:30
				22:45
ckbuster in TV e Punisher tion, D/USA 04) e-TV-Premiere			Autopsie – Mysteriöse Todesfälle	23:00
				23:15
				23:30
				23:45
	Ripper: Brief aus …			24:00

der

Montag, 12.03.2007

	ARD	ZDF	RTL	SAT.1
18:00	Verbotene Liebe	SOKO 5113 Sturmtraum	Explosiv – Das Magazin	Lenßen & Partner
18:15	Marienhof			
18:30			EXCLUSIV - Das Star-Mag.	Sat.1 News
18:45	Großstadtrevier Chefsache		RTL Aktuell +Das Wetter	BLITZ
19:00		heute / Wetter	Alles was zählt	
19:15				Verliebt in Berlin
19:30		WISO		
19:45	Wetter / Börse		GZSZ	K 11 – Kommissare im Einsatz
20:00	Tagesschau			
20:15	Erlebnis Erde Planet Erde:	Der Fernsehfilm der Woche	Wer wird Millionär?	Der Bulle von Tö Schonzeit
20:30	Graswelten	Moppel-Ich (D 2007)		
20:45				
21:00	Die Bauspar-Falle Der Kampf um die			
21:15	Schrottimmobilien		Die 10 emotionalsten DSDS-Momente	
21:30				
21:45	Report München	heute-journal / Wetter		
22:00				
22:15	Tagesthemen	Montagskino im ZDF Denn zum Küssen	EXTRA – Das RTL-Magazin	
22:30		sind sie da (Spielfilm, USA 1997)		24 Stunden Toto & Harry
22:45	Beckmann			
23:00				Spiegel TV Reportage
23:15				
23:30			trend REPORTAGE	Criminal Minds
23:45				
24:00	Nachtmagazin	heute nacht	RTL Nachtjournal	

Spielfilme / Movies	Nachrichten	Serie / Soap	Show / Talk
Magazine/ Doku	Comedy	Serie / Crime	Sport

O 7	VOX	KABEL 1	RTL II	
Simpsons	Wissenshunger	Abenteuer Leben	Hör' mal, wer da hämmert!	18:00
		King of Queens	(Wdh.)	18:15
Simpsons	Schmeckt nicht, gibt's nicht		KTI – Menschen lügen, Beweise nicht	18:30
		King of Queens		18:45
ileo	Das perfekte Dinner		Big Brother VII	19:00
		Quiz Taxi		19:15
				19:30
	Wohnen nach Wunsch – Ein Duo	Quiz Taxi		19:45
m. Next T.-Magazin			RTL II News	20:00
meshow-rathon (EA)	CSI: NY II Eine Ladung Schrot (Wdh.)	Der Comedy-Flüsterer Moderation: Mike Krüger	Die Kochprofis – Einsatz am Herd (Wdh.)	20:15
				20:30
				20:45
				21:00
	Criminal Intent – Verbrechen im Visier (Wdh.)	Mein schlimmster Tag Moderation: Lou Richter	Big Brother – Die Entscheidung VII	21:15
				21:30
				21:45
	The District – Einsatz in Washington			22:00
itch Reloaded	Bleischwere Schuld	Outer Limits Freund oder Feind?		22:15
				22:30
omberg III				22:45
	NZZ Format Das Schaf – Wolle,			23:00
Total	Fleisch und Landschaftspflege	Akte X – Die unheimlichen Fälle des FBI Sechs und neun	Dog – Der Kopfgeld-jäger	23:15
				23:30
	vox nachrichten			23:45
	Criminal Intent			24:00

der

185

Dienstag, 13.03.2007

	ARD	ZDF	RTL	SAT.1
18:00	Verbotene Liebe	(seit 17:10 Uhr): Weltcup-Skispringen	Explosiv – Das Magazin	Lenßen & Partne
18:15	Marienhof			
18:30			EXCLUSIV – Das Star-Mag.	Sat.1 News
18:45	Türkisch für Anfänger (Wdh.)		RTL Aktuell +Das Wetter	BLITZ
19:00		heute / Wetter	Alles was zählt	
19:15	Das Quiz mit Jörg Pilawa			Verliebt in Berli
19:30		Die Rosenheim-Cops Liebe bis zum Ende		
19:45	Wetter / Börse		GZSZ	K 11 – Kommiss im Einsatz
20:00	Tagesschau			
20:15	Um Himmels Willen Zeichen und Wunder	Hitlers nützliche Idole Max Schmeling – Der Boxer	CSI: Miami Crossover-Folge mit VOX am Mo, 19.03.2007	Der große SAT.1- Wie verführ' ich meinen Ehemar (D 2007)
20:30				
20:45				
21:00	In aller Freundschaft	Frontal 21		
21:15			Dr. House	
21:30				
21:45	Plusminus	heute-journal / Wetter		
22:00				
22:15	Tagesthemen	37 ° – Der Soldat und das Baby	Monk	AKTE 07/11
22:30				
22:45	Menschen bei Maischberger	Johannes B. Kerner		
23:00				
23:15			Law & Order	Planetopia Onli
23:30				
23:45				
24:00	Nachtmagazin	heute nacht	RTL - Nachtjournal	Sat.1 News – Die Na

Spielfilme / Movies	Nachrichten	Serie / Soap	Show / Talk
Magazine/ Doku	Comedy	Serie / Crime	Sport

O 7	VOX	KABEL 1	RTL II	
Simpsons	Wissenshunger	Abenteuer Leben	Hör' mal, wer da hämmert! (Wdh.)	18:00
		King of Queens		18:15
Simpsons	Schmeckt nicht, gibt's nicht		KTI – Menschen lügen, Beweise nicht	18:30
		King of Queens		18:45
ileo	Das perfekte Dinner		Big Brother VII	19:00
		Quiz Taxi		19:15
				19:30
	Wohnen nach Wunsch – Ein Duo	Quiz Taxi		19:45
m. Next T.-Magazin			RTL II News	20:00
reme Activity	Gilmore Girls Ein Date zu viert	Money Train (Action, USA 1995)	Zuhause im Glück – Unser Einzug in ein neues Leben	20:15
				20:30
				20:45
	Goodbye Deutschland! Die Auswanderer II			21:00
sperate House- ves III s perfekte Paar				21:15
				21:30
				21:45
	stern TV-Reportage Qual oder Lust? – Die bizarre Welt der Dominas			22:00
ey's Anatomy II Sekunden		Abenteuer Leben	Exklusiv – Die Reportage Zum Ersten, zum Zweiten und zum …	22:15
				22:30
				22:45
	Spiegel TV Extra Alltag im Freuden- haus – Ein Bordell als Familienbetrieb			23:00
Total		BIZZ	Exklusiv – Die Reportage Volkssport Versicherungsbetrug	23:15
				23:30
	vox nachrichten			23:45
	CSI: NY	Abenteuer Auto		24:00

der

187

Mittwoch, 14.03.2007

	ARD	ZDF	RTL	SAT.1
18:00	Verbotene Liebe	ZDF SPORTextra Fußball-UEFA-Pokal Bayer 04 Leverkusen – RC Lens Lens Achtelfinale Rückspiel ca. 19:00 h heute	Explosiv – Das Magazin	Lenßen & Partner
18:15	Marienhof			
18:30			EXCLUSIV – Das Star-Mag.	Sat.1 News
18:45	Türkisch für Anfänger (Wdh.)		RTL Aktuell + Das Wetter	BLITZ
19:00			Alles was zählt	
19:15	Das Quiz mit Jörg Pilawa			Verliebt in Berlin
19:30				
19:45	Wetter / Börse		GZSZ	K 11 – Kommiss im Einsatz
20:00	Tagesschau			
20:15	Der FilmMittwoch im Ersten		Teenager außer Kontrolle Letzter Ausweg Wilder Westen	Allein unter Bau Marienerschein
20:30	Meine Mutter tanzend (D 2006)			
20:45		Fußball-UEFA-Pokal Werder Bremen – RC Celta de Vigo Achtelfinale Rückspiel ca. 21:30 h heute-journal		
21:00				
21:15			Umzug in eine neues Leben	GSG 9 Der unsichtbare Feind
21:30				
21:45	ARD-exclusiv			
22:00				
22:15	Tagesthemen		stern TV	The Unit – Eine Frage der Ehre
22:30				
22:45	Harald Schmidt	Abenteuer Wissen		
23:00				
23:15	Komisches Deutschland Sex und so …	Versessen auf Essen Gesunde Kost aus Fernost		SK Kölsch Der Fan (Wdh.)
23:30				
23:45				
24:00	Nachtmagazin	heute nacht	RTL-Nachtjournal	

Spielfilme / Movies	Nachrichten	Serie / Soap	Show / Talk
Magazine / Doku	Comedy	Serie / Crime	Sport

188

O 7	VOX	KABEL 1	RTL II	
Simpsons	Wissenshunger	Abenteuer Leben	Hör' mal, wer da hämmert!	18:00
		King of Queens	(Wdh.)	18:15
Simpsons	Schmeckt nicht, gibt's nicht		KTI – Menschen lügen, Beweise nicht	18:30
		King of Queens		18:45
Jileo	Das perfekte Dinner		Big Brother VII	19:00
		Quiz Taxi		19:15
				19:30
	Wohnen nach Wunsch – Ein Duo	Quiz Taxi		19:45
m. Next T.-Magazin			RTL II News	20:00
egenheit macht be mödie, USA)1)	Criminal Intent – Verbrechen im Visier V Blutsbrüder	Police Academy II – Jetzt geht's erst richtig los (Komödie, USA 1985)	Stargate Am Abgrund (Wdh.)	20:15
				20:30
				20:45
				21:00
	The Closer Paparazzo		Stargate Ein übermächtiger Feind (Wdh.)	21:15
				21:30
				21:45
	Boston Legal Dicke Lippe		Andromeda Der Seher (Wdh.)	22:00
love … Angels – s Comeback des res		Die besten Filme aller Zeiten Nur 48 Stunden (Action, USA 1982)		22:15
				22:30
				22:45
	Profiler Explosive Mischung (Wdh.)		Andromeda Friedhof der Schiffe (Wdh.)	23:00
Total				23:15
				23:30
				23:45
	vox nachrichten	Buffy - Im Bann der Dämo.	RTL II News	24:00

der

Donnerstag, 15.03.2007

	ARD	ZDF	RTL	SAT.1
18:00	Verbotene Liebe	Ein Fall für zwei	Explosiv –	Lenßen & Partner
18:15	Marienhof	Der zweite Tod (Wdh.)	Das Magazin	
18:30			EXCLUSIV – Das Star-Mag.	Sat.1 News
18:45	Türkisch für Anfänger (Wdh.)		RTL Aktuell + Das Wetter	BLITZ
19:00		heute / Wetter	Alles was zählt	
19:15	Das Quiz mit Jörg Pilawa			Verliebt in Berlin
19:30		Notruf Hafenkante Jackpot		
19:45	Wetter / Börse		GZSZ	K 11 – Kommissare im Einsatz
20:00	Tagesschau			
20:15	Ein Leben wie im Flug –	Donna Roma Der Chiffre-Mörder	Post Mortem	Without A Trace Spurlos
20:30	Show-Special zum 80. Geburtstag von			verschwunden Die Geiselnahme
20:45	Joachim Fuchsberger			
21:00				
21:15		auslandsjournal	CSI: Den Tätern auf der Spur	Navy CIS Ein Mann für
21:30				unlösbare Fälle (Wdh.)
21:45	Panorama	heute-journal / Wetter		
22:00				
22:15	Tagesthemen	Mybritt Illner Der Polit-Talk im ZDF	CSI: Den Tätern auf der Spur (Wdh.)	Numb3rs – Die Logik des
22:30				Verbrechens II
22:45	Scheibenwischer			Brandstiftung
23:00				
23:15		Johannes B. Kerner	Die Cleveren (Wdh.)	24 Stunden
23:30	Polylux			
23:45				
24:00	Gefangen im Hi-Tec			

Spielfilme / Movies	Nachrichten	Serie / Soap	Show / Talk
Magazine / Doku	Comedy	Serie / Crime	Sport

190

O 7	VOX	KABEL 1	RTL II	
Simpsons	Wissenshunger	Abenteuer Leben	Hör' mal, wer da hämmert!	18:00
		King of Queens	(Wdh.)	18:15
Simpsons	Schmeckt nicht, gibt's nicht		KTI – Menschen lügen, Beweise nicht	18:30
		King of Queens		18:45
ileo	Das perfekte Dinner		Big Brother VII	19:00
		Quiz Taxi		19:15
				19:30
	Wohnen nach Wunsch – Ein Duo	Quiz Taxi		19:45
m. Next T.-Magazin			RTL II News	20:00
rmany's Next model – Heidi Klum	Starkino Anna und der König (Drama, USA 1999)	Mein neues Leben	Law & Order: New York Grenzenloser Hass	20:15
				20:30
				20:45
				21:00
		K1 Magazin	Frauentausch	21:15
				21:30
				21:45
				22:00
be isst …- ezial r auf einen eich		K1 Reportage		22:15
				22:30
				22:45
	BBC Exklusiv Body-Check – Liebeskrank			23:00
Total		K1 Discovery	Exklusiv – Die Reportage Hilfe! Ich bin kaufsüchtig	23:15
				23:30
	vox nachrichten			23:45
	Lupin the 3rd: Voyage …			24:00

der

191

Freitag, 16.03.2007

	ARD	ZDF	RTL	SAT.1
18:00	Verbotene Liebe	(seit 17:10 Uhr): Weltcup-Skispringen	Explosiv – Das Magazin	Lenßen & Partn
18:15	Marienhof			
18:30			EXCLUSIV – Das Star-Mag.	Sat.1 News
18:45	Türkisch für Anfänger (Wdh.)		RTL Aktuell +Das Wetter	BLITZ
19:00		heute / Wetter	Alles was zählt	
19:15	Das Quiz mit Jörg Pilawa			Verliebt in Berli
19:30		Forsthaus Falkenau Verlorener Sohn		
19:45	Wetter / Börse		GZSZ	K 11 – Kommiss im Einsatz
20:00	Tagesschau			
20:15	Hilfe, die Familie kommt! (D 2007)	Der Alte Stumme Zeugin	Wer wird Millionär?	Schillerstraße
20:30				
20:45				
21:00				
21:15		KDD – Kriminal-dauerdienst (6/10)	Alle lieben Jimmy	Deutschland ist schön
21:30				
21:45	Tatort (NDR) Dunkle Wege (Wdh.)		Alle lieben Jimmy	Hausmeister Kra
22:00		heute-journal		
22:15			Hape Kerkeling live!	Die dreisten Dre
22:30		Johannes B. Kerner		
22:45				Paare
23:00				
23:15	Tagesthemen			Die Gong Show
23:30	Liebe auf Bewährung (D 2004) (Wdh.)			
23:45		aspekte		
24:00			RTL Nachtjournal	

Spielfilme / Movies	Nachrichten	Serie / Soap	Show / Talk
Magazine/ Doku	Comedy	Serie / Crime	Sport

O 7	VOX	KABEL 1	RTL II	
e Simpsons	Wissenshunger	Abenteuer Leben	Hör' mal, wer da hämmert! (Wdh.)	18:00
		King of Queens		18:15
e Simpsons	Schmeckt nicht, gibt's nicht		KTI – Menschen lügen, Beweise nicht	18:30
		King of Queens		18:45
lileo	Das perfekte Dinner		Big Brother VII	19:00
		Quiz Taxi		19:15
				19:30
	Wohnen nach Wunsch – Ein Duo	Quiz Taxi		19:45
rm. Next T.-Magazin			RTL II News	20:00
ockbuster odzilla ction, USA 1998)	Crossing Jordan – Patho- Blauer Mond	Cold Case – Kein Opfer ist je vergessen Ein Serientäter kehrt	Bean – Der ultimative Katastrophenfilm (Komödie, GB/USA 1997)	20:15
				20:30
				20:45
	Close to Home Die Frau von nebenan			21:00
		Without a Trace – Spurlos verschwunden Lügen und Geheimnisse		21:15
				21:30
				21:45
	Spiegel TV Thema Weg damit? – eine Chance fürs Gerümpel		From Hell (Thriller,	22:00
		Missing – Verzweifelt gesucht Tod im Central Park	CZ/USA 2001)	22:15
				22:30
				22:45
lileo Mystery		The First 48 – Am Tatort mit US-Ermittlern		23:00
				23:15
				23:30
e TV total ok-WM 2007 – nter den Kulissen				23:45
	vox nachrichten	Jane Bomb		24:00

nder

193

Montag, 12.03.2007 – Daytime

	ARD	ZDF	RTL	SAT.1
7:00	ZDF Morgenmagazin	ZDF Morgenmagazin	Punkt 7	SAT.1
7:15			RTL Shop	Frühstücksfernse
7:30				
7:45				
8:00			Unter Uns	
8:15				
8:30			GZSZ	
8:45				
9:00	Heute	Heute	Punkt 9	
9:15	Rote Rosen	Volle Kanne –		
9:30		Service täglich	Alles was zählt	
9:45				
10:00	Brisant		Mein Baby	Vera
10:15				
10:30	Da wo es noch	Wege zum Glück	Unser Bauernhof	
10:45	Treue gibt			
11:00		Reich und Schön	Mein Garten	Sat.1 am Mittag
11:15				
11:30		Reich und Schön		
12:00	heute Mittag			
12:15	ARD Buffet	Drehscheibe	Punkt 12	Richter
12:30		Deutschland		Alexander Hold
12:45				
13:00	ZDF Mittagsmagazin	ZDF Mittagsmagazin	Die Oliver Geissen	Britt
13:15			Show	
13:30				
13:45				
14:00	Tagesschau	Heute – In Deutschland	Das Strafgericht	Zwei bei Kallwas
14:15	Rote Rosen	Die Gesundheits-		
14:30		polizei		
14:45				
15:00	Tagesschau	Heute / Sport	Das Familiengericht	Richterin
15:15	Sturm der Liebe	Ruhrpottschnauzen		Barbara Salesch
15:30				
15:45				
16:00	Tagesschau	Heute – in Europa	Staatsanwalt Posch	Richter
16:15	Elefant, Tiger & Co	Wege zum Glück	ermittelt	Alexander Hold
16:30				
16:45				
17:00	Tagesschau um Fünf	Heute / Wetter	Unser Bauernhof	Niedrig und Kuhnt -
17:15	Brisant	Hallo Deutschland		Kommissare ermitte
17:30			Unter Uns	Sat.1 am Abend
17:45				

Spielfilme / Movies	Nachrichten	Serie / Soap	Show / Talk
Magazine / Doku	Comedy	Serie / Crime	Sport

O 7	VOX	KABEL 1	RTL II	
It Yourself – SOS	Dauerwerbesendung	Chaos City	Infomercials	7:00
				7:15
It Yourself – SOS				7:30
				7:45
sser Essen	St. Tropez			8:00
Leben				8:15
cht gemacht		Die Waltons		8:30
				8:45
be isst ... –	Die Nanny		Frauentausch	9:00
s Single Dinner				9:15
Night at the	Die Nanny	Unsere kleine Farm		9:30
xbury				9:45
	Eine himmlische Familie			10:00
		Quiz Taxi		10:15
				10:30
		Alle lieben Raymond		10:45
k Talk Talk	Das perfekte Dinner		Die Superhausfrau	11:00
		Alle lieben Raymond		11:15
			Big Brother	11:30
enzio –	McLeods Töchter	King of Queens		12:00
höner Leben				12:15
		King of Queens		12:30
			Megaman Warrior	12:45
M	Menschen, Tiere & Doktoren	Eine schrecklich nette Familie	Pokemon	13:00
				13:15
		Eine schrecklich nette Familie	Pokemon	13:30
				13:45
e are Family –	Dr. Quinn – Ärztin aus Leidenschaft	Bill Cosby Show	Pokemon	14:00
lebt Deutsch-				14:15
nd		Bill Cosby Show	DiGate-Defenders	14:30
			Yu-Gi-Oh	14:45
sser Essen –	McLeods Töchter	Roseanne	Pokito TV	15:00
ben leicht			Galactic Football	15:15
macht		Roseanne		15:30
			Naruto	15:45
armed –	Wohnen nach Wunsch – Ein Duo für vier Wände	Eine schrecklich nette Familie		16:00
uberhafte			Dragonball	16:15
xen		Abenteuer Alltag	Immer wieder Jimmy	16:30
				16:45
ff	Menschen, Tiere & Doktoren		Immer wieder Jimmy	17:00
		K1- Nachrichten		17:15
		Abenteuer Alltag	Hör mal wer da hämmert	17:30
				17:45

nder

195

Grafiken Programmplanung

Jahresmarktanteile im Zeitraum 1988–2006
Zuschauer 3+ / 03.00 – 03.00 Uhr / Mo – So / BRD Gesamt / alle Ebenen

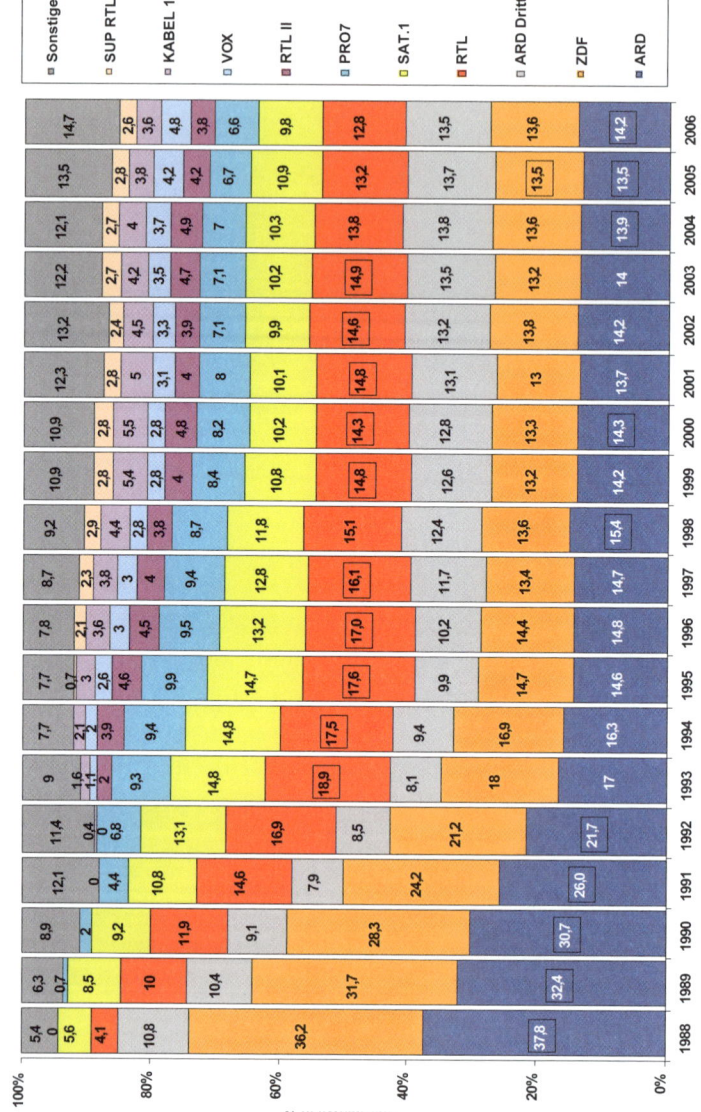

Quelle: AGF/GfK Fernsehpanel (D+EU), pc#tv aktuell, RTL Medienforschung

Jahresmarktanteile im Zeitraum 1988 – 2006
Zuschauer 14 – 49 / 03.00 – 03.00 Uhr / Mo – So / BRD Gesamt / alle Ebenen

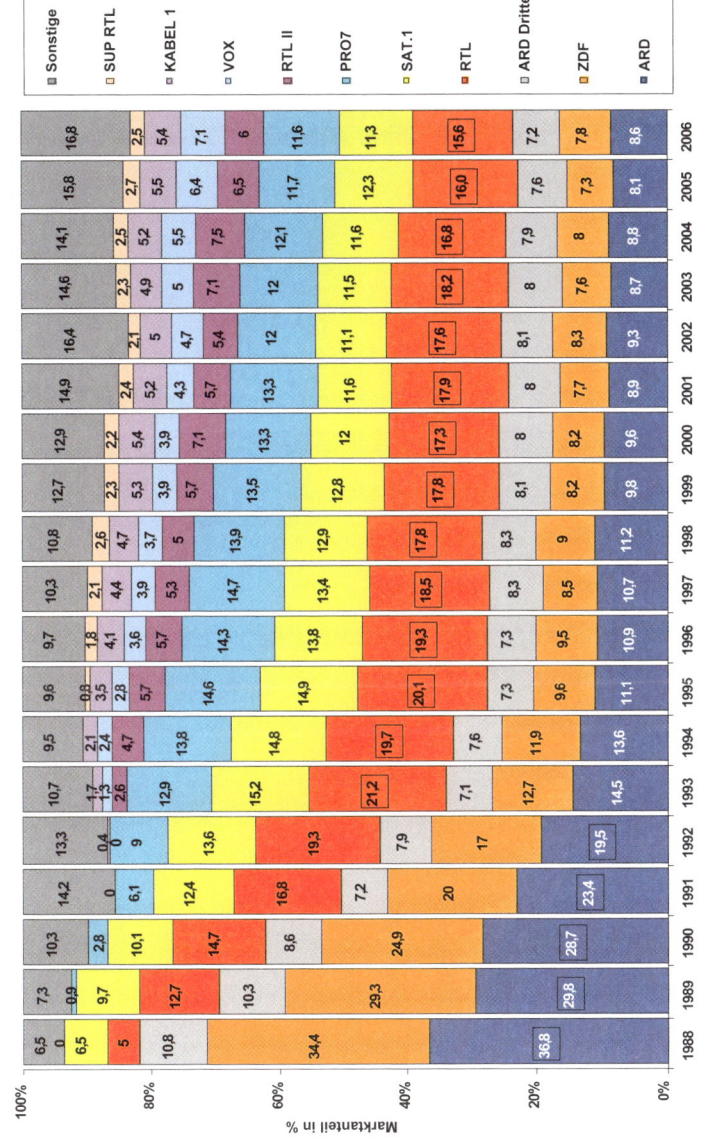

Quelle: AGF/GfK Fernsehpanel (D+EU), pc#tv aktuell, RTL Medienforschung

199

Der deutsche TV-Markt: Starker Wettbewerb im Free-TV

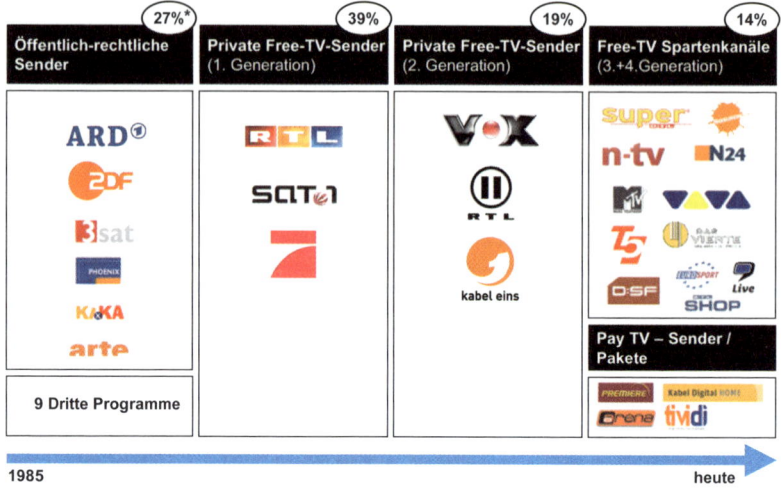

Quelle: AGF/GfK, *Kumulierter Zuschauermarktanteil 14-49, Gesamtsendetag, 2006

Senderstruktur: Organigramm eines Fernsehsenders

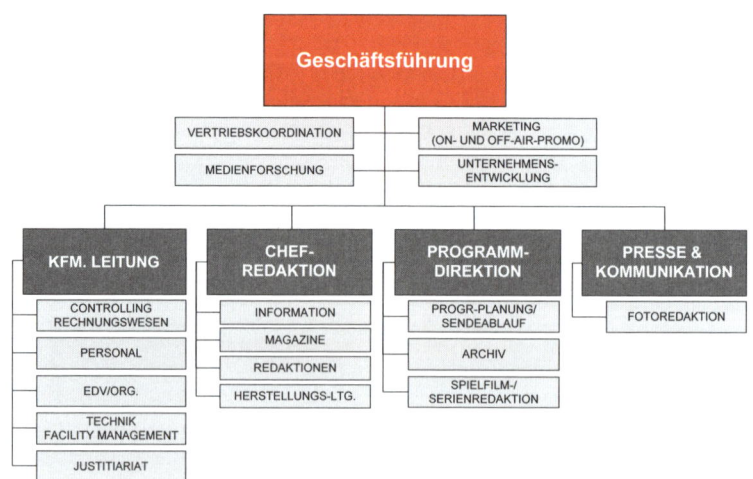

Entwicklung der Zuschauermarktanteile der privaten Senderfamilien

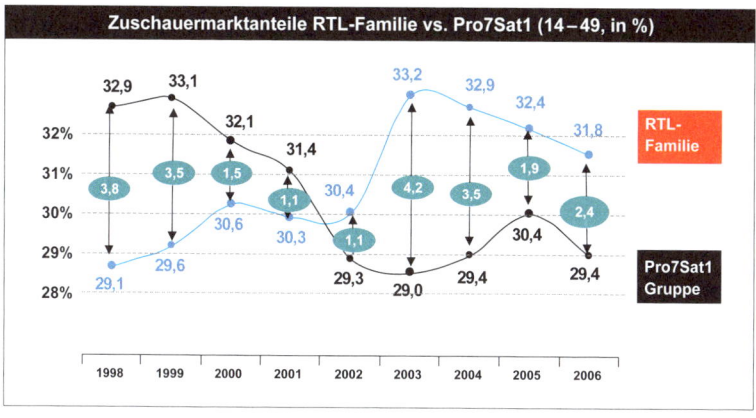

Zuschauermarktanteile RTL-Familie vs. Pro7Sat1 (14–49, in %)

∅ MA in %, (Mo-So 3-3h) YTD = 01.01. – 24.01.2007, inkl. RTLII

Digitalisierung und Fragmentierung
Empfangbare Sender vs. genutzte Sender

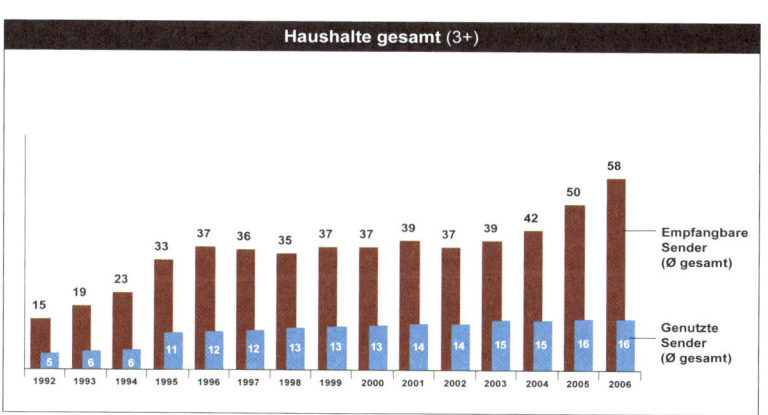

Haushalte gesamt (3+)

AGF-Definition: **Empfangbarer Sender:** ∅ Anzahl der von jeder Panelperson während seiner Panelhistorie für mind. 1 Sek.genutzter Sender
Genutzter Sender ∅ Anzahl der von jeder Panelperson pro Tag für mind. 1 Sek. genutzter Sender / Quelle: AGF/GfK/ RTL Mefo

Zuschauer-Performance im Vorjahresvergleich

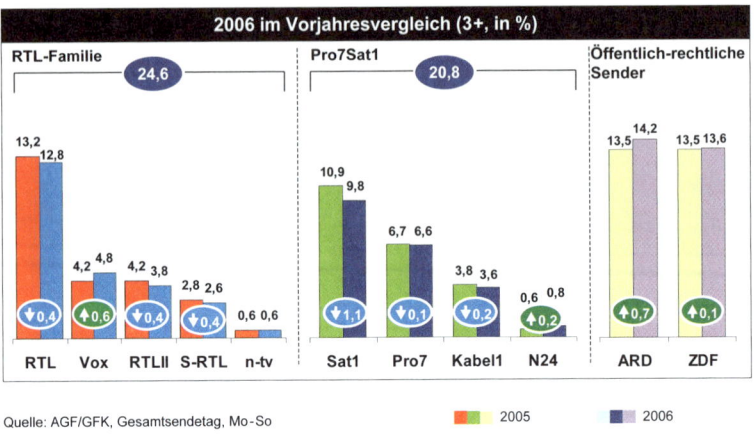

Quelle: AGF/GFK, Gesamtsendetag, Mo-So   ■ 2005   ■ 2006

Mediennutzung: Entwicklung der TV-Nutzung

Medium	1990	1995	2000	2005	2000 vs. 2005
TV	135	158	185	220	↑ +35 min
Radio	170	162	206	221	↑ +15 min
Zeitungen	28	30	30	28	↓ -2 min
Magazine	11	11	10	12	↑ +2 min
Bücher	18	15	18	25	↑ +7 min
Musik-CDs	14	14	36	45	↑ +9 min
Videos, Film-DVDs	4	3	4	5	↑ +1 min
Internet	–	–	13	44	↑ +31 min

Quelle ARD/ZDF Langzeit-Studie, Mo-So, 5.00-0.00h, (14+, Minuten pro Tag)

Der Werbemarkt in Deutschland 2006

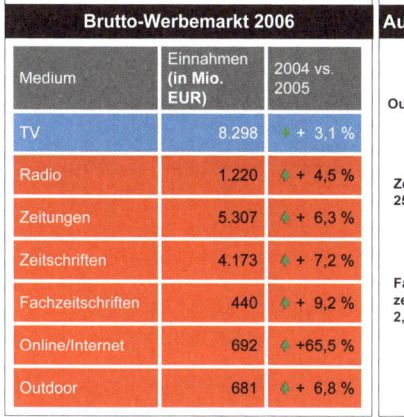

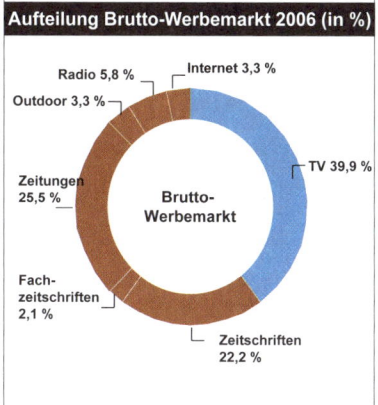

Quelle: Nielsen Media Research

Mediennutzung: Entwicklung der TV-Sehdauer 1995 – 2006

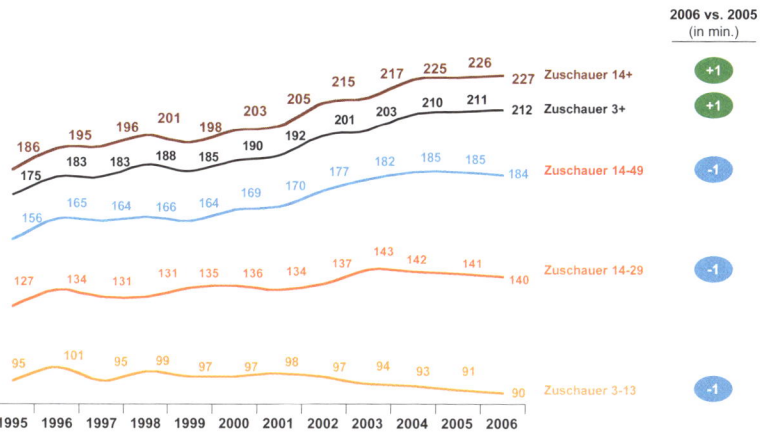

Quelle: AGF/GfK Fernsehpanel (D+EU), pc#tv aktuell, RTL Medienforschung

Programmanteile 2005 nach Genre im Sendervergleicch

(Mo-So 3-3 Uhr)	RTL	SAT.1	(Pro7)	ARD®	ZDF	V-X	II RTL	kabel eins
Information	27	24	32	43	51	30	23	15
Sport	3	0	0	8	8	0	0	0
Unterhaltung	26	45	16	7	5	0	6	10
Fiction **Eigenproduktion**	16	17	4	24	17	0	0	10
Fiction **Kaufproduktion**	13	7	16	1	5	36	39	53
Spielfilme	6	6	23	14	12	21	18	22
Doku-Soaps	9	0	8	1	2	12	14	0

Quelle: AGF/GfK

Die Sinus-Milieus® in Deutschland 2007

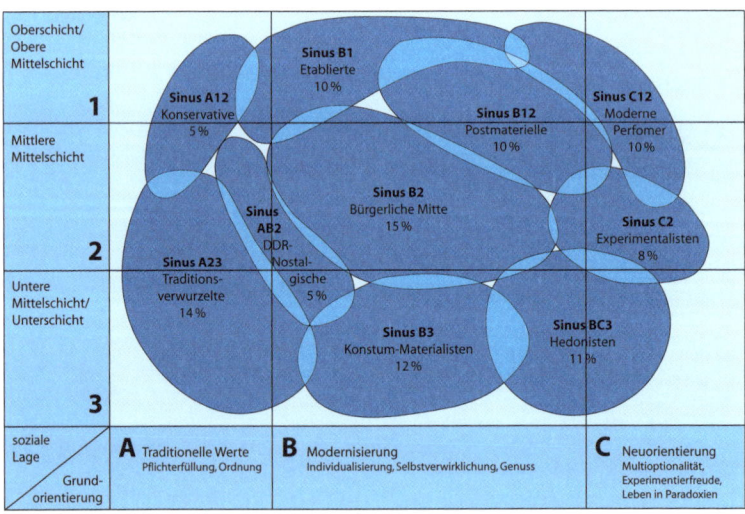

Mediennutzung: TV-Nutzung im Tagesablauf

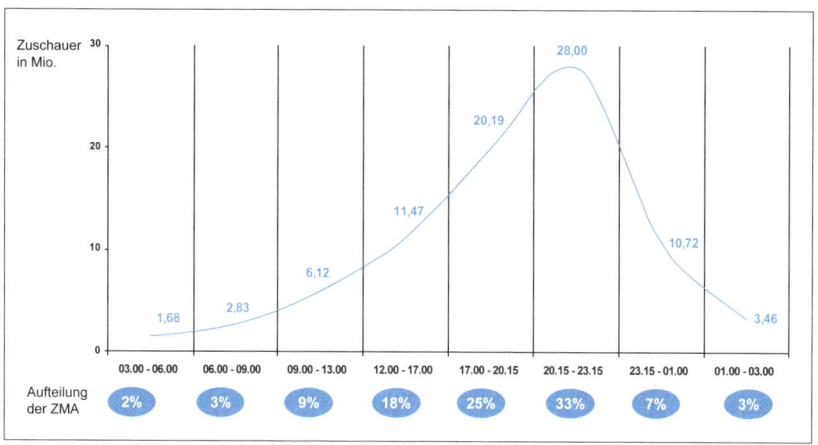

Quelle: AGF/GfK Fernsehpanel (D+EU), pc#tv aktuell, RTL Medienforschung; Tagesverlauf Sehdauer (3+)

Mediennutzung 2006: Mediennutzung im Tagesverlauf

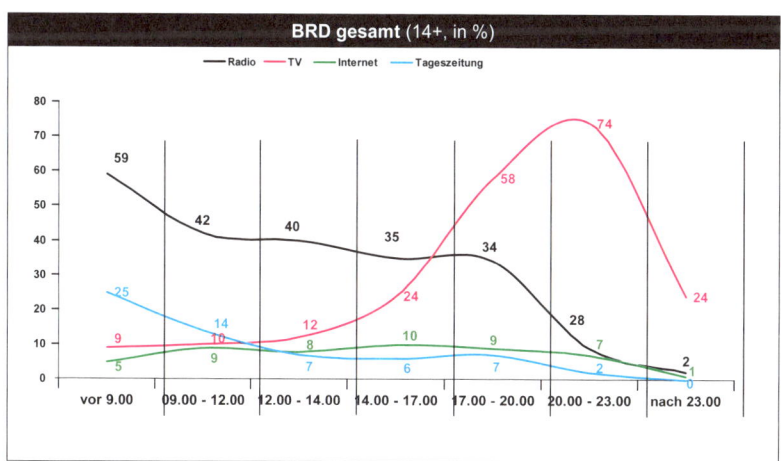

Quelle: Studie „Informationsverhalten der Deutschen 2006"

205

Durchschnittliche TV-Nutzung nach Wochentagen 2006
(ab 3 Jahre, in Mio. Zuschauer)

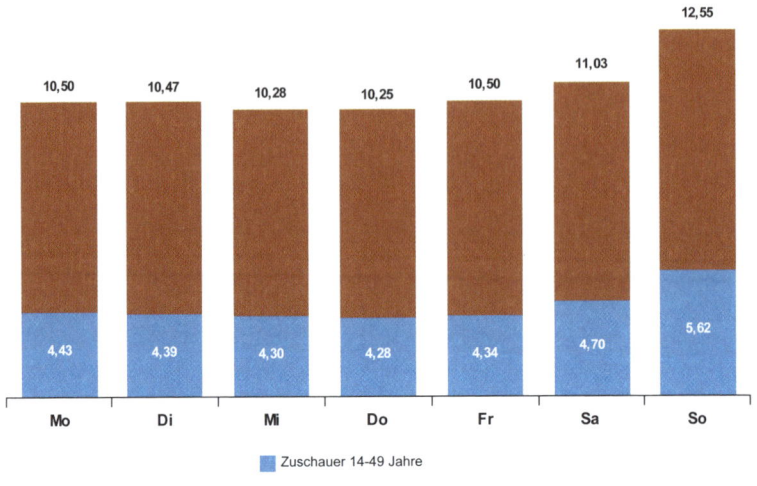

Zuschauer 14-49 Jahre

Quelle: AGF/GfK Fernsehpanel (D+EU), pc#tv aktuell, RTL Medienforschung

Durchschnittliche TV-Nutzung nach Monaten in 2006
(ab 3 Jahre, in Mio. Zuschauer)

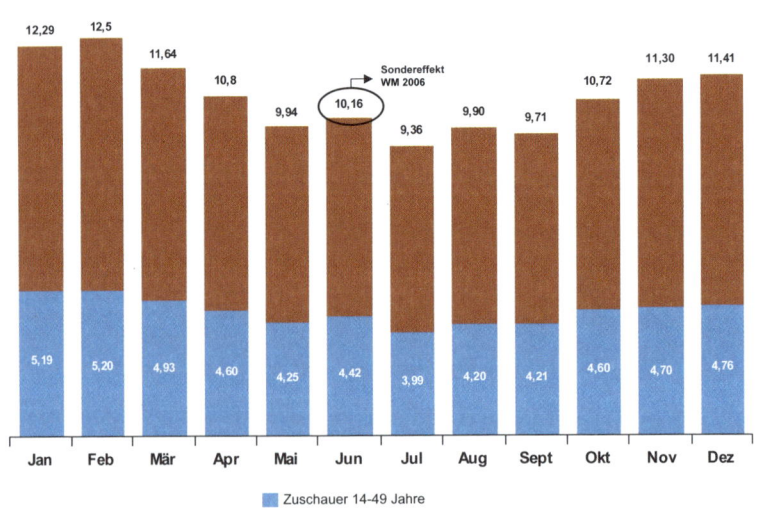

Zuschauer 14-49 Jahre